Günther Heeg
DAS TRANSKULTURELLE THEATER

越境文化演劇

ギュンター・ヘーグ
平田栄一朗　津﨑正行　監訳

三元社

リズに

越境文化演劇

目次

謝辞　6

日本語版の読者に向けて　——日本に感謝する三つのこと　7

序章　11

第一部　越境文化演劇の理念　19

第一章　生成のさなかにある演劇　20

第二章　越境文化演劇のアクチュアリティ　34

第三章　演劇的妄想　39

第四章　越境文化演劇の場所としての異郷《フレムデ》　51

第五章　通過者としての存在《トランジット・エグジスタンス》　87

第二部　越境文化演劇の世界-空間　115

第一章　世界化の演劇　116

第二章　プトレマイオス的世界劇場　124

第三章　世界-経験の演劇　130

第三部　越境文化演劇の実践　157
第一章　歴史に向き合うということ　158
第二章　国民文化という幻想《ファンタスマ》の興亡　163
第三章　越境文化演劇の実践形態としての反復　187
第四章　カリブの革命　——越境文化的な屈折の実践　204
第五章　越境文化演劇の演者としての身振り　218
第六章　感情の発電所としての越境文化演劇　244
原註　263
訳者あとがき　——解説を交えて　294

凡例

一、本書は Günther Heeg: *Das Transkulturelle Theater*, Theater der Zeit, Berlin 2017 の全訳である。
一、原著は各部ごとの通し番号による後註の形式であり、翻訳でも同様の形式とした。訳註はローマ数字で番号を示し、左ページ端に記載した。
一、本文中の［　］は原著者による注記、〔　〕は訳者による補記である。訳者の判断で原語を併記する場合にも、〔　〕を付して訳語に添えた。
一、原著で引用されている文献に邦訳がある場合、〔　〕内に書誌情報を記載した。邦訳から引用する場合には、必要に応じて、訳語や表記を原著の文脈に合致するように改めた。

謝辞

本書が完成に至るまで、ジャンヌ・ビンダーナーゲル氏から賢明な助言、変更案、献身的な編集作業などで一方ならぬご支援をいただいた。ここに心よりお礼申し上げる。

表紙カバーのグラフィックはヤーナ・ゼーフーゼン氏による。掲載許可を認めてくださったことに厚くお礼申し上げたい。

クラウディウス・バイシュ氏とヘレーナ・ヴェルフル氏に緻密な編集作業を行なっていただき、校正ではTheater der Zeit 社のエーリク・ツィールケ氏から多大なご助力をいただいた。ここに謝意を表したい。

二〇一七年四月、ライプツィヒにて

ギュンター・ヘーグ

日本語版の読者に向けて ――日本に感謝する三つのこと

本書を執筆するにあたり、日本から多くの恩恵を受けた。

本書に一方ならぬ恩恵を与えてくれたのは、まず日本の演劇文化である。本書は日本の演劇文化から着想を得たうえで、それに導かれるようにして執筆された。私はロラン・バルトの『記号の国』を読んで、日本の人形劇である文楽のことをはじめて知ってから、そしてそれ以上に、大阪の国立文楽劇場で実際に上演を観てからずっと、独自の諸要素――身体、身振り、言語、動き、音楽――を意味のヒエラルキーという枠に押し込めようとも、身体の物質性を論理に従属させようともしない演劇に魅了され、夢中になっている。この演劇では、多種多様な表現および提示の形式が等しい価値を持つものとして併置されている。私はこうした古典的な日本演劇の実践を能と歌舞伎にも見出したのだが、それはヨーロッパでスタニスラフスキーを範として生まれた、いわゆる心理主義的リアリズムの演劇とも、日本で二〇世紀の初頭以降に発展した新劇とも対蹠的なものである。しかしそれは、ベルトルト・ブレヒトが一九三〇年に『オペラ《マハゴニー市の興亡》への注釈』の中で概略を示した「要素の分離」という理念と符合している。ブレヒトが是としているのは、オペラにおける音楽、言語、舞台上の行為を融合して一つの総合芸術作品を作り上げようとするのではなく、個々の表現形式がおのがままに働くのを促進することなのである。様々な芸術が等しい価値を認められて併存し、それぞれに固有のダイナミズムを発揮できるということは、本書が提唱する越境文化演劇における中心的な思考の図式の一つである。それは古典的な日本演劇のあり方に依拠している。そしてまた、古典的な日本演劇がブレヒトの作品のうちにも、現在の日本演劇において様々な劇団が行っている上演のうちにもその姿を再び現しているという事実にも依拠しているのだが、これらの劇団の制作においては、古典的な日本演劇の形式とブレヒトの作品がともに用いられている。京都に拠点を置く劇団である地点が三浦基氏の演出のもとに上演したブレヒトの『ファッツァー』（二〇一三年）およびコラージュ作品『ブレヒト売り』（二〇一六年）は、こうした二重の生産的反復のまたとない実例となっており、現代において歴史的な演劇実践を自家薬籠中のものとするとともに、それを変形するという手法を典型的に示すものである。これらのことから受けた刺激は、本書の考察にとって決定的な意味を持っている。

本書は言葉では言い尽くせないほど、私の友人であり研究上の仲間でもある慶應義塾大学文学部独文学専攻の平田栄一朗氏に助けられている。十年以上にわたって、私たちは「日本とドイツの現代演劇における伝統と越境文化」というテーマで共同研究を続けている。この共同研究が端緒となって、著者が所属するライプツィヒ大学と慶應義塾大学の間で大陸を越えた活発な交流が行われるようになった。この交流には、日本とドイツにおける私たちの研究所の共同研究者、博士論文執筆者、学生たちも加わっている。針貝真理子、石見舟、三宅舞、北川千香子、寺尾恵仁の諸氏、そして平田氏のもとに集まったその他の方々は、今では私の良き友人であり、学問上のパートナーである。

平田氏の広範な知識、なかんずく能についての知見のおかげで、私は古典的な日本演劇について重要なことを理解できるようになったのだが、それればかりでなく、彼は私を日本の現代演劇における重要な演出家たちや劇団と引き合わせてくれた。それはすなわち、松田正隆氏とマレビトの会、三浦氏と地点、そして最近では岡田利規氏とチェルフィッチュであり、彼らは——私たちがその際に仲介役を務めることもあったのだが——現代の日本演劇をドイツにおいて上演し、大きな反響を引き起こしたのである。二〇一一年に原子力発電所事故が起こった場所のすぐ近くに位置する南相馬市を舞台として、そこをくまなく歩きながら調査する松田氏とマレビトの会による『アンティゴネー』プロジェクトや、三浦氏と地点による『ファッツァー』制作は、本書でも取り上げられている。岡田利規氏と三浦基氏には、ライプツィヒ大学「演劇研究センター」および演劇学科の客員教授を務めていただいた。こうした人々の全員が日本演劇および演劇学の地平をなしているのだが、本書はまさにそうした地平に胚胎したものにほかならない。

それだけに『越境文化演劇』が今こうして日本語に翻訳されたことは私にとって、何よりの喜びである。そしてまた、このうえなく光栄なことである。本書でなされている考察に日本において同じ分野で研究する仲間たちが価値を見出し、それを自国の言語に翻訳するために少なからぬ労力を費やしてくれたことは、私にとって喜ばしく、誇らしいことである。監訳者である津﨑正行氏と平田氏、ならびに翻訳者である石見舟、北川千香子、栗田くり菜、寺尾恵仁、針貝真理子、三宅舞の諸氏がいかなる困難もいとわずに、並々ならぬ粘り強さと正確さをもって、この仕事を完成させてくれたことに深甚なる謝意を表したい。

二〇二三年四月、ライプツィヒにて

序章

ある地点を越えたら、もう後戻りはできない。
この地点には到達することができる。

カフカ[1]

ここにライオンがいる。[2]

壺が八つ、自由な配列で床に置かれている。中央部分が膨らんで角張った骨壺のように見える。そのうちのどれをとっても、他の壺と似たものはなく、それぞれが別の色彩を放っている。例えば深紅色、銀色、青色、深緑色、黒色といった具合である。これらの壺は、漢王朝（前二〇二年から後二二〇年）の時代に作られたものであるが、作られたばかりのように輝いている。金属のような光沢を放つ自動車用のラッカー塗料で覆われているからであ

1
アイ・ウェイウェイ《自動車用の塗装をほどこした漢代の壺》2014年、マルティン・グロピウス・バウにおけるインスタレーション、漢王朝（前202年から後220年）の時代に作られた壺と自動車用の塗装
© Mathias Völzke

る。このインスタレーション作品《自動車用の塗装をほどこした漢代の壺》は、二〇一四年にベルリンのマルティン・グロピウス・バウで展示された(図版1)。アイ・ウェイウェイ（艾未未）は、メルセデス・ベンツとBMWで採用されている標準カラーのうちから、中国で自動車のカラーとして最も人気のあるものを選んだうえで、それを用いて古代の壺を塗装しているのだが、今日の平滑で、きわめて薄い色層の下には依然として、二千年前に作られた容器の古い質感と鈍い色彩が透けて見える。グローバル化された資本主義における消費行動という現在のあり方と、数千年にも及ぶ歴史をもつ中国文化における過去のあり方が、ラッカー塗料に覆われた陶磁器において時間の層として立ち現れている。歴史と現在がこれらの容器において、非同時的にして同時的な様相で現前している。そこでは、どちらか一方が他方より重要であるわけでもなければ、他方の規範となっているわけでもない。漢代に作られた壺が文化ペシミズムの流儀で、現代という時代はうわべを飾り立てるだけで中身がないといって嘆いているのでもなければ、今日

の高級車と同じ塗装がほどこされて一点の曇りもなく輝いている表面を鼻にかけて、文化財を時代遅れのものと見下しているのでもない。それよりもむしろ、時間の層と層が互いを映し出すようにして隣接しているのである。経済のグローバル化は中国の歴史と文化という固有の空間の隅々に至るまで、いかなる文化保護区を前にしても遠慮することなく浸透しているが、それはまた、過去をいかにして救済するかという問いかけに対しても、過去を切り離して捨て去ることは必然なのではないかという問いかけに対しても、屈折した構えを見せている。国際規格によって平板化されたデザインのもとに古いものを再生する最近の趨勢をあげつらおうとしても、壺から紛れもなく放たれている美の抵抗を受けて頓挫してしまう。

インスタレーション作品《自動車用の塗装をほどこした漢代の壺》では、あらゆる文化の境界を乗り越えるグローバル化の経験と、中国文化史から持ち出された工芸品が結びつけられている。そこでは芸術における新たな潮流が浮き彫りになっているが、この潮流は越境文化演劇の実践についてのコンセプトにも顕著に認められる。世界の様々な地域の芸術家たちも同様に、歴史的に生成してきた生活世界の全般が資本のグローバルな集積からも、デジタル化や合理化からも取り残され、それどころか消失させられるという経験に対して応えようとしている。「消失の暴威」[3]によって、伝統を形成する実質的なものが次々と破壊されている。文化遺産という概念に象徴されるように、かつてはまとまりをなしていた文化的実践が所有物となり、物象化されている。[4]こうした状況のもとで、世界中の演劇人と他の分野の芸術家たちが、[5]自分たちの文化的伝統の残余と向き合おうとしている。彼らは文化伝統の残余を組み合わせることで、国民文化を欠けるところなく復元しようとしているのではなく、すでに変化し、これからも変化生成してゆく世界において、個々の部分がどのような意義を発揮できるのかを検証しようとしているのである。そのための前提として必要とされるのは、自文化の過去に対して、距離を取るとともに向き合うという姿勢を示すことである。こうした姿勢を示しながら、彼らは文化的伝統において破片のようになったものを現在と関連し合うように配置する。過去をこのようにして取り戻すことを通じて、未来を獲得しようとするのである[6]。

アイ・ウェイウェイをアイ・ウェイウェイたらしめている特徴は、彼が徹底して、歴史的な日用品と工芸品、形式と材料を用いていることである。アイ・ウェイウェイは芸術家としての活動を開始するまで、蒐集家であり、美術商であった。だからといって、ノスタルジーにひたって過去を回顧することはない。彼と「自文化」の伝統の関係が文字通りの意味で断絶していることは、別のインスタレーション作品にしてアクション芸術《漢代の壺を落とす》を見ても分かる。この作品では、彼が貴重な壺を地面に落とし、その壺が割れるさまが示されているのである。アイ・ウェイウェイが関心を示すのは、過去の題材、素材、破片、残余といったものが、現代において繰り返し現れることである。それらが今このときに入り込んで「想起」[7]されることである。それによって、現在の状況において「こうであるしかない」という決まりきった考えが中断され、自文化なるものの想像域が乗り越えられるのである。

中断し、乗り越える可能性をもたらすのは、アイ・ウェイウェイの《自動車用の塗装をほどこした漢代の壺》から発する演劇的な経験である。ラッカー塗料と壺が可能にするのは仮装の経験であるが、そのうちのどちらが衣装でどちらが核心であるのか、どちらが本質でどちらが単なる外見であるのかは判然としない。何千年もの時を経た容器が流行の装いに身を包んでいるのだろうか、それとも、自動車用のラッカー塗料という商品の姿をまとった世界の本質がたまたま目についた物体に手を伸ばしたのだろうか。ラッカー塗料と壺は互いに、一方が他方の仮装にして仮面であるという関係にある。そして、核心も本来的なものも、この分身のような存在のどこを見ても認められない。そのことによって知覚は戸惑い、観賞者は混乱する。仮装と仮面の下を見ても、確固として持続するものが隠されているわけではないことに対する戸惑いが、演劇経験の内実をなしている。この経験は、何らかの外部存在によって鑑賞者が混乱するというものではない。経験が混乱することによって、世界に対する観賞者の関連づけが中断されるのである。それによって、日常的になされる決まりきった知覚と判断が無効化される。しかしまさに、日常世界における状況判断が停止することによってはじめて、慣れ親しんだ世界の見方につきものの限界を乗り越えて、それまでは見ることも聞くこともできなかったものを知覚できるようになる。演劇経験が含意しているのは、自明化した自己の生活世界を乗り越えて、それとは別の生活世界の可能性に目を向けることにほかならない。

過去の反復と、演劇としての反復という演劇的経験の点において、アイ・ウェイウェイ、松田正隆、フランク・カストルフ、ネイチャー・シアター・オブ・オクラホマ、岡田利規とチェルフィッチュ、地点、ローラン・シェトゥアーヌ、ベルトルト・ブレヒト、ハイナー・ミュラー、エルフリーデ・イェリネクなど、多くの人々の作品は――それぞれの芸術的手法にどれほどの差異があろうとも――互いに類似している。彼らの目的は、失われたとされるものを元に戻すことではなく、文化における自己の空間を乗り越えて、越境文化的な共同体を目指すことなのである。その際に、過去の残余は国民文化の霊廟に仕掛けられた爆弾の雷管となり、グローバル化した現在という空虚な空間の中で生き延びるための手段となる。

そのための前提となるのは、自文化の伝統と称されるものに対して距離を置くことである。そのためには、外部からの異他的なまなざしが不可欠である。たとえそれが内部から生じるのだとしても、そのことに変わりはない。一九五七年に生まれたアイ・ウェイウェイの経歴が典型的に示しているのは、自分が生まれ育った文化的環境に対する異他的な視点を自らのものにしてきたプロセスである。北京電影学院で学んだ後、一九八一年にアイ・ウェイウェイはニューヨーク市に移った。そこで彼が目の当たりにしたのは、マルセル・デュシャンからパフォーマンス・アートに至る西洋型のモデルネである。しかし、彼は西洋の芸術のうちに、中国文化を眺めるための確固たる立脚点となりうる第二の故郷を見出していたわけではない。彼がニューヨーク市で経験したものといえば、いかなるモデルネにも認められる連続性と非連続性の特異な関係ばかりである。その関係とはすなわち、ありとあらゆる過去のものと徹底的に断絶していながら、それと同時に、ある種の旧来の歴史的な形式と実践に依拠している、ということである。それが意味しているのは、旧来の文化的な生活世界の内部にあると同時に外部にあり、それゆえに異他的なものであり続ける、ということにほかならない。こうしたことを経験したアイ・ウェイウェイは、一九九三年に（個人的な理由から）中国に帰る。ニューヨークでの経験が彼の根幹をなしている。この経験は彼に固有なものでありながら、同時代の芸術家たちが伝統に対して示す態度に通じるものであり、それこそがまさに、彼を創作活動へと駆り立てる動機となっている。

アイ・ウェイウェイの芸術作品は異物である。《自動車用の塗装をほどこした漢代の壺》は古代の質感を示しつつ、私たちに謎めいた光を投げかけ、感情を掻き立てる。この強い情動は何に由来するのであろうか。漢代の壺は、その文化的な起源や環境から引き離されている。機能性を失い、空虚な空間のうちにありながら、分離エネルギーに包まれている。分離エネルギーとは、脱措定することから生じるエネルギーであるが、それが転換することで、この古色蒼然たる工芸品がなじみのない環境の中でなじみのない装いを身にまといながら自己をさらけ出し、それに負けじと自己を主張するための力となっている。自動車用の塗装をほどこした漢代の壺が如実に語っているのは、異郷において異他なる者として生き延びることについてである。それは越境文化的に境界を踏み越えるという、情動を帯びながら石化した身振りなのである。この身振りは、それを見る者の応答を待っている。

アイ・ウェイウェイの壺が示すのは、まさに越境文化演劇の核心である。それは一見、あたかも漢代の壺のようである。すなわち、世界中で猛威をふるう政治的な事象を前にして、いかにも周辺的で、取るに足りないものであるように思われるのだが、越境文化演劇はそれにもかかわらず、そしてまさにそうであるからこそ、日常的になされているのとは異なる方法で世界を経験するのにうってつけの場となる。生成のさなかにある世界において、越境文化演劇は世界化の触媒なのである。それを示すことこそ、本書の課題にほかならない。

第一部　越境文化演劇の理念

第一章　生成のさなかにある演劇

一　理解が及ばないこと

本書で扱う演劇は、今まさに生成されているものである。[1] この演劇はほとんど世界中の現代演劇作品に見られるものであるが、しかし過去の演劇形式もまた、越境文化演劇の生成を明らかにしている。越境文化演劇を生み出したのは、歴史的・空間的に様々な形式や実践を持つ演劇を、未来の越境文化的な共同体という観点から理解することを可能にする研究の視座である。越境文化演劇は理論と実践、演劇と学問の境界を、一方を他方に移行させることを目的として踏み越える認識と行為のモデルではない。そうではなくて、越境文化演劇という認識と行動のモデルは、この境界を双方向に踏み越え続けること、つまり境界の往来としてのみ存在する。越境文化演劇は境界上にあることで価値づけられる。そのため、越境文化演劇は常に不確かなものであり、それを確たるものとして把握することも、演劇のある特定分野として定義して位置づけることもできない。

これこそが、越境文化演劇がこの数十年間に注目されてきた相互文化的な理論と異なっている点である。[2] 相互文化的な演劇とみなされるものとは、理論上のコンセプトによれば、様々な文化の伝統が明確に結びついたものと定義することができる特別なジャンルである。アリアーヌ・ムヌーシュキンがシェイクスピアの『リチャード二世』（一九八一年）を日本の能の様式で演出したり、『お気に召すまま』（一九八二年）をインドのカタカリの装いで演出したり、鈴木忠志が『エレクトラ』[3]でヨーロッパと日本の伝統を混ぜて演出するとき、そういったものを一般的に、相互文化的な演劇と呼ぶ。しかしこれらの作品をそのように呼んだからといって、結局のところ、これらの演劇作品について何も述べたことにならない。それは実在的な誤謬と関係している。こうした呼び方をするとき、文化的伝統というものは現実に存在していることが前提とされ、この伝統をコラージュ化したものが演劇制作の中で対象化され、作品となる。それなら理論とは、理論の外部に理論から独立して実際に存在しているものに、適切な概念的規定を与えたもの以外の何物でもない。しかし実際のところ、相互文化的な演劇で実在とされるものは、概念の誤謬を孕んだ投影によって対象〔である舞台作品〕が映し出された結果、ジャンルとして生まれたものに過ぎない。このとき、理論と経験的知識が怪しげな二重性を帯びることになる。理論と経験的知識が互いを証明し合っているように見えるため、方法論が同語反復的となり、それゆえ密かに概念に基づく実在論がもたらされる。実在的なのは、この概念のうちに描写されているものに過ぎないのである。この概念的な客観主義に抗うために、越境文化演劇の研究において、パフォーマティブなものや構築作用を強調しても無意味である。認識論的実在論への傾倒とそれに付随する誤謬のために、演劇実践の次元を客観存在や客観対象とみなして統合しようとしても、その努力にはおのずから限界がある。

相互文化的な演劇のコンセプトにおいて、理論と実践の同語反復と同じくらい深刻なのは、知覚の欠落という問題である。演劇作品には、このコンセプトに従って分類されることで概念的な枠組からこぼれ落ちるものも存在するのだが、そのような存在は分析者の経験にいかなる反応も呼び起こさないままとなる。このコンセプトはルネ・デカルトを受け継ぐ学問的方法である。つまりそれは概念に基づく現実観に立脚しながら、自らの立ち位置を省みることなく、上からの目線でカテゴリーや概念から演劇作品に干渉するのである。それは個々の演劇実践の多様性に秩序を与えるが、相互文化的な演劇のコンセプトで捉え切れないものは逃してしまうことになる。たとえアリアンヌ・ムヌーシュキンやピーター・ブルック、鈴木忠志、リチャード・シェクナーらの演劇に様々な形で相互文化主義との類似性が認められるとしても、このコンセプトによってその全てを説明することはできない。今こそ、「相互文化的な演劇」という標語のもとに扱われてきた作品をその枠組から解放して、新たに解釈すべきときだろう。問うべきは、これらの、もしくは類似の上演で、様々な文化的伝統の「文化的コラージュ」[4]以上の、そしてそれとは別種の経験がなされるかということである。しかしながらこのような再解釈をしようとすれば、相互文化的な演劇論における理論と経験の関係とは異なる関係が前提となるだろう。

二　理論、経験、理念

越境文化演劇は、ジル・ドゥルーズのいう意味における理念である。それはプラトン的な理念という天井に時間を超越して固定されたものではなく、徹底的に歴史化されたものなのだ。歴史の中に投げ込まれながら、時空間の力学にさらされるようにして動的になることで、リアルでアクチュアルなものが突如として潜在的で可能なものに変わるさまを模索するがゆえに、越境演劇の理念は完結することがない。越境文化演劇の理念においては、演劇−経験と理論的省察がある方法で繋がっている。その方法とは、学問的（演劇学的）な知の起源や生成を、演劇の起源や生成と同じくらい考慮するものである。この両者が重なり合っているという越境文化演劇の経験に満ちた構成[5]においてはじめて、その生成は現在を未来に向けて開くこととして現れるのだ。

そのため、本書は現代における演劇の動向や諸形式を包括的に説明する教科書ではない。理論は越境文化演劇にとって外的なものではなく、それが存在するための基盤である。理論的思考がその対象をこのように内的に指向するがゆえに、それは演劇的省察を進め、自ら構築したものにも疑問を投げかける演劇観に依拠している。越境文化演劇は経験や省察から独立して、それ自体として存在しているのではない。むしろ、演劇理論と演劇−経験が相互に浸透することによってはじめて生み出されるのである。

このことが意味しているのは、越境文化演劇とはまさに〔人文学や演劇学の分野で議論を引き起こした書籍〕『新リアリズム（新実在論）綱領』[6]が批判しているような単なる構築物でしかない、ということではない。同書においては、永遠に存在し、人間から独立しているとされるアルプスの山々を目の前にしても、山々は意識の向こう側に実在するものがあることを示す決定的証拠とはならないとする立場がおしなべて批判された[7]。新リアリズム論がリアルなものの現実から概念に基づく現実の認識可能性を短絡的に導き出すのとは異なり、越境文化演劇の理論はテオドール・W・アドルノの定理である「客観の優位」[8]を参照する。リアルに存在するものは見通しがたく、概念や構築といったものに還元することはできない。この事実は、概念による構築作用が無効となるのを経験する際の衝撃とともに立ち現れる。〔ある出来事が予期せず人に降りかかる〕「遭遇」[9]としての経験は、越境文化演劇となるものについて省察する契機となる。演劇テクスト、演劇実践、演出や上演が混乱を引き起こすのは、それらが概念で捉えられないからであり、主体による世界への干渉や世界理解、主体のアイデンティティを危険にさらすからでもあるが、それらが要求しているのは、遭遇の衝撃を自己のうちに取り入れて反射する、思考の転換と継続なのである。それによって、主体の脱措定の瞬間が理論そのもののうちに入り込んでくる。この理論にはそのために、一般的な時間通念には合わず、非同時的であるという特徴がはっきり表れている。それが意味するのは、遭遇としての客観の経験により、経験されたものを概念的に分類し判断する試みが遮られ、この経験を事後的に省察することが先延ばしにされるということだけではない。概念的な統覚が中断されることで、この理論は、完全で一貫したものだとは自負できなくなっているということでもある。それゆえ、理論は想像力と判断力が中断することを想起させずにはいられなくなる。無常性という時間の核心、主体の無力さの痕跡が、遭遇としての経験にさらされた理論の特徴となる。理論を客体に引き渡すことによって、理論は主権的地位を僭称できなくなる。対象に寄り添うことによって、理論は主体と客体の間や、理論と経験的知識の間や、半永続的な有効性を追い求めることと、歴史性すなわち相対性を経験し、思考による構築物の生成を経験することの間に置かれるのだが、理論はこのような間の領域において自由に活動する余地を作り出す。こうして理論は理念になるのである。

三　演劇的思考

越境文化演劇の流動性をもった集合的状態としての生成には、始まりもなければ終わりもない。それは純粋なダイナミズムであり、存在論的に固定されることも原理や価値に束縛されることもない。それは様々な姿や形態で存在しており、そこに本質的なものや固有なものを見出すことはできない。その核のない核心はまさしく、固有のものや特有のものを持たない演劇であり、それ以外の何物でもない。それは根源的なものではなく、すでに副次的なものである。越境文化演劇の変装や偽装は、道徳的もしくは政治的な関心を隠しておらず、その裏にはいかなる種類のものであれ、より高次の意味が隠れているわけでもない。道徳的、政治的、およびその他の意味を作り出す権力が、いかに演劇を利用しようとしてきたとしても、また今でもそうしているとしても、そのことに変わりはない。演劇と生成の哲学の間には、深い親和性が存在している。それどころか、生成について考えることは、演劇について考えることとしてしかできないのだ。越境文化演劇の理念が拠って立つのは、様々な理論や定理を衣装として理解する演劇的思考であり、この衣装を身にまとうことで、越境文化演劇の生成が一瞬でもあらわになったら、すぐにまた別の理論的な衣装がそれに取って代わる。越境文化演劇について考えることはとりもなおさず、演劇の学問において学問の演劇を考慮に入れることなのである。

これを学問的に疑わしく感じるならば、ある男性の例に目を向けるとよいだろう。その男性とは、非合理主義と反啓蒙主義の嫌疑をかけられていない人物である。すなわち、ヨハン・メルヒオール・ゲーツェと対決した劇作家ゴットホルト・エフライム・レッシングである。一八世紀の断片論争で論点となったのは、キリスト教の真実である。プロテスタントの主席牧師であったゲーツェの見るところでは、真実は諸原理から成る正教の体系的学説に根ざし、顕現するものであるのだが、この諸原理をしかるべき規則に従って結びつけることこそが肝要なのである。この立場から、彼はレッシングに論争を仕掛ける。彼がレッシングの著作を恐れて攻撃したのは、個々の内容や論点ゆえのことではなく、より根本なこと、すなわちレッシングの思想と著作の様式全体ゆえのことなのである。[10]

レッシング氏の論法は奇妙である。彼は、読者の理性を論拠で納得させるのではなく、読者の想像力を様々な予期しないイメージと暗示で意のままに操ろうとしている。それゆえ正しい説明によって何かを決めるわけではないし、明白で決定的な証拠を示すわけでもない。彼はたとえ話や実例、アンチテーゼと戯れるだけである。彼は言葉に様々な意味を込めるが、その意味たるや、愚か者の目をくらますのにまたとないものばかりである。彼はあえて詭弁や曖昧な言葉、はたまた誤った言葉を用いているのだ。[11]

ゲーツェの批判が頂点に達するのは、レッシングが論拠を挙げて立証する代わりに、自身の文体に基づく「演劇論理」を持ち出しているという主張においてである。それはゲーツェによれば、神と世俗を決まり文句のように結びつけようとする「寓話や可愛らしい絵、たとえ話」[12]を列挙することに端的に表れている。正教神学の信奉者にとって、世俗的な知識文化および生活世界は、宗教的なそれと厳格に区別し、キリスト教の教義の純粋性を保つために締め出しておくべきものだが、その両者がレッシングによって相互に関連づけられているのだ。レッシングの考え方と書き方の「演劇論理」は、レッシングがもはや、拘束力をもつ神学的、形而上学的、哲学的システムを信用できず、また信用したくもないと思っていることに起因している。彼がその代わりに用いている手法は批判であり、この批判は存在論的な基盤をもたず、システムに根ざしたものでないとしても、自らを未知《フレムト》の知的形象に隠喩的に変容させ、他者に成り代わることによって、批評家の営為を成し遂げることを可能にする。レッシング的な手法をここで紹介するとともに敷衍すると、批評家レッシングはわざと公衆の面前で、神学、歴史哲学、造形芸術史、文学や俳優論のような他者《フレムト》のテクストの織物や理論を衣装として身にまとうように用いる。彼はいわば見知らぬ他者の理論とテクストの織物で、衣装を着るのと同じように身を包み、ぴったり合うまでそれを織り続ける。[13] つまり、衣装が批評家に合うように、また批評家が衣装に合うようにするのだ。両者が区別不可能なものであることから、演劇がレッシングの思考と著作の中にある真実の核心であることがあらわになる。いかなる教条主義にも原理主義にも、それはまさしくスキャンダルとみなされるだろう。それは次のような事情による。真実の核心が演劇的なものでもあることへの視点がひとたび研ぎすまされたなら、〔教条主義・原理主義が依拠する〕宗教的・民族的・国民主義的な体系的学説の核心を成すのはまさに演劇的なものであることが〔レッシングのような批判者の目には〕見えてくる。一方、これらの体系的学説の信奉者たちは、真実は真正で純粋で根源的なものであるという主張に幻惑されてしまっている〔ので、彼らの目にはレッシングの演劇的手法がスキャンダラスに見えた〕のだ。

レッシングの批判的な手法はいささかもアクチュアリティを失っていない。彼は批判には基盤がないことを強調し、批判的思考には演劇的論理が備わることを認めているのだが、そのことは現在なお無視できない影響力を持っている。というのも、ありとあらゆるところで再び存在論や強固な原理や固有性が求められたり、異質《フレムデ》なものを前にしたときに自己《アイゲネ》が異質さから守られているべきだとされたりするこの時代に、レッシングの手法は挑発的に映るからである。その方法の過激さは、演劇学も見習うべきである。演劇と演劇学を、一事をもって万事を解き明かそうとする独断論に引き渡す危険を冒したくないのであれば、自らの領域に備わる理論の装いや他の学問領域から借りてきたそれが衣装であることを明らかにし、そうすることによって学問的（演劇学的）な研究が根本的に抱えている一時性や、存在論的な不安定性を示すのがよいだろう。学問が自らの限界を内部から検証し、最終的には超えようとして、自らの公理とコンセプトを遊戯的に危険にさらそう《アウフ・シュピール・ゼッツェン》とするのは、学問が不十分であることの表れではない。むしろ、これこそが学問がとりうる最も高度な姿勢なのだ。

越境文化演劇における演劇的思考は演劇という制度の限界も、演劇学の限界も超えてゆく。そのため越境文化演劇は様式やジャンルや作品に焦点を当てるのではなく、演劇実践や表現形式（身振り、場面、メディア性、衣装、仮面など）の特異性に注目するのだ。越境文化演劇は、思考と行為によって包括的に行われる文化的実践である。それはまず、思考と行為を演劇的・遊戯的に試みながら経験するという形式で現れる。演劇ならではの思考と行為のあり方が越境文化的な実践の未来を形作るであろうことを承知しているからこそ、そうするのである。こうした演劇的思考が必要とされるのは、今まさに独断論と正統的信念が宗教的、国民的、民族的、人種的な原理主義という姿をとって現代社会を脅かしているからにほかならない。未来を切り開く演劇的思考の意味と役割は、世界化《モンディアリザシオン》[14]が進展してゆくなかで、すなわち世界化の演劇において示される。

四　越境文化演劇を書く

何かを書く際に異他の存在《フレムデ》を考えることは、異他を忌み嫌い、現代の魔女とみなすような昨今において、喫緊のアクチュアリティを持った課題である。越境文化演劇を書くことは、この課題をおろそかにしてはならない。

「芸術の哲学と呼ばれるものには通常、哲学か芸術のどちらかが欠けている」[15]。フリードリヒ・シュレーゲルが一七九七年に記した断片を、テオドール・W・アドルノは未完の絶筆『美の《エステーティッシュ》理論』の冒頭に掲げようとした。「美学《エステーティク》」という言葉を避けたアドルノの書名が示唆しているのは、芸術作品について論じたものから、美的な《エステーティッシュ》ものを論じることへ、そしてまた、美的なものがそこにどのように関与しているのかという問いへ立ち返ることである。アドルノが書いているのは美学とその対象に関する理論だけでなく、美的な理論でもある。その中では、芸術と理論の二律背反性が放棄されているが、そのうちのどちらか一方が他方に吸収されてしまうわけではない。アドルノは美的な理論を／として書くことを実践しているのだが、こうした実践は、理論にとって異他的《フレムト》な芸術を分類したり簒奪したりすることなく思考に受け入れるための前提であり、その可能性である。

アドルノが求めたものは、越境文化演劇を書く際にも避けることができないものである。「演劇の論理」をその指針とし、演劇的に書こうと努力することは、欠点としてではなく、越境文化演劇の理念から必然的にもたらされる考え方および書き方として理解すべきである。それは次の事情による。研究の視座を定め、理論的な構築を行うことによってはじめて、考察の対象としての演劇実践が生み出される。そうして演劇実践は考察者の目にとまり、学問的な働きに着想を与えるのだが、演劇実践は理論的な構築に対して〔それを寄せつけない〕異他的なものでもあることから、構築すること自体のうちに異他性を取り入れることを求めるのである。知覚的な経験と構築が相互に拮抗するようにして作用するなかで、演劇と学問の間にさらけ出されるものが現れ、それがこれら双方の間で揺れ動く。演劇と学問という二つの領域を互いに全くの別物として対置しようとするのでなければ、学問は演劇を構造的なものに変えて自らの中に組み入れる必要が生じる。こうして〔学問が演劇的な仕掛けによって営まれるものである以上〕、演劇学は学問の演劇となるのだ。

学問の演劇の演者は身振りであり、学問の演劇において書くことは身振り的に書くことを意味する。というのも、ヴァルター・ベンヤミンとベルトルト・ブレヒトによれば、身振りとは中断の結果として生み出されるものなのだが、それはもはや意味の全体性を構成する部分ではないからである。筋の関連性の全体から抜き出された身振りはもはや、演じられた行為より前にある部分も、その後に続く結末も示すことができない。身振りとは純然たる劇行為の中心、純然たる劇行為の手段であり、それには起源も目的もない。[16] 身振りはそうしたものであるがゆえに、意味の全体性や自明の起源を脱構築することを、現代において荒れ狂う原理主義を中断するための手段とみなす書き方に、まさにうってつけなのである。そうでありながら、身振りの時間は今ここだけにとどまるものではない。何がこの時間に先行し、それがどこへ向かってゆくのかは、行為の連続や動きの流れが中断されていても、読み取ることができる。それらは静止された身振りのトルソーを越えて、劇における筋の動きの全体を暗示する。身振りは換喩の身体実践であり、全体を代表する部分《パルス・プロ・トト》である。それは全体を失っているが、過去や未来を指し示す。それによってもう一つの全体という不可能なものの実現可能性を想起させ、保持しておこうとする。身振り的に書くことは、身振りの指し示すという実践を利用することで、連続的な歴史や地理の向こうにある様々な時間と空間を呼び寄せて紹介し、それらを関連づけて遊戯性の中にもたらす。換言すれば、身振り的に書くこととは演劇的に書くことなのである。というのも、身振りによって提示される過去と未来、近くにあるものと遠くにあるものは存在論的に描写される類のものではなく、〔身振りによる媒介と模写を経る以上〕引用によって紹介されるからである。つまりそれらは「あたかも……のように」という想像の中や、誇張されがちな身体表現や、仮面と仮装の中でのみ立ち現れるのである。身振り的に書くことにはこうした非本来性が備わっているのだが、それが目指しているのは、移民や異他性に対する反発からいたるところで隔絶の壁を作るような文化の新しい教条主義を揺るがすことである。身振り的に書くことの狙いとはすなわち、互いに対して閉ざされている領域を開き、互いに接触させることなのである。

身振り的に書くことは、書きながら自らを異他の経験にさらそうとする試みである。身振りを生み出すきっかけとなる中断の暴力性は、身振りに情動のエネルギーを授けるか、そのエネルギーが書く者に降りかかるようにして衝撃を与える。身振り的に書く者がそのさなかに自らの対象から刺激を受けると、対象の歴史は自己の歴史に、自己の歴史は対象の歴史に変転する。この経験は越境文化演劇を書くことにとって、まさに好機《チャンス》なのである。

五　ブレヒトと越境文化演劇

越境文化演劇の理念がブレヒトから影響を受けていることは、誰の目にも明らかであろう。異他性《フレムトハイト》の経験は彼の演劇観の基底であり、彼が望んだ経験である。日常的に慣れ親しんだものを、他者の視点から眺めることが異化《フェアフレムドゥング》効果の目的であり、態度でもある。それは単なる演劇の技術ではない。むしろ、世界内存在の根本的な経験なのである。ブレヒトの出発点となっているのは、文化的な伝統の鎖は破壊され、立ちどまるための足場となりうる根源的なものは存在していないという経験である。我々は「停まることのない大航海に乗り出したのだ」[17]、とブレヒトのガリレイが新しい時代の幕開けに述べている。

ブレヒトはこの経験と向き合った。彼は一五年にわたる亡命中にそうすることを余儀なくされていただけではなく、何よりも、文化的な異他性との人生実践的、哲学的、芸術的な対峙の全てにおいて自発的にそうしてきた。ブレヒトにとって重要なのは常に、自らの慣習や慣例に異他の光を当てることである。不思議なことに、ブレヒトは異他なるものを遠い国やエキゾチックな文化に求めるのではなく、自文化とされているものの内部に求めるのである。一見、このようにして自文化へ回帰するという行動は意外に映る。というのも、ブレヒトは遠い国々の文化に魅了されていたし、とりわけアジア文化の専門家でもあったからだ。周知のように、ブレヒトは日本の能から、自らの教育劇への決定的な刺激を受けた。彼が亡命中に書いた最も個人的なテクストを集めた著作である『メ・ティ——転換の書』において、中国の社会哲学者の墨子（紀元前四七〇—四〇〇年頃）と墨家についての教義に依拠していることは明らかである。このようにして彼は、老子が亡命したときに成立した道徳経に関する一つの偉大な詩を作ったのである。

ブレヒトが中国や日本という異文化に惹かれていた事実と、自身の文化を異化するという目論見はどのようにすれば関連づけることができるだろうか。確かなのは、異文化への視線は目的のための手段に過ぎないと考えるのでは説明がつかないことだ。『セチュアンの善人』も『メ・ティ』も『トゥーランドット姫』も、異化効果のための単なるエキゾチックな引き立て役や教育的な仕掛けなのではなく、それらがブレヒトにとっての自文化である西洋文化を補完する対照物とされているわけでもない。

ブレヒトは、文化とは閉ざされたものであり、互いに明確に区別することができるとも、文化的規範は確固たるものとして定まっているとも考えていない。彼にとって文化とは「途上」のものであり、それらは起源と伝統から切り離されたものである。彼は文化を解体されつつあるものとして理解している——まるでひとまとまりになっていた雲が風に吹かれて、散り散りになるように。自発的に、もしくは老子やブレヒトのように亡命することを余儀なくされて、自らの起源の場所から離れると、それらはもはや部分という形でしか存在できない。つまり思考や詩行、絵画や旋律、儀式的な行為や振る舞いとしてしか存在できないのだ。それらはかつて一つの文化という象徴的な宇宙のうちにあって関連性を持っていたかもしれないが、その関係性はすでに失われている。これこそが、文化の越境文化的な好機である。というのも、それらは途上の文化であるがゆえに、唯一の有効性と永続性を持つべきだとする古い国民文化の発想を放棄しているからである。途上の文化は他の文化に対して、唯一の世界の解釈たることをもはや主張しない。

越境文化演劇に対してブレヒトが抱いていた理念は、彼の作品のあちこちに見られる。散りばめられた彼の理念は、鍵となるテクスト『中国の俳優術の異化効果』およびテクスト集『メ・ティ——転換の書』の場合のように、テーマと明確に結びついていることもあれば、『ファッツァー』や『マハゴニー』のようなテクストのうちに隠されていることもある。本書でブレヒトのテクストに立ち戻ることには、二つの目的がある。一つには、ブレヒトが越境文化的理念の助産師として、また触媒としての役割を果たしてくれる。もう一つには、彼の作品を再生することで、現代におけるブレヒト理解が改められることにも繋がると期待される。その意味において、本書はブレヒトのアクチュアルな再解釈としても理解することができる[18]。

第二章　越境文化演劇のアクチュアリティ

一　現代に求められる演劇

越境文化演劇の時代が到来した。越境文化演劇が今まさに求められていることは、我々に日々届くニュースからも分かる。例えば戦争による大量の避難民、国境を越える飢餓と貧困、難民収容施設の放火、外国人や移民への憎悪である。そしてこれらの出来事におとらず深刻なのが、それに対する人々の反応である。これらの出来事はヨーロッパや世界共同体がこれまでに突きつけられた最大の課題であるが、それらに対する反応として、いたるところで排他的な政策が取られ、境界柵や壁が新たに作られる。国民国家が移民社会へ変容する歴史的な時期に、国民国家の主権が再び、資本、テロ、人間が世界中で計り知れないほどの規模で循環している状況への対抗手段と思われるようになった。国民国家の政治的な復活は文化面での復古を伴い、この復古によって強められている。文化のハイブリッド化が進展するさなかに、国民文化の亡霊が古色蒼然たるさまで蘇る。つまり、郷土文化の自民族中心主義的な擁護（例えば「ザクセンの我々」という政治的スローガン）や、キリスト教的ヨーロッパ全域の救済という姿で蘇るのである。ここには紛れもない対立がある。すなわち、流動化した世界を越境文化的な世界化へと導くことの必要性および可能性と、原理主義的な秩序と伝統という揺るぎない岩盤に全面的に回帰することでその運動を制御しようとする願望とが対立しているのである。世界が経済面でもコミュニケーション面でも緊密に結びつくことによって、何にもまして世界へ開かれた態度が求められているのに、人々は再び、片田舎の偏狭な精神性をいたるところにはびこらせているのである。様々な文化の基本的方向性と実践が混ざり合い、重なり合う状況では、越境文化的な能力こそがまさに求められているのに、人々は時代遅れのしきたりや習慣を強情に守り続ける。移民社会における異文化の経験によって、他者と上手に交流することが不可欠になっているのに、閉鎖された純粋な文化的共同体への回顧の方が優位であるように思われる。あらゆる場所で、世界に対して開かれた越境文化的な他者（異他なるもの）との共生が不足しているのである。

共生がこのように不足しているということが、越境文化演劇の構想の土台になっている。それは異文化や異他なるものと向き合うための決定的な手段となる。〔異他なるものについて論じた〕ドイツの哲学者ベルンハルト・ヴァルデンフェルスは演劇を「異他なるもの《フレムト》と出会う舞台」[19]と呼び、演劇の異他性が始まったのは、西洋演劇が古代ギリシア悲劇において生まれてすぐのことだとみなしている。近代においても、「新しいドラマ形式のアインシュタイン」[20]と呼ばれたブレヒトが異他との経験を演劇の主要課題としているが、それは偶然ではない。短絡的にしか理解されないことも多いブレヒトの異化効果のコンセプトでは、異質なものを経験することは、経験そのものが他者的なものになることであると理解される。ブレヒトによれば、観客も俳優も同じように「自分から距離を置く」[21]ことで、自分にとって他者のような存在になる。演じる者は「自分および自分が提示するものをいぶかりつつ観察する」[22]のだ。ヴァルデンフェルスとブレヒトに従えば、演劇は演劇自身にとって異他なるものであり、根本的に「自分の外にある」[23]ものである。このことによって、演劇は異他なるもの同士が意思疎通するのにうってつけの場となり、越境文化的コミュニケーションの媒体となっている。生成のさなかにある世界において、越境文化演劇は世界化の触媒なのである。

二　歴史的な状況　――グローバル化と原理主義

越境文化演劇の理念は歴史的に構想されたものである。それは同時的なものの非同時性[24]によって特徴づけられる歴史的な状況から生まれた。同時的なものと非同時的なものが織りなす四つの時空間の層において、現在に刻み込まれた歴史性は示唆に富んだものになる。それはすなわち、グローバル化と原理主義の絡み合い、越境文化というコンセプト、異他的なものの経験、移民の状況である。

現代を規定している特徴は、グローバル化と原理主義が絡み合っていることである。ダイナミックなグローバル化の波に押し流されて、多くの都市、国、地域、大陸が一つになる。そして経済や金融、コミュニケーションのデジタル化という抽象的な条件に応じて、国や地域、大陸がいずれも同時性と遍在性に従属している。それらは地域と地域の境界を乗り越え、国民国家の主権をも徐々に弱体化させる。地域の枠組が解体されるのに伴って、特定の場所に縛られることがなくなり、地域と地域の間に時間的な格差がなくなってゆくなかで、各地域の代表格であった文化は消えてゆく。このように事が進んでゆくと、将来的には労働と生活の形式が均質化して普遍化するという結果に至るだろう。国民、地域、大陸ごとの文化的差異はまだ確認できるが、これらもかつての妥当性を奪われつつある。そうした差異など、伝統を食い尽くす「消失の暴威」[25]を前にしては、文字通り大同小異である。抽象的な時間の世界的な支配は、各地域の文化を起源と結びつけている紐帯を断ち切り、文化の効力を失わせる。文化的に多様な都市や地域では、ライバル関係に基づく解釈と行動のパターンがどこでも見られるようになったことで、各地域に特有の文化的なアイデンティティを思い浮かべることが時代遅れになり、文化の方向づけが難しくなった。それに伴って、めまぐるしく移り変わる不安定な労働・生活条件にフレキシブルに対応できる能力がますます求められるようになっている。「フレキシブルな人間」[26]はグローバル化した経済における労働の典型像である。「フレキシブルな人間」と対をなしているのは、経済発展の非対称的構図ゆえに仕事がない人々や、戦争やテロ、飢餓から逃亡中の人々である。フレキシブルな人間と難民は、グローバル化の時代を象徴している。両者の違いは、共同体的な秩序における地位、もしくはそれに対する立場にあり、前者は（まだかろうじて）その秩序に属しているが、後者はそこに居場所がない。この重大な差にもかかわらず両者に共通しているのは、彼らの存在が極度に不安定であり、その瞬間に固定されているという特徴である。

グローバル化の結果として文化的な方向性が失われ、社会と経済が不安定になると、それに対する反動勢力が形成される。原理主義的な動きは世界中に広がっている。アメリカにおけるキリスト教原理主義からイスラムのテロ組織に至るまで、「現代《モデルネ》のプロジェクト」[27]を逆行させ、文化や宗教、共同体の純粋な起源なるものに回帰しようとするグループや組織が活動している。イスラム教徒に対するヘイトスピーチ、庇護を求める難民に反対するデモンストレーションと攻撃、異なる宗教や文化を危険なものとみなして排斥しようとする市民運動は、国際的な結びつきがこれほど緊密になっている時代にあっては、いかにも時代遅れに思われるのだが、こうした時代状況によってもたらされたものにほかならない。外国人や移民に向けられる不安や憎悪、独自の文化なるものを守ろうとする強情な努力は古代への逆戻りではなく、一面的で一方的な世界化の産物である。世界がグローバルになったといっても、それは経済や金融やデジタル・コミュニケーションの無秩序な領域でのことに過ぎない。他方、人々がともに生きるための越境文化的な可能性や形式を模索することは、疎かにされている。

グローバル化と原理主義が絡み合うなかで、加速と前進を促す力が遅滞と後退を促す力と衝突する。それらは相反する時流であり、別々の方向へ向かいながらも、現在の空間に非同時的かつ同時的に存在している。こうした時間的な状況こそが、越境文化演劇の出発点となる。

第三章　演劇的妄想

おざなりで一面的なグローバル化と、それに対する反動として生じる外国人嫌悪や原理主義を前にして、越境文化演劇が意義を持ちうるのは、それらの反動勢力が具体的な姿を持った組織として現れて、自らの正当化をアピールする際に必然的に演劇形式と関わり、独自の演劇を上演するという事情ゆえのことである。グローバル化の場合、劇場という機関から遠く離れたところにありながら、その手段と表現形式に立ち返ることで、絶対的なプレゼンスの演劇が立ち上げられるのだが、その目的は、グローバルなコミュニケーションやコントロールに寄与する世界的な同時性、すなわち「リアルタイム」[28]を演出して人々に知らしめることである。しかしグローバル化だけではなく、それにつきまとう反動的な動きも独自の演劇形式を巧みに操る。それらが頂点に達するのは、原理主義的な幻想《ファンタスマ》の演劇においてであり、この幻想が世界を秩序づけ、情動的な結びつきを形成し、行為のための手段を準備する。まさにここにおいて、越境文化演劇が批判精神とともに幕を開ける。それは何もないところで構想されるのではなく、初めからグローバル化と原理主義という現実の演劇と批判的に関連づけられている。

一　グローバル化というイメージの演劇――『シチュエーション・ルーム』[i]

ホワイトハウスのシチュエーション・ルームは複数の部屋から成り、五〇〇平方メートル以上の広さをもつ複合施設である。そこではアメリカ政府が、世界中のありとあらゆる紛争地域と直接コミュニケーションを取れる。その部屋は一九六一年に起きたピッグス湾事件での失敗後、ジョン・F・ケネディの主導で作られた。アメリカがピッグス湾からのキューバ侵攻に失敗した主な原因は、軍事作戦に関する情報をリアルタイムで伝達できなかったことにあるとケネディは考えたのだった。シチュエーション・ルームを撮影したものとして最も有名な写真は、ピート・ソウザにより二〇一一年五月一日の早朝に撮られたものである（図版2）。それはアメリカ政府のネプチューン・スピア作戦に際しての写真だが、この作戦の結果、ウサーマ・ビン・ラディンが殺害された。この写真には当時のアメリカの国家安全保障会議所属の一三名が写っている。その中には当時のアメリカ大統領バラク・オバマ、副大統領ジョー・バイデン、そして国務長官ヒラリー・クリントンも含まれているが、彼らはみな写真の枠外にあるモニター映像を、息を呑んで注視している。表情は一様に張り詰めており、体を画面の方へ向けてこわばらせたまま映像に集中している。それはまさに、数千キロメートルも離れた場所で行われた軍事作戦に最も近づいた瞬間であり、異なる地域の出来事が完全に同時的に示された瞬間である。しかしその一方で、この瞬間を捉えた写真は、見る者《ツーシャウアー》と実際の出来事の間に克服できない距離があり、彼らが一連のイメージに釘付けにされていることを示している。この軍事作戦の最高責任者である国家安全保障会議のメンバーたちは、まるで額縁舞台を覗き込む観衆《パブリック》であるかのような印象を与える。それはすなわち、何もせずに座ることを余儀なくさ

2
2011年5月1日、ホワイトハウスのシチュエーション・ルームでアメリカの国家安全保障会議のメンバーとともにウサーマ・ビン・ラディンに対する軍事作戦について、最新の情報を得るバラク・オバマ大統領とジョー・バイデン副大統領　© Pete Souza

れた観客《ツーシャウアー》であり、行動することができない傍観者である。しかしそうであるのと同時に、彼らは起きている事態の映像に縛りつけられており、個人的な表現や判断の一切をその犠牲にせざるをえない。写真からは、個人的な感情の動きを示す仕草を見て取ることはほとんどできない。唯一、当時の国務長官が手を口の前に当てているように見えるが、そうだとすれば、戦慄とはいわないまでも驚きの小さな身振りとして受け取れるかもしれない。ただしこの解釈は、クリントン氏が即座に否認したものである——彼女は咳を止めようとしただけなのだという。

i
第二部第三章第三節「メディア横断的な世界-経験」で、ホワイトハウスのシチュエーション・ルームを題材の一つとしたリミニ・プロトコルのパフォーマンスが論じられている。

何も見逃すな、いかなる瞬間にも時間の先頭に立って、遅れをとるな！　これがリアルタイムのイメージから発する標語である。遠く離れた場所で起こる出来事のリアルタイム映像と同時的でいられることの代償として、個人特有の身体とその歴史は失われる。しかし本来、個人の身体には過去の歳月の経過が堆積し、経験したことが時間層のようにして積み重なっている。この時間層は個人の歴史的身体を絶えず組み替えるようにして体内で活発になり、映像と同時的であるべきという掟に抵抗する。ソウザの写真に写っている国家安全保障会議のメンバーが体に緊張感を走らせるようにして、（我々からは見えない）画面の方を向いている姿からも、〔映像との同時性という掟に抵抗する〕「問題＝物質《マター》となる身体」[29]が見て取れる。人生という歴史に書き込まれた様々な経験は、映像へと向かうことに対する身体独自の主張と抵抗において現れる。

　この写真は現実との同時性を示しているように見えるが、それは幻想である。一八世紀の啓蒙主義とともに、不可視的なものや不在のものに対して可視的なものが優位を占めるようになってから、演劇のイメージであれ、映画のイメージであれ、アナログやデジタルの写真であれ、およそイメージというものはリアリズムの要請のもと、現実のプレゼンスという幻想を生み出すことを目指している。こうしたことは、イメージが現実を客観化し、歴史から切り離すことによってのみ成功する。イメージの中では現実が客観的な状態にあり、脱時間化されていることによって、イメージと歴史的身体の結びつきが断ち切られ、イメージというメディアに身体が同化される。このようにしてメディア的な表層身体が形成され、それはイメージの表層とリアルタイムで作用し合う。この表層身体がこうした相互作用から引き出して享受しているのは、絶対的な支配力をもっているという見せかけであり、リアルタイム画像に即応していることにより、全てを見通し、把握しているという思い込みである。表層的イメージに方向づけられた身体の発生とその相互作用こそが、グローバル化という同時性劇場の内実にほかならない。それは世界中でデジタルコミュニケーションに用いられてきて、その有効性が証明されている手段であり、道具と化したようなメディア理論の意味での媒体《メディウム》である。すなわち、自分の活動範囲を予想もできないほど拡張する便利な代替手段なのである。こうしたメディアが自明のものとして日常的に利用されて市民権を得てゆくなかで、それには限界があるという意識は消え去ってしまう。それはすなわち、リアルタイム画像の中に解消されないものは把捉不可能であることへの意識であり、身体とその生活世界の消えゆく歴史への意識である。身体がグローバル化という劇場の中で表舞台から消えてしまっても、それは地下舞台にとどまり、出番を待っているのだ。

二　原理主義の幻想《ファンタスマ》－演劇 ――ペギーダ（PEGIDA）

ペギーダ（PEGIDA）という名称は、「西洋のイスラム化に反対する愛国的欧州人（Patriotische Europäer gegen die Islamisierung des Abendlandes）」を自称する活動組織の頭文字を組み合わせたものである。それは右派の市民運動であり、ネオナチやフーリガンらも含まれる。彼らは公的な場で、儀式化された行進や集会といった活動をする団体として自己演出することで数を増加させ、勢力を保ってきた[30]。その際ペギーダの街頭演劇は主に旧東ドイツ地域、とりわけザクセンとその中心地ドレスデンに集中している。しかしその地域では、イスラム教徒の割合は統計的に全く高まっておらず、ザクセン内相の推計では、直近で人口の〇・一パーセントとされている。したがって、これほどわずかな割合がきっかけとなって、容認しがたい外国人嫌悪の活動が広まったとは考えにくい。ペギーダが想像している脅威は実際には思い込みであり、妄想に過ぎない。だからこそ、この運動を煽り立てている幻想《ファンタスマ》の原因としっかりと向き合って考察する必要がある。

確実にいえる要因は、旧東ドイツ地域の少なからぬ人々が東西ドイツ統一の敗者となったことである。社会は世界規模で金融危機や国際的な競争と合併の時代を迎えて、社会福祉費や文化予算、学術研究予算をないがしろにする一方で直接的な経済利益が幅を利かすことを容認し、漂流状態に陥った。OECDが二〇一四年一二月に出した報告によると、貧困層と富裕層の格差はドイツ国内でも著しく拡大している[31]。そして旧東ドイツ地域における貧困リスクは、旧西ドイツ地域と比べて著しく高いままである。しかしながらペギーダの外国人嫌悪の原因を説明するのに、低所得者層・貧困層軽視の問題を挙げるだけでは不十分である。ここで問うべきことは、ヴィルヘルム・ライヒが一九三三年に『ファシズムの大衆心理学』において提起した、まさに核心を突く問いと変わらない。それは次のようなものである。なぜ下層に落とされてしまった人々と、自分も下流に落ちるのではないかと不安に感じる多くの人々は、自分たちの権利や状況改善のために戦わないのだろうか。なぜ彼らは不安と怒りを、自分たちの置かれた状況に何の責任もない人々にぶちまけるのだろうか。なぜ彼らは異文化《フレムト》の人々を、自分たちを脅かす敵と思い込んでしまうのだろうか。

考えうる説明の一つとして、彼らが自らの陥った状況の中で、自分自身のことも異質《フレムト》と感じているためにそうしているのかもしれない。東西間に立ちはだかっていた「時間の壁」[32]の崩壊と東ドイツの没落、グローバル化のダイナミズムが過去二〇年間において、常に不安定で不透明な状態を生み出してきた。こうした状態ゆえ、精神的な柔軟性と地理的な可動性を発揮して、刻一刻と変化する状況や条件に適応することが過度に求められるようになった。グローバル化が個人に求める完全な柔軟性[33]は、常に異文化《フレムト》の経験と、自分が異質《フレムト》であるような経験を伴う。これはきわめてアンビヴァレントな経験である。なぜなら、突如として、見知らぬ《フレムト》環境に身を置いて不慣れ《フレムト》な慣習やしきたり、手順に順応しなければならなくなるとき、人は不安に駆られがちだが、他方で新しいものを発見して面白いと思えるかもしれないからである。不慣れなもの、見知らぬもの、驚くべきものへの欲求は不安と同じくらい強い動因である。不安と欲求、喪失と好機は異他《フレムト》の経験の中で均衡を保っている。一方、疎外の感情の場合はそうではない。それはメランコリックな感情に似ており、疎外を感じる者がかつてあったとされる良き状態との結びつきを断ち切ることができず、またそうすることを望んでもいないときに生じる感情の類である。疎外という文化ペシミズム的概念では、異文化《フレムデ》と自分の異質状態《フレムトザイン》は、かつては損なわれていなかった自己の世界の没落と退廃であると理解される。疎外という概念と感情の中では、自分の異質状態《フレムトザイン》が「想像の共同体」の外部に置かれた他者に転嫁されるようにして投影されるが、〔ベネディクト・アンダーソンが述べるように〕この想像の共同体は、歴史に立ち返ることによって作り出されたものに過ぎない。

　これがまさにペギーダで起こっている。というのも、この運動が使命感から救出しようとするキリスト教的ヨーロッパなるものは、歴史への回帰から生まれたのである。キリスト教的ヨーロッパとは、十字軍を例にすれば容易に理解できるが、中世以来、非キリスト教徒に対する戦争と暴力を正当化するために繰り返し用いられてきたイデオロギー的なスローガンにほかならない。しかし実際には、その言葉通りの単一宗教的な文化秩序が実現したことは一度たりともなかった。そもそもキリスト教的ヨーロッパは以前からずっと時代遅れの発想だった。ペギーダがそれを取り戻そうとするのは妥当な歴史的意識によるのではなく、純粋性や起源、「我々のもの」とされる固有性を求めることに基づいている。すなわち、調和のとれた社会的秩序、同質的な世界像、個人同士の直接的な関係を求め、この秩序の外側にある全てものに対して明確な境界線を引こうとすることに基づいてい

3
2015年4月13日、ペギーダがドレスデンでデモを行った際に掲げられたヴィルマー旗

るのである。これは原理主義的な秩序であり、現代社会の中から生まれてきたものである。

キリスト教的ヨーロッパは演劇の秩序とも密接に関わる。その信奉者にとって、外国人を敵視するだけでは不十分なのだ。彼らが疎外の感情を先述の方法で示威運動に変えて、異文化に対抗する自らの帝国を作り出すためには、衣装や標語、舞台装置や台本が必要なのである。カール・マルクスは『ルイ・ボナパルトのブリュメール一八日』[34]において革命および反革命の政治的な動きを演劇の領域に当てはめて、悲劇および笑劇《ファルス》とみなし、その慧眼をもって、歴史的な行為が演劇的な行為であることを示した[35]。その際、マルクスは反復の側面を強調する。すなわち、後世の者たちは過去の英雄たちを、歴史を意識した振る舞いで演劇的に呼び起こすとともに、この英雄たちのスローガンや衣装を模倣するの

郵　便　は　が　き

料金受取人払郵便

本郷局承認

6406

差出有効期限
2026年1月14日
まで
（切手不要）

113-8790

（受取人）
文京区本郷1―28―36
鳳明ビル1階
株式会社三元社　行

1 1 3 8 7 9 0　　17

お名前（ふりがな）	年齢
ご住所（ふりがな） 〒 （電話　）	
Email（一字ずつ正確にご記入ください）	
ご職業（勤務先・学校名）	所属学会など
お買上書店　市　区・町　書店	

20231128/10000

愛読者カード

ご購読ありがとうございました。今後、出版の参考にさせていただきますので、各欄にご記入の上、お送り下さい。

書名

▶本書を何でお知りになりましたか

□書店で　□広告で（　　　　　　　　）　□書評で（　　　　　　　　）
□人からすすめられて　□本に入っていた（広告文・出版案内のチラシ）を見て
□小社から（送られてきた・取り寄せた）出版案内を見て　□教科書・参考書
□その他（　　　　　　　　）

▶新刊案内メールをお送りします　□ 要　□ 不要

▶本書へのご意見および今後の出版希望（テーマ、著者名）など、お聞かせ下さい

●ご注文の書籍がありましたらご記入の上お送り下さい。
（送料500円／国内のみ）
●ゆうメールにて発送し、代金は郵便振替でお支払いいただきます。

書　名	本体価格	注文冊数
		冊
		冊

http://www.sangensha.co.jp

である（図版3）。二〇一四年一二月にドレスデンで起きたデモでは、ペギーダの擁護者たちがドイツ国旗の色である黒・赤・金色に光る十字架を掲げ、十字架のついた旗を振っていた――これはもともと十字軍の旗をまねて作られたものだが、数多くの歴史的段階を経た現在、彼らが我が物とするに至ったのである。[36] 光の行進のうちに呼び覚まされることになるキリスト教的ヨーロッパに属するのは、十字軍として振る舞う人々である。歴史的な装飾には、自己肥大化の実践も含まれている。ペギーダのデモに参加する人々を観察してみれば、表情と体に歴史が書き込まれているさまを見て取ることができる。彼らが押し隠している屈辱感と敗北感は――実際に味わったものであれ、そう思い込んでいるだけのものであれ――体をこわばらせながら怒りをあらわにした緊張感となって伝わってくる。この緊張感は（ドイツにおいて）叛乱が挫折してきた歴史の地平線に置かれている。それ自体としてすでに耐えがたく、正当化もできない攻撃的な身体のこわばりが、キリスト教的ヨーロッパの十字架という高次のものによって高められ、理想化されるのだが、デモの参加者たちはその十字架のもとに集い、彼らの身体はそれに捧げているのだと言わんばかりである。

ペギーダが上演するのは、これまで存在したことのない、あるいはそのような形では存在したことのなかった出来事と秩序を表現する再演《リエナクトメント》[ii]である。演劇的に上演することによって、過去の出来事とされるものを現実にしようとするのだ。それはキリスト教的ヨーロッパを再現するにとどまらない。ペギーダ・デモの参加者たちは、神聖ローマ帝国の拠点であるウィーンがトルコ兵の大軍に包囲されているかのように、はたまたフランク王国の宮宰カール・マルテルが鉄槌を再び握らざるをえなくなったかのようにして、イスラムによる脅威を演じる

ii　アメリカ南北戦争などの歴史的事象を、後世の人々が当時の衣装や小道具・大道具などを用いてリアルに再現する上演形式のこと。

一方、〔キリスト教的演出と無縁であった〕一九八九年の東ドイツ市民による抵抗運動を「再演」して、「我々こそが人民である」というスローガンを叫びながら行進するのである。ワイマール共和国の擁護者とナチスとの政治的闘争に見られた配役や雄叫びという台詞廻しも復活した。デモ参加者はシュプレヒコールで「嘘つき報道」と叫んで〔真っ当な〕メディア報道を槍玉にあげ、多勢をなして「国民の裏切り者、国民の裏切り者」と唱えて自分たちに批判的な人々に裏切り者の烙印を押し、ナチスがワイマール共和国の崩壊寸前に行ったのと同じように、全ての責任を「体制」側になすりつける。デモの参加者は過去を演じる現代の俳優であるかのように、歴史を引き合いに出して自分たちを正当化しようとする。例えば、ペギーダを批判的に報道したフランクフルター・アルゲマイネ新聞のウェブサイトに投稿された読者コメントには、次のように書かれている。

怒った暴徒が貴編集部に火を放ち、編集部員たちをリンチしたというニュースを目にするのが楽しみで、今からもう待ちきれないくらいだ。こういうことを我々は歴史からすでに学んでいる。[歴史は往々にして繰り返すものである。][37]

この書き込みから読み取れるのは、反復の必然性への欲望に満ちた肯定である。歴史とは繰り返すものであり、そうしなければならない。なぜなら、歴史を媒介にしなければ、自分の異質な経験と経済的没落の経験は他人に転嫁できないからだ。そのための前提となるのは、歴史の脱歴史化である。歴史を時間から剥奪しなければならない。それによって真正なもの、根源的なもの、永続的なものを縁取るいぶし銀がいっそう深みを増せば、自己の世界像の信憑性も増すと考えるのである。このようにして復元された歴史や、自己の起源を――キリスト教的ヨーロッパを！——復元したものとしての歴史は、しかしながら、感情と希望を幻想のうちに転換し、再編することによって書かれたシナリオとしての歴史／物語《ゲシヒテ》のための衣装でしかない。

ジャック・ラカンによれば、幻想《ファンタスマ》は欲しても手の届かない様々な願望の対象を散りばめた想像上のシナリオを用意することによって、主体の欲望を構成する。幻想のシナリオと情動的に結びつくことによって、自我の想像上のアイデンティティが作り出される[38]。このシナリオのドラマトゥルギーは内と外、欲望に値する対象と恐怖を生み出す対象、ということはつまり、自己《アイゲネ》と他者《フレムデ》を明確に区別する。その際に決定的なのは、ラカンが強調するように、幻想が無力さの経験を拒否することから生まれるということであり、この経験が幻想による優越性に転換されるということである。幻想のシナリオにおいて、自分自身に対して異他的《フレムト》であることの経験と、無力感や劣等感につながる否定的評価は外在化され、自分とは別の他者《フレムデ》へ投影される。それに伴って生じるのは、新たに作られ、異他的なものから浄化され、高められた自己の領域への感情的な固定作用である。この領域は現実ではないのだが、そのことがかえって感情面の固定作用を強める。幻想《ファンタスマ》が仮借ない暴力性をもって現れるのはまさに、それが社会的・経済的・文化的な現実の中に実質的な基盤／根拠《グルント》を持っていないからである。幻想が存在するのは、ひとえに、それが演劇として上演されるからなのである。

それが演劇的なものとして存在していることを忘れさせるのは、幻想が放つ最も強い衝動である。幻想が領域を定めるにも、境界を策定するにも、感情の備給を配分するにも、しかるべき理由／根拠《グルント》がなければならない。それゆえ幻想が見せる世界の秩序も〔先述のように本当は基盤／根拠《グルント》がないにもかかわらず〕基盤《ファンダメンタル》を持っているように見せかけなければならない。原理主義《ファンダメンタリズム》の幻想演劇の特徴は、基盤／根拠《グルント》のない副次的な演劇性に、確固たる基盤《グルント》を与えようとする点である。原理主義の演劇は、根拠《グルント》のないところに根拠《グルント》があるように見せる。底なし沼の上に空中楼閣を作り、それが硬い地面の上に立っていると主張する。これこそが、原理主義の幻想が用いる演劇的なトリックなのである。その舞台上で復元された歴史の衣装は、起源と存在論的な根拠があるように思わせながら場面を展開し、異他なるものを排除・拒否・打倒するが、これらの一連のものをリアルな悲劇的行為として提示する。一方、それがまさしく笑劇であり、演劇以外の何物でもないことは、原理主義的な場面がパラノイア的に先鋭化してゆくなかで如実に示される。つまり、そこではファンタジー映画のような登場人物と風景が登場するのである。イスラムという悪の帝国が明るいヨーロッパを脅かしているが、帝国の上空には蜘蛛が君臨し、糸を引いて操っている。この黒幕こそまさにアメリカ合衆国であり、大西洋評議会という、「シオンの賢者」の仮面を被ったシンクタンクの姿で登場する。それに対して、ヨーロッパを救おうとして駆けつける輝かしい人々の中にはロシアの大統領の姿が見える——おそらく、一八一二年に対ナポレオン同盟の基礎を築いたロシアとプロイセンのタウラゲ協定に、もしくは独ソ不可侵条約にあらためて署名しようとしているところなのだろう[39]。

第四章　越境文化演劇の場所としての異郷《フレムデ》

一　遠方の異質な他者の魅力 ——アルトーとバリ島演劇

アントナン・アルトーは、自ら構想した演劇および共同体についての草案の中心に位置づけるほどバリ島演劇に魅了されていたが、彼がそれと出会った地はバリ島ではなかった。アルトーおよび彼と同時代の観客を魅了したのは、一九三一年にパリで開催された植民地博覧会のオランダ領東インド展示館に登場した、バリ島の村から来た劇団であった。このことについて、ドイツの文化学者ディートリヒ・ハルトは以下のように綴っている。

パリの植民地博覧会を訪れた人々の眼前に供されたのは、決まった儀式や式典と結びついて何昼夜も続く、伝統的な、すなわち土着の上演形式ではなかった。その上演はむしろ、ヨーロッパの観客に合わせて上演時間を切り詰め、様々な踊りや音楽劇をつぎ合わせたものであった。[40]

一九三六年のオリンピックと並ぶ、この一九三〇年代最大の大衆スペクタクルは、「我々の植民地史全体のパノラマ」[41]を訪問客に喧伝している。「植民地演劇」と呼ばれているこの上演[42]が、全てを独占的に管理している宗主国の自意識を、またそれ以上に自尊心を強めたことに疑念の余地はない。植民地博覧会の演劇において求められ、観劇を通じて生成されたのは、自己の拡張という感情である。つまり、スペクタクルに満ちた異国的《エキゾチック》な経験世界によって観客に感覚的印象や共感覚、情動の充溢を引き起こすことで、ヨーロッパの合理的近代が自らの境界を越えて広がるという感情である。上演での色彩や音響、衣装やリズミカルな動きといった感覚的刺激は、西欧共同体の感情的空間を活気づけ、飾り立て、価値を引き上げることで豊かにするように仕向けられていたのだった。そうした刺激は、植民地化が進む過程において異他的伝統が解体され、切り刻まれるとともに、こうして生み出された断片が観光客向けの民俗アトラクションと化したことの結果として生じたものである。パリ植民地博覧会におけるバリ島舞踊およびバリ島演劇の上演は、観光のための宣伝に役立っていたのだが、オランダの植民地支配者の考えでは、観光こそがまさにこの島の経済的な未来とされたのである。博覧会のパヴィリオンは、異国的なものを狩り漁る観光客を、首都パリの中へと導き入れ、首都の住民を、彼ら自身の世界のうちにいながらにして観光客に仕立て上げたのだ。彼ら都市住民がそこで目の当たりにしたのは、彼ら自身の世界であったが、その世界はいわば「ポストモダン仕立てで」[43]多様性の美学を存分に発揮するようにして飾り立てられていたのだった。オランダの日刊新聞が証言するように、パリ植民地博覧会のオランダ館では、様々な建築様式、時間、空間のパッチワークが「オランダ植民地のアイデンティティ」を構成し、実演していた。その際、植民地的に拡張された共同体との、個々人の自己同一化は、単に象徴的秩序という媒介によって成し遂げられたのではなく、情動的な結びつきによってより強固に遂行されたのである。すなわち、目的語的属格[iii]の意味での「他者の享受」[44]、すなわち〔パヴィリオンの来訪者が〕「他者を享受すること」で、共同体との自己同一化を感情的により強固にするのである。しかしこうした「他者の享受」は、常に主語的属格と同時に現れる。すなわち――私たちの想像力の範囲においてであるが――他者が享受するのと同じようにしてしか、私たちは他者を享受できないのである。それゆえ享受による情動的なつながりには、不足や自己の不完全性、命取りになるようなライバル的競争関係の経験が必然的に入り込むことになる。この経験を経て人は異他なる者を見下し、最終的には憎悪するようになる。文化的植民地主義が、対象を異国的なものや東洋的《オリエンタル》なものとして思い描こうとする行為の中で作り出した[45]、理想像や自己の補完物としての異他は、異他の征服や接収《エントアイグヌング》／脱自己化という裏面と分かちがたく結びついているのだ。

バリ島演劇についてのアルトーのテクストは、文化的植民地主義に分類すべきものなのだろうか。いずれにせよ着目に値するのは、バリ島演劇が植民地主義の枠組の中で上演されたことを、彼は意に介していないように見えるということ、そして、オリエンタルなバリ島および東洋の演劇について自ら記したテクストにおいて、その枠組に言及していないということである。ただし、一九三一年に「植民地博覧会のバリ島演劇」[46]という表題で刊行された、「バリ島演劇について」[47]第一部の見出しを除いてのことではあるが。さらに目を引くのは、「西洋的《オクシデンタル》」な演劇と「東洋的《オリエンタル》」な演劇の間にある様々な二元的な対立項――言語対身体、心理学対形而上学、理性対魔術、習慣対儀式、世俗対神聖など――を認めていることである。これらの対立項はどれも、エドワード・

iii　ドイツ語の属格は通常「～の」と訳されるが、かかる名詞が動詞からの派生語の場合、その動詞の主語や目的語の意味になることもある。

サイードによれば、オリエンタリズムの言説区分に特徴的なものばかりである。一方で、アルトーによるこうした区分は一見、近代対前近代的伝統という一般的な対立項に通じているように見える。こうした対立項によって、異他の理想像や恐ろしいイメージが定着し、異他に先進的近代の権力に対する原初的なものの無力という図式を負わせている。ただし、アルトーにとって先進的近代とは、もはや先進性の体現ではなく、今まさに頽落しつつあるものであった。ここにおいてアルトーは、自らが先進的であり優越しているという万博信奉者の思い込みとは根底から袂を分かっている。一方、彼は近代への危機感から、よくある文化悲観論的な結論を導き出すこともない。アルトーは、文化的植民地主義のように、バリ島演劇の印象と共感覚を利用して、合理性という「鋼鉄の檻」[48]に美的な装飾をほどこすこともなければ、文化悲観主義の流儀で、反合理的かつ神秘・儀式的な前近代の再来や更新に利するように、合理性を拒むこともなかった。彼にとって重要だったのは、言語が間接的なものであるのとは対照的に、身体的なものがそのありとあらゆる表現において直接的なものであることではなかった。バリ島民の上演が彼を引きつけたのは、もう一つの隠された精神的秩序の、すなわちもう一つの言語のしるしとしての、身体そして舞踊、パントマイム、音楽という無言の芸術がそこに顕現しているからである。その言語の文法は、西欧の観察者には理解できないままであるが、しかし西洋的な「精神の文化」[49]の影および分身として経験可能になる。アルトーはあらゆる感覚的・物質的なものを象徴的に貫通し昇華することに西洋文化の本質があるとみなしたが、そうした文化の影および分身となったもう一つの精神的秩序や言語文法がバリ島演劇において経験可能だというのである。

こうした主張をするアルトーは、バリ島演劇に対して公正なのだろうか。こうした問いに彼は関心がなかったようである。レオナルド・プロンコの調査[50]により、アルトーが万博を訪れた際に鑑賞した九つの音楽や舞踊の詳細が判明している。アルトーの著作では、これらの作品のどれ一つとして、その名を挙げられることも詳しく記されることもない。万博に際して刊行された展示カタログに掲載されているバリ島文化の紹介や、それについての詳細な記述に立ち入ることもない。このテクストにおける、文化的背景への「アルトーの曖昧な暗示」は、彼が「バリ島の演劇上演の宇宙論的で儀式的な仕掛けに関するいかなる知識ももたず、複雑に入り組んだ伝統的テーマも理解していなかったということ」[51]を明らかに示している[52]。アルトーにとって重要だったのは、バリ島演劇をその文化的文脈において理解することではなかった。彼は、自文化を根本的に問い直すためのメディアとしてこれを利用したのだ。フランスの中国学者フランソワ・ジュリアンの言をもじって言うならば、彼が〔一九三一年の植民地博覧会の会場の一つである〕ヴァンセンヌの森の戸口を前にして「バリ島経由の廻り道」をするには、バリ島演劇が「植民地劇」として目の前に現れるだけで事足りたのである。西洋文化に合わせて異他性が飼い慣らされたような上演であっても、自文化を異他的なものにさせるには十分だったのだ。あるいは、より正確を期すならば、アルトーが〔西洋文化の影としてのバリ島演劇に関心を抱き〕その影によって自らの西洋文化的共同体が幽霊のような相貌を帯びていると思うようにして、バリ島演劇を想像するには十分だったのだ。ただし、想像は投影とは区別されねばならない。投影が異他の上に理想像を投げかけ、異他との距離を乗り越えて、それを自己の補完物として制圧し、併合しようとするのに対して、想像は、異他と自己との距離を止揚することなしに、それらの間にある一致と共鳴をきっかけに浮かび上がるのである。アルトーは、自文化とは別の形而上学的秩序を示すバリ島演劇に触発されたが、それに尾ひれをつけて、西欧にとってのユートピア的な鏡像として描写することはなかった。この自制の対価として、バリ島演劇は第二の、想像された異他性を付与されることになる。

想像された異他として、バリ島演劇は西欧文化共同体を批判するために用いられてはいる。異他は西洋文化を変革するための触媒として用いられる一方、異他はやはり異他のままであるがゆえに、変革のプロセスからは締め出されたままになってしまう。西洋社会は、ヨーロッパ文化に対する批判を自ら完結させることで、閉ざされたままである。それは二重の理由で閉ざされていた。というのも一方では、本質的に西洋的な文化と本質的に東洋的な文化という観念の根底にある〔文化の〕統一的全体性と完全性への要求が、アルトーの情念においても繰り返されているからである。その情念はアルトーの文体に内在化されているが、そのような文体は〔西洋合理主義から見て〕極限の彼方にあるペストや錬金術などまで自己化／横領／習得《アンアイグヌング》することを原理として、東洋という外部が自己化されないままでいることを許さないのである。またもう一方では、アルトーの文章に描かれる異他は自らの声で語ることがなく、西洋文化に対する競争相手や対話者として登場して賛成および／あるいは反対の意を表明したり、自分が異他的とみなされている経験を独自の視点で伝えたりすることがないためである。

それでもなお、異他の経験は、アルトーがバリ島演劇を論じた書物に取り入れられている。異他は、数々の隠喩表現が恐ろしいほどに張り詰めた様相で立ち現れるが、この隠喩表現によって遠く離れたバリ島とパリが橋渡しされ、アルトーのテクストが解読不可能な象形文字で敷き詰められているように思える。異他が立ち現れるのは次の箇所である。

あの困難で突然断ち切られるポーズ、あれらの喉の奥のシンコペートされる変調、あの急に変化する音楽的フレーズ、あれらのさやばねを開いた昆虫の飛翔、あれらの枝のざわめき、あのうつろな太鼓の響き、あの自動人形の軋みやあえぎ、あの生命を吹き込まれたマネキン人形のダンス［……］、身振りや、ポーズや、空中に放たれた叫びの迷路［……］、この震え、この子供じみた金切り声、荒れ狂う無意識の自動作用に突き動かされるようにして規則的なリズムで床にぶつかるあの踵［……］。ここで我々は、あらゆる余地を開いたままにする不安を描き出したのだ。[53]

異他は、アルトーに書くことを促し、書いている彼に襲いかかる、息を呑むような連続性の中にも立ち現れる。彼のテクストにはなかなか終わろうとしない羅列と文の連続が見受けられるが、それが異他を前にした「形而上学的な不安」[54]を示す一方、その不安は古い文化的秩序が動揺するのを見て楽しむような快楽へと変転するのである。アルトーのテクストを支配するこの不安／快楽は、音、動き、身振り、植物、石、動物を分裂症的に結び合わせる。テクストの分裂症的内在という場や、強制的な文化体系下において分身とされたものの中で、雑種的共同体の想像が浮き彫りになる。そこでは、自己と異他は互いに入り混じっているだけでなく、区別できないものになっている。まさに自分自身と相互に対して異他なるものという分裂症的アサンブラージュを用いることによって、アルトーは越境文化的共同体のヴィジョンを描き出したのである。

二　相互文化《インターカルチュラル》演劇批判

相互文化演劇のコンセプトとその罠

バリ島演劇についてのアルトーのテクストが端的に示しているのは、西洋人が遠い地の（極東の）演劇形式へと目を向ける際、こうした行為を危険な試みに変えてしまう罠に陥りかねないということである。相互文化演劇の理論にも実践にも、この罠が潜んでいることが明らかになる。

その一つが文化的植民地主義の罠である。クリスティーネ・レーグスが、一九八〇年代と九〇年代に見られた相互文化演劇理論の最盛期を振り返りつつ指摘しているように、ボニー・マランカやパトリス・パヴィスなどの〔相互文化演劇理論の〕先導的研究者は、ヨーロッパやアメリカの演劇人、例えばピーター・ブルックやユージェニオ・バルバ、イェジー・グロトフスキ、アリアーヌ・ムヌーシュキン、リチャード・シェクナー、ロバート・ウィルソンを取り上げて研究していたのだが、これらの演劇人もまた、主に伝統的なアジアの演劇形式を自己の作品に取り入れている[55]。こうした自己化が行われる一方、当地の同時代演劇は顧慮されぬままとなっている。ここに、遠い異他をエキゾチックなものに仕立て上げ、エキゾチックなものを西洋自らの文化に併合し、それを享受する危険が潜んでいる。こうした態度は西洋社会で長年にわたり自明視されるばかりか、先進的であるようにさえ思われてきた。一九八二年においてもなお、リチャード・シェクナーは、「技術と模範をあらゆるところから」引き入れる「真の相互文化主義」の名の下に、「借用、盗用、交換によって我々がいかに自らの経験を豊かにすることができたか」を礼賛している[56]。ここで喧伝されている相互文化的世界演劇は、一九三一年の万博演劇からさほど遠からぬものなのだ。

それに対し、植民地主義の影響が長らく残ったインド出身の演出家であり演劇学者のルストム・バルーシャは、いかなる相互文化主義も西洋の文化的植民地主義であると痛烈に非難した。この弾劾が最初に狼煙を上げたのは、バルーシャが伝統的民族舞踊の上演である〔インドの仮面舞踊〕チョウのパフォーマンスを訪れた一九七七年のことである。そこでバルーシャは、さらにもう一つのパフォーマンスも目にして、このように記している。

この実際に起こった即興的な出来事は、むしろ無意識のうちに、第一世界から来た相互文化主義者たちの集団によって上演されていた。彼らはチョウ舞踊の間ずっと、夢中になって自分たちのカメラをカシャカシャいわせていた。私は、彼ら相互文化主義者たちの背中、そしてカメラ、ズームレンズ、ビデオとプロジェクターのぎらついた列を見ていたのを思い出す。それらは当時、直感的に西洋の技術と力を思わせるものだった。資本の力、ここにありと言わんばかりに！[57]

バルーシャの見立てでは、遠国の文化的伝統のエキゾチック化が明確に文化的植民地主義の戦略と位置づけられている。ただし彼の論でもはっきりしないのは、チョウのような伝統文化がグローバル化のダイナミズムによって、例えば海外観光に取り込まれたことでどうなってしまったのかという問題である。それらの伝統は、他の時空間の影響下にさらされ続けることで、やがて固有の起源や真正性を失い、それら伝統が向き合ってきた宗教的地平も色あせてしまったのである。それらを強奪的な自己化や経済的利用によって観光地化された民俗へと貶めることは、文化的生活様式の深刻な喪失を伴う。しかしそれに抵抗して、伝承の本来の姿を固守することは、後退と隔絶の戦略に賭けることを意味する[58]。この戦略の擁護者は、文化的植民地主義の苦い経験を経て、世界に開かれた態度と越境文化的共同体の生成に背を向けることになる。それが生成される際には、個々の国における様々な文化的実践が決定的な役割を果たす。ただしその実践は、伝統を生き生きとしたものとして主張するのではなく、伝統が屈折していることを省みつつ、それを遊戯的に文化的過去として提示する実践である。いわゆるポスト植民地における演劇概念や演劇実践にとって、植民地以前の土着の文化的伝統と実践に立ち戻ろうとする必然的な回帰を、根源的で独自なものとみなして再興するのか、それとも世界化としての越境文化演劇に身をさらそうとするのか、この二つの道の間には決定的な違いがある。

相互文化演劇というコンセプトに潜む罠に話題を戻そう。相互文化主義は互いに閉じ、区別された文化という考え方を執拗なほどに前提としてきている。クリスティーネ・レーグスは「『相互文化演劇』という概念がそもそも意味をなすには、互いに区別できる文化がなくては」ならないと述べている[59]。たとえ文化が「一義的に定義される」[60]必然性がなくても、相互文化演劇は、文化の統一的全体性を出発点としようとするのである。こうした本質主義的なアプローチは、現在の実質的な文化的生活世界にも、歴史的な文化生活世界にもそぐわない。グローバル化時代の文化的生活世界は雑種的である。いわゆる主要文化《ライトクルトゥーア》[iv]を打ち立てようとする試みは、失敗に終わらざるをえない。主要文化なるものは、一八世紀に発した国民文化のモデルを、その頃とは変わってしまった状況のもとで再び甦らせようとするものだという点で亡霊のような企てなのである。というのも、こうした国民文化は当初から、政治的、社会的、宗教的な様々な動きと民族のグループ化という諸力が分散している現実に、統一を与えるべくして生まれた構築物だったからである。しかし文化的異種性は、例外なしに、国民文化モデルとその後継である主要文化などに浸透し続けている。

国民文化による統一的全体性の要求に反駁する、こうした経験論的見解に加えてさらに指摘しておかなければならないのは、理論的形成における異種性である。ドイツの深遠性とロマンス語地域の表面性を対置したフィヒテの『ドイツ国民に告ぐ』[61]以来、国民文化は「他者化」[62]という理論的・実践的形象を通じて、すなわち人種や風習、慣習、言語などといった区別や除外の基準を明示することによって、自己を異他と分け隔てる境界づけを通じて形作られてきた。しかしこのようにして異他は自己形成の内部に、気づかれず、認められることなく、無意識に現前しているのである。まさに文化が自らを純粋で同質的で本来的なものと称しているところで、除外された異他の分身が、文化的統一体に影を落とすのだ。自己と他者の区別が曖昧であることによって、他と区別された統一的全体としての自己理解をもつ文化の輪郭、形象そして実践は、理論的にもほとんど識別できなくなっている。「ムスリム」と「メキシコ人」は、キリスト教的西洋あるいは「アメリカ・ファースト」のために戦わねばならぬと信じている者たちのドッペルゲンガーであり、忠実な影なのである。その影がなかったら、彼らは自分を誰と称したらよいのか分からないだろう。

相互文化主義や相互文化演劇の理論がそうしているように、截然と区別された諸文化の存在を前提とすると、自文化の統一的全体性を構築するなかで、異文化は(たいてい)遠ざかっていってしまう。〔相互文化的理論においては〕アジアやラテンアメリカ、アフリカといった異文化もまた同様に統一体として理解され、そのように切り分けられた存在としての異郷との間に交流が起こり、しかる後に異文化的要素同士が結びつけられるとされる。未解決のままになっているのは、そうした方法の目的である。明確な差異を示す諸文化の要素同士を、何のために結びつけているのだろうか。このような区分の定義づけに欠けているのは、暗黙の前提で截然と区別された諸文化を問い直したり、対象の生成を(再)構築したりする際に用いる概念を理論的に考察する作業である。この欠如は、相互文化演劇を最も簡潔に定義した文に示されている。

> 截然と区別された二つ(もしくはそれ以上)の文化に見られる、様々に異なる文化的体系から要素が取り出

iv　シリア出身の政治学者バッサム・ティビによって導入された概念で、様々な文化的背景を持つ人々の間で分かち合われる共通の文化的規範をいう。

され、演出において互いに関係づけられる。[63]

その十年後には、より一般的な定義がなされている。

相互文化演劇はここでは以下のようなものを意味する。つまりそれは、任意の、区別可能な文化に由来する要素同士が何らかの方法で結びつけられ、またこれが中心的な特徴であるような演劇のことである。その際には、多くの可能性が考えられる。例えば、様々な言語、技術、様式手段、素材や特定のテーマなどが互いに結びつけられたり、集団が相互文化的なメンバーによって構成されたりしているなど。[64]

相互文化演劇に関する演劇学的研究においては、自らの介入を省みることなく、さらなる定義がなされる。その定義は、先に自律的とされた文化同士の結びつきの度合いを、さらに細かく分類しようとする。そのようにしてアメリカの演劇学者マーヴィン・カールソンは、相互文化演劇において自文化と異文化との間でなされる交流の段階を七つに区分している。[65]レーグスはそれを以下のように要約している。

（一）定期的に受容される、完全に熟知され親しまれている演劇伝統。（二）異文化的要素が自己の演劇文化に取り入れられる。観客は関心を持ったり、楽しんだり刺激されたりするが、困惑はしない。（三）異他的な構造がまるごと引き継がれるが、よく知っているものであるかのような印象を与えるよう改変される。カタカリで演じられる『マクベス』などが例として挙げられよう。（四）異他的なものと親しまれているものとが、全く新しい混交を作り出す。そのうえで、それは自己のものとして受け取られ、徐々によく知られたものになる。（五）異他がおおむね変化されずに吸収され、長期間にわたって親しまれるものとなる。例えばフランスにおけるコメディア・デラルテ。（六）異文化的要素が異他的なまま、異化効果や異国的な刺激として自文化の構造の中に組み込まれる（例えば『マダム・バタフライ』演出における日本舞踊の場面）。（七）「異他的」上演の全体が、改変されることなく観客に提示される。[66]

今日の視点から読むと、このリストは、〔例えば自国の災難から〕ドイツなどへ逃れてきた人々についての、またそうした人々のための、（架空の）類型学および要求のカタログに近いものと言わざるをえない。いずれにしてもここから明白に読み取れるのは、序列化が行われていることとその目的である。上位に来るのは、よく知られ、親しまれているものであり、異他的なものは、統合され、親しいものにならねばならない。異他的なものはせいぜいのところ、よく知られたものに新しい刺激や新しい観点を付け加えるだけである。〔相互文化主義者は〕自文化や異文化の構築物を考察の暗黙の出発点にしてしまうために、相互文化演劇の無味乾燥な定義や分類[67]もまた、最後には再び文化的植民地主義の罠に陥ってしまうのである。

遠いエキゾチックなものを相互文化的に構築し、横領することよりは自己批判的に異他と関わっているのが、フランソワ・ジュリアンに依拠して迂回戦略と名づけられる類の相互文化的戦略である。その戦略によると、モンテスキューの『ペルシア人の手紙』[68]からバリ島演劇についてのアルトーのエッセイ、ロラン・バルトの日本体験『記号の国』[69]、そしてジュリアンの『中国経由の迂回路』[70]に至るまで、異他的状況が批判的な仕方で自文化に対して鏡を突きつけているのだが、そうすることによって、自文化は異他的思考や異他的風習からインスピレーションを与えられ、内側から自己更新をなすべきなのだという。この迂回戦略は、異文化を截然と区別する統一体的な文化像をもつ点において、相互文化演劇と同じではある。一方この戦略が、相互文化主義に内在する異文化の植民地的併合と異なるのは、異文化を取り込む際の批判的姿勢である。その際には遠い異郷が理想化されがちである。しかし理想化からしてすでに、統一体として考えられた文化像に内在する構造的欠陥なのである。そのような文化像が、自文化の欠点を批判するために理想像として持ち出されると、異郷とされる土地の理想的模範像と文化的現実との溝がきわめて大きくなる。それゆえ〔こうした戦略に対する〕批判者たちは、著者の想像によって描かれた中国や日本やペルシアが、その地域の思想や風習、慣習と何の関わりももたないと指摘してきた。[71] こうした批判が正しいのは、異文化が本来どうであるかについて――それ自体が怪しいものの――確実とされる知識を示しているからではない。批判者たちの指摘が正しいのはむしろ、異文化が道具化され、利用されているという問題が根底にあることを見極めているからである。この道具化によって、異文化はその異他性を奪われる。異国的魅力を放つものとして祭り上げられる場合と同様に、異他はその独自性を失う。つまり、相手の文化に取り込まれることに抵抗して、統合されないものや理解されないものを失うのである。そこで異文化が異文化として、あるがままに受け入れられることはない。道具化された立場であっても、受け入れられはしないのだ。そこに確かな場所はなく、何の機能も果たさない。それはむしろ、行間をさまよう幽霊に似ている。

実践の試金石 ――ロラン・バルト

ただしロラン・バルトは、アルトーと同様に、相互文化的迂回戦略のアポリアを見据えて、その問題に取り組んでいる。一九七〇年、彼は幾度もの日本滞在を経たのちに、『記号の国』において、短く密度の高いアフォリズムのかたちで、文楽の「三つのエクリチュール」を描き出している。バルトは「諸要素の分離」[72]というブレヒトの定理をアフォリズム形式で受け継いだが、その影響は（西洋の）実験演劇にまで及んでいる。もちろんバルトは、自分が「現実」の日本についてではなく、彼自身による一つの構築物としての日本について書いているということに、非常に自覚的である。

私は東洋の本質の方をうっとりと見つめているわけではない。東洋に関心はない。私にとっては東洋はたんに描線の宝庫なのである。本書で描かれているのは、日本の芸術とか［……］いったものではない。筆者は、いかなる意味においても、決して日本の写真を撮ったりしなかった。むしろ、その逆だったと言えるだろう。日本の方が、写真のフラッシュのように、様々な閃光を筆者にあびせたのである。［……］それはまさに、個我のすくなからぬ動揺や、それまでの読解の逆転や、意味の揺らぎなどが生じてくる状況である。[73]

バルトは、著者である自分が「日本」を視野に入れる際の立ち位置となる先験的な場所を名指すだけでなく、文化的全体性というイメージからも距離を取っている。彼に閃きを与えたのは、もう一つの形而上学でも東洋の叡智でもない。個々の印象が閃光のようにある種の混乱をもたらすのである。それは西欧文化の統一的総体にただちに作用するのではなく、何よりもまず、著者という人物と彼の異文化読解に影響を及ぼすのだ。バルトは自分自身の視点を省みるとともに、ヨーロッパからの訪問者が日本に持ち込むものと、彼の身に起こるものが交流する経験およびその特異性に集中することで、どのような場所にあっても、文化の本質などというものを不変のものとして書き記そうとする相互文化主義の擁護者たちと比べれば、あらゆる異他に対してははるかに開かれている。

異文化との邂逅における特異な経験を強調するバルトの狙いは、全体的にみると、〔文化交流という〕実践の基準を模索することにあった。彼にとって重要だったのは、植民地主義的戦略を無意識に抱えたまま、思い込みに基づく客観的な判断を下したり、体系的に分類したりすることではない。彼にとって決定的なのは、そのつど出会う個々の文化的（演劇）実践と向き合い、かつそれらを取り込む際に反省的であることなのである。越境文化演劇論にとって、それは以下のことを意味する。アジアの演劇形式での朗誦や大道芸の歌うたい、世界を転倒させる〔カーニヴァルの〕技術や京劇の身振り、あるいは能の舞踊形式などのような特異な文化的演劇実践は、文化の統一的全体性という想像に源を発しているが、それらは実際には、統一的かつ全体的というより流動的で、転用／翻訳可能なものなのだ[74]。同時にそれらは、ヨーロッパ近代が哲学的、社会的、文化的な価値づけの際に要求した意味の全体化の痕跡や表徴を示している。ただしそのような要求は一九世紀末以降のモデルネの企てとともに消失してしまったのだが。したがって、特異な文化的演劇実践とは、自己ならびに自文化にとって異他的であると同時に近しいものなのである。またそれゆえにこの実践は自己の中に異他を、異他の中に自己を発見するのに適している。ただしそのためには、相互文化演劇において前提とされる遠い異他像とは別の異他像が必要となる。

三　互いに身をさらし合い、文化的伝統を受け入れる

一九三六年のブレヒトのエッセイ『中国の演劇芸術における異化効果』は、叙事演劇の理論と実践にとって最も重要なテクストの一つである。ブレヒトは一九三五年にモスクワの演劇祭に招かれた梅蘭芳《メイ・ランファン》の上演を見た。この中国の京劇俳優に、ハリウッドの映画人も、エイゼンシュテインもヨーロッパの前衛演劇もひとしなみに興奮したのであった。ブレヒトのエッセイは、異なる文化的伝統を背景とする専門家同士が身振りによるコミュニケーションという共通のテーマをめぐって交流しているように読むことができる。ブレヒトが異化効果と名づけたこのアイデアがもともと誰に端を発するものであるのかは、さして重要なことではない。およそ新しいアイデアというものは、何かを参照して生み出されるのが常なのである。ブレヒトのエッセイは梅蘭芳の演技を描写することもなくただちに、サーカスのピエロや歳の市、回転画のパノラマといった、自文化の埋もれた伝統について述べ始める。

その際、伝統に対するブレヒトの態度は屈折している。梅蘭芳の場合にも、彼の関心を引いたのは、京劇の身振りが生まれた中国演劇の文化や歴史ではない。国民文化とその象徴へ関連づける見方を、ブレヒトは時代遅れのものと考えていたからである。中国演劇が用いる「多くの象徴」[75]は、彼によると「ほとんど転用不可能」[76]である。だが、そのことを嘆く必要はない。というのもブレヒトは、「ある芸術上の表現を全体として受け取ろうとする慣習を破る」[77]ことが適当だとしているからである。「ある芸術上の表現」の全体を、彼は明らかに一国の演劇文化全体に関連づけているのだが、彼はそのどちらの全体にも関心を示していない。芸術作品の総体と文化の総体

はこうして葬り去られる。残るは、文化的伝統の連関からはがれ落ちた個々の実践であり、身振りである。残るは、同じ目線の高さでの身振りの交換なのだ。このような前提に立つのが、ドイツ・ブラジル間の演劇作業である『ブラジルのファッツァー』である。

ブレヒトが一九二六年から一九三〇年の間に執筆した長大な断章である戯曲『ファッツァー』は、第一次大戦のさなかに脱走してミュールハイム・アン・デア・ルールという街に潜伏し、ドイツで革命が起こるのを待つ四人の兵士を描く。彼らは故国の地において異他的であるので、ともに行動することでしかこの事態を切り抜けられないと知っている。この戯曲では、ファッツァーという個人の強烈な個性《アイゲンジン》[v]と、仲間が彼に突きつける要求との闘争、空腹と性欲、革命との間のせめぎあいが繰り広げられる。そこに解決はなく、衝突や論争が道筋として描かれ、それが目的地のようにみなされている。

二〇一〇年、ドイツのパフォーマンスグループ、アンドカンパニー&Co.はサン・パウロに赴き、自主企画で演劇を制作する現地のパフォーマーたちと『ファッツァー』に取り組んだ。ブラジルの共演者たちのもとで、身振りの演劇というブレヒトのコンセプトは、ブラジルの詩人オズワルド・デ・アンドラーデによって喧伝された、文化的併合の隠喩としての人肉食という方法に遭遇する。わずかなページの命題や格言、要約をまとめて、一九二八年に出版されたアンドラーデの『食人宣言』[78]は、すでに六〇年代の熱帯主義《トロピカリア》運動で具体的に実現していた。その典型は、音楽では、サンバやボサノヴァのような「伝統的」ブラジルのリズムと「西洋的」ロックミュージックとのポピュラーな結合に見られ、造形芸術では、熱帯主義という運動自体を示す名称のもととなったエリオ・オイシチカの歩行移動型インスタレーションに見受けられる。このインスタレーションは、砂上に建つ二軒の簡素な木造の小屋を、椰子の木と本物のオウムとともに展示する。小屋の一つでは、誰が見るでもないテレビがざわめいており、もう一方の小屋には、筆で「純粋は神話だ」と書かれた標識がある。政治と直に対峙させようとするアウグスト・ボアールの「抑圧された者たちの演劇」[79]が、ブラジルの演劇界で意味を失った後、現在に至り——とりわけこの国のアメリカ化への反応として——食人主義の文化的実践が、再び重要となったのである。その魅力は、文化的植民地主義に抵抗する方法と、いわゆる第一世界の文化をも変容させる方法との結びつきにある。『食人宣言』はブラジルの失われた過去へと遡るが、「ブラジルらしさ」を原理主義的な論調で追い求めることはない。アンドラーデは、強さと権力を身につけるために敵を食らうラテンアメリカインディアン、トゥピナンバ族のカニバリズムを引き合いに出し、そこに皮肉を込めている。宣言には「トゥピかトゥピでないか[vi]、それが問題だ」[80]とある。そうして、キリスト教宣教師によって宗教教育をほどこされた「高貴な野蛮人」——「洗礼の蝋燭を与えられたインディオ、マリアの息子のインディオ」[81]——が、「批判的な意味合いで普遍的文化遺産を併合」[82]する「邪悪で無礼な野生」に取って代わられるのである。それが意味するのは、伝統に対しても異他に対しても同様にアンビヴァレントな態度である。例えて言うならば、次のようになる。自文化の伝統はいわば主食に属しているが、主食とは、様々な異文化からやって来る良質な食べ物と同じ食卓に並べられて場所を分かち合うものである。さらに言うならば、自文化と異文化は調理の段階ですでに混ぜ合わされていなかったとしても、食べてしまえば互いに混ざり合うものだ。比喩はここまでにして、核心となる点を確認しておきたい。自文化の伝統と異文化の伝統をそのつど省みつつ「身につける」には、かつて活発に生きていたものをあえ

---

v　『ファッツァー』研究によれば、これは必ずしも「自分勝手」とイコールではない。
vi　ハムレットの独白〔to be or not to be〕を連想させる言葉遊び。

4
アンドカンパニー& Co.『ブラジルのファッツァー』 © Ana Fuccia

5
アンドカンパニー& Co.『ブラジルのファッツァー』 © Cacá Bernandes

て封殺することが前提条件となる。我々をその両者と結びつける紐帯は、まず切り離されねばならず、伝統が現在にまで及ぼし続ける重圧は打ち砕かれねばならない。そうすることによってはじめて、それら伝統との開かれた、自由で遊戯的な交流が可能になるのだ[83]。この核心において、諸連関が引き裂かれるカタストロフィーから生まれたものとされるブレヒトの身振りというコンセプトと、人肉食という文化的実践における「聖なる敵」[84]の殺害と賞味の身振りというコンセプトとが交流する。ブラジルとドイツの演劇人たちは、この身振りの交流で出会い、それを交わし合い、異なる文化の打ち砕かれた伝統を互いに自己／自文化に取り込むのである。そこに見られるのはヨーロッパとラテンアメリカの革命史が二重写しになり、層をなすさまである。こうした二重写しの歴史は『ブラジルのファッツァー』において、政治的扇動者のまっすぐに背筋を伸ばした身体という姿で引用される。その際、一九二〇年代以来のドイツの左翼的なプロテスト文化が身振り化されて示される。仮面劇として演じられたその歴史は政治を象徴的に示すが、そこでの政治は死者の霊を彷彿とさせるグロテスクな身体の踊りによって動かされ、混乱に陥る。そのような政治史は、ドイツのファッツァーと、ブラジルの原生林育ちの「性格なき英雄」[vii]であるマクナイーマ[85]との類似性において確認できる。マクナイーマはひょんなことから大都市ゲリラのようにして生きる架空の人物であるが、マリオ・デ・アンドラーデはマクナイーマを『食人宣言』と同じ一九二八年に描き、ホアキン・デ・アンドラーデは熱帯主義《トロピカリア》の時代である一九六九年に映画で

vii　ヴァルター・ベンヤミンがカフカ論で、中国人は西洋的な意味での性格を持たないと論じた哲学者フランツ・ローゼンツヴァイクの論を——この論はヘーゲルの論に影響を受けている——批判的に読み直し、その主張を逆手に取って、カフカの小説『アメリカ』の主人公カール・ロスマンのような「性格なき」人物には十分に意義があると解釈し直したことを示唆していると考えられる。

主題化した。『ブラジルのファッツァー』に顕著に見て取れるのは、熱帯主義《トロピカリア》の芸術的戦略である。壁にダンボールの椰子の木と、ありとあらゆるインディアンの紋章と革命者たちの顔が設置されているが、その壁の前で、皮の肩掛けを羽織り、木材を薄く削ったもので作られた巨大な髪型の「ブラジルらしい」人々がステレオタイプ像で展示される。ニューヨーク市の摩天楼もダンボール製で、ダンボール箱に色づけをして積み重ねて作られている（図版4、図版5）。舞台の左右では、アンドカンパニー&Co.のザーシャ・ズリンマとサン・パウロのホルヘ・ペーニャが、ハンス・アイスラーの音楽と、幽霊が踊るためのレヴュー音楽としての『黒いオルフェ』[86]の「歌」とミニマルなリズムをミックスしている。このミックスは具体的な意図に基づいており、ポストモダン的な恣意性で解釈してはならないだろう。なぜならこの舞台制作は、グローバル化した世界において民俗学的な装いをまとって過去をただ焼き直すのとは一線を画して、過去を生産的に身につけることを目指しているからである。オズワルド・デ・アンドラーデはタブーをカニバリズム的に我が身に取り込むことについて言及している。それによって〔忌避されるはずの〕タブーはわしづかみにされ、トーテムに変身させられるというのである。ドイツとブラジルの演劇人たちがわしづかみにするようにして取り上げたタブーとは社会革命であった。ドイツにおける革命は一九八九年に、最終的に解決済みとして退けられた。少なくともそう見える。そしてブラジルでも、旧左翼的戦略は時代遅れとなり、大統領ルイス・イナシオ・ルーラ・ダ・シルヴァなどによる社会民主化政策のもとで廃れてしまった。『ブラジルのファッツァー』は、引きずり降ろされ食いつぶされたものとしての革命を思い起こさせる。異なる文化を出自にもつ演劇人たちは、互いの伝統をさらけ出し、それらを引用し、引用の身振りを仲立ちとして利用しながら意思疎通を図ることで、さながら子供がごっこ遊びに興じているかのように、革命のタブーを表象不可能な越境文化共同体のトーテムポールに変えてみせたのである。

四　自己の内なる異他の発見

異他の形象から異他の経験へ

エドワード・サイードによって分析されたオリエンタリズムと、それを受け継いだ相互文化主義に特徴的なのは、異文化の形象が常に自文化の外部および遠方に位置づけられることである。その結果、遠方の異他的なものは現実性を欠き、集団的想像の産物となっている。例えば詩人クラーブントはドイツ語版『道徳経』（老子）のあとがきで、遠方の異他的なものを極東のより良い生という理想像として描いている。

東洋人は自らに根を張り、自らのうちにのみ意味を見出している。彼の世界は内的世界である。西洋人は「自己の外」に存在する。彼の世界は外的世界である。東洋人は世界を創造し、西洋人は世界を定義する。西洋人は学者である。東洋人は賢者であり、明晰な人であり、聖人であり、本質的な人間である。彼のようになるよう、彼のようであるよう、我々は呼びかけられている。というのも、我々西洋人は、機能的で、機械的で、合理的な生活と思考に疲れているからである。知と学問の相対主義、実りのない弁証法、あらゆるものに対する、万人の万人に対する精神的戦いにはもう飽き飽きだ。[87]

クラーブントやオリエンタリズムの支持者たちが異文化を想像する背景となっているのは、西洋的生活が不完全で偏ったものとみなされていることである。異文化は自らの歴史と世界を西洋人に奪い取られてエキゾチックなものにされたが[88]、さらに西洋人の不足を埋め合わせるため、自分たち西洋人に高度な生の喜びをもたらすべきだというのである。異文化の形象は自文化を補完するものとして、遠方に投影された願望にほかならない。異文化に対する不安や憎悪のイメージもまた、投影の産物である。他の大陸の住民を人食いや怪物とする想像から、政治的・イデオロギー的戦争を現在もなお焚きつけるようにして歪曲される戯画像に至るまで、異他像には、抑圧された不安と攻撃の刻印がはっきりと表れている。そのイメージが自己に属するものだということは、認識されぬままである。してみれば異他とは、政治学者カール・シュミットの言をもじって言うならば、「姿を現した我々の自己の問題」[89]なのである。

一方ドイツの社会学者・哲学者ゲオルク・ジンメルは一九〇八年にすでに、異他の存在を投影によって作り出したり、想像したりするのとは異なるようにして、近代都市に不可避な実像として描き出していた。ジンメルはユダヤ商人を例にして都会の基本的特徴を説明する。都会を特徴づけているのは、流動性すなわち遠いものと近いものとの絶え間ない統合であり、文化的環境との断続的かつ反省的な関わり合いであり、「習慣や忠誠や先例」[90]といった伝統にもはや束縛されなくなった自由である。その際ジンメルは、都会の自由な生活様式が、危機に際してその原因を異他的な人々になすりつける責任転嫁によって脅かされるのを認めている。ただし彼は、自分が暮らしたベルリンの文化的共同体において、近さと遠さ、隔たりと関わりとの特別な結びつきによって異他的な人物が際立つのを見て、そのような結びつきこそが世界に開かれた社会の前提であると考えた。二〇世紀から二一世紀への転換期に、ドイツの哲学者ベルンハルト・ヴァルデンフェルスは包括的な異他の現象学を構想した。それは自己と異他の区別を揺るがし、自己の異他性の経験および自己の経験の異他性を、あらゆる秩序に「棘」[91]のように刺さってその前提となるものとみなす。根源的な異他とは、人物に備わる個別の異他ではなく、どの秩序にも付随すると同時に秩序を越えた法外なものとされる。あらゆる秩序は法外な異他につきまとわれるが、自己保存のためには自己を乗り越えなくてはならないがゆえに法外な異他を必要とする。他者という遠くにある異他から自己のうちにある異他へと方向転換すること、それが秩序を越えた、越境文化的な秩序の前提なのだ。

異他をイメージ化して経験する際には、二つの異なる時間が重なり合っている。投影によって異他をイメージ化すると、互いに向き合う二つの文化的領域および文化的統一体が非歴史的に永続するように思えてしまう。それとは対照的に、経験によって異他をイメージ化すると、そのイメージは非完結的で過程的なものとして現れる。それは、我々が自らの歴史と文化においてこれまで知覚してこなかった異他へと立ち戻ることで具体的な姿をまとって現れる。こうして、現在の経験に時間－歴史の次元がもたらされるのである。

文化的自己空間の越境文化的横断

ドイツの哲学者ヴォルフガング・ヴェルシュは越境文化性という概念を用いて、国民文化というヘルダーのコンセプトだけでなく、相互文化性および多文化性という発想も批判している[92]。一八世紀の文人ヘルダーは、他の文化と明確に境界づけられて区別される、民族を土台とした同質的な文化共同体を目指した[93]。ヘルダーは諸国民の文化をそれぞれが自分を中心に置く球体に見立てて構想したが、ヴェルシュ曰く、その構想は、文化的ネットワークや雑種性、および内的多様性によって特徴づけられる現代文化の経験的側面から反駁されることになる。現代文化に実際に見られる雑種的な現象を前にすると、相互文化主義および多文化主義の理論は時代遅れであるとヴェルシュは述べる。なぜなら、この両者ともいまだに——どれほどすぐれた意図をもっていたとしても——閉じた文化というヘルダーのモデルから出発しているからである。事実、相互文化主義は（いまだに）截然と区別された文化同士の交流と絡み合いという発想を支持している。多文化主義は大都市における複数文化の共生に肩入れし、諸文化が互いに認知し受容し合うようにと訴えかけているが、論の出発点において各々の文化をゲットーのように区切られて完結したものとみなしてしまっている。

ヘルダーの国民文化論と現代におけるその後継者たちに対するヴェルシュの批判は理解できるが、越境文化的な生き方の実現という観点からすると、まだ不満が残る。文化的雑種性というのは、それこそヴェルシュが思うような越境文化的共生の青写真ではない。グローバル化の過程と並行して現れた文化的雑種性は、不安や不確かさ、混乱をも引き起こしてしまう。それゆえ原理主義的な反動が起こるが、これに応じて文化的雑種性に国民文化モデルの復興と文化的実践の原理主義化が付随することになる。閉鎖的で原理主義的な文化（民族的国民文化や部族文化、宗教文化）の分身は、払い落としきれない影として現代の雑種文化につきまとっている。現代の文化史は〔文化的雑種性とその反動としての原理主義化という〕この幽霊的な二重性に挟まれて把握しづらくなっているのだ。だが現代の文化史は、実際には分かりやすい伝統や連続性、起源の物語ではなく、非連続性や反復、同時に存在するものの非同時性によって形成されている。自分たちが生きる空間は同質的で全体的であると思いがちだが、実際にはもっぱら非同時性と反覆、非連続性によって成り立っているのである。こうした実情こそが、本書で論じている「越境」の本質をなしている。すなわち越境は自文化的な空間の内側にありながら、その境界を越え出るようなものをもたらすのである。異他との共生を志向する越境文化的実践のコンセプトは、自文化の空間を貫く非連続的な歴史を反復して再検証することで経験可能なものへと変えてゆくことになる。それゆえこのコンセプトは自己反省的なものとなる。それは遠くの国々や異他的文化実践と関わる以上に、自文化と思いがちな空間の歴史に取り組み、その自文化の空間における異他性を探求し、自文化の空間を内側から乗り越えようとするのである。

異他性の演劇

ただし自己と異他との二分法を放棄し、自己のうちにある異他を発見することで、自分自身の外側にある異他の存在や、自己の生活世界の外側にある異他へのまなざしが閉ざされるようなことがあってはならない。自己と異他との差異を範例的に示すのがアルジェリアのジャーナリスト兼作家、カメル・ダウドの『もうひとつの《異邦人》――ムルソー再捜査』である。この小説は、アルベール・カミュの小説『異邦人』に対する後世のダウドからの返答にして「反論」[94]である。実存主義の揺籃期に書かれ、世界文学の一つに数えられるカミュの小説で異邦人と呼ばれているのが何者であるのかは、七〇年以上にわたって問われることがなかった。〔ダウドによれば〕カミュの小説に登場する異邦人とは、主人公ムルソーが巻き込まれる物語の流れにおいてムルソーの知覚の片隅にのみ現れ、最後には偶然のようにして主人公に撃ち殺される異他なる者、つまり（誰かある）一人の名もなきアラブ人ではなく、フランスの植民地であるアルジェリアに住み、そこで働いているフランス人市民のムルソーだったのである。ムルソーにとって異他的（になった）と感じられるのは、個人的かつ文化的に保証されていたあらゆるつながりであり、彼はそこから疎遠になり、そうしたつながりを冷たく無関心な目で観察していたのだ。彼に欠けていたのは、ゲオルク・ジンメルが異他の特徴として強調した隔たりと関わりの結びつきである。ムルソーは、母親であろうと恋人であろうと宗教であろうと、自己の外側にあるものを徹底的に拒絶するのだが、その徹底性は、この人物たちと権力組織によって行使される拘束力という権力に由来している。ムルソーが最終的に死刑判決を受けたのは、名もなきアラブ人を殺害したからではなく、母親の葬式に際して示してしかるべき感情を示さなかったからなのだとすると、母親との拘束関係こそが人々を文化的共同体の形成へと駆り立てる基底的な情動であることが分かる。この拘束関係に続くのが、恋人が求める婚姻であり、両者を公認する宗教である。ムルソーはこうした伝統的拘束をこれみよがしに拒絶し続けるが、それはさながら英雄的な戦いのようである。しかし彼はその戦いにおいて敵対する相手に囚われたままである。彼は自分が今なすべきことにこだわるあまり、必要な距離を置くことができない。そうすることができていれば、自分の過去を振り返って問い直すことで救いがもたらされたのであろうが、彼の行動には自由の余地がなく、悲劇的行為にとどまってしまう。

　彼にのしかかる拘束力の影の側面によって無価値であると露呈するのは、人にあきらめを促す旧弊な規範だけではない。性愛、水泳、煙草を吸ったり酒を飲んだりしながら他者と過ごす時間といった、彼がかりそめにそうするように身を委ねる感覚的‐リビドー的な能動性も無価値となる。ムルソー自身の異他性はいわゆる無感覚《アナステジー》に近く、それが彼の体の隅々までに及んでいる。それは自己の実存が意識的、反省的な方法で異他的なものになったことで生じたあり方ではない。闘争状態に置かれて麻痺するなかで、ムルソーが〔アラブ人という〕異他なる者に気づくことなど不可能なのだ。この異他なる者は、ムルソーの目を眩ます太陽さながらアプリオリにかき消されてしまう。その結果、ムルソーはアポステリオリにこの異他なる者を撃ち殺し、彼を生から死へとかき消すのである。そのように見ると、この名もなき異他なる者の死はやはり偶然ではなく、フランスという文化的共同体の根源的拘束権力との闘いが悲劇的失敗に終わる消失点かつ必然的結果でもあったことを物語っている。

　カミュの小説とその主人公について再検討するように促したことは、カメル・ダウドの多大な功績である。その際ダウドは、ポストコロニアリズムにまずは完全に追随しているかのように見える。彼の小説『もうひとつの

『異邦人』の語り部は、射殺されたアラブ人の弟ハールーンであるが、彼はカミュの植民地主義的な視野狭窄によって、「アラブ人」の兄が生きてきた個人史はおろか、名前すら書き記されていないことを訴える。ダウドは〔自身の小説の主人公に〕その両方を書き加えた。ハールーンは、ムーサー――この名が兄につけられる――にまつわる物語／歴史《ゲシヒテ》を語るが、それとともに植民地支配からの解放戦争前とその戦争中、および独立後のアルジェリアの歴史も語られる。この歴史的変遷により視点が広がったことで、ダウドの小説は反植民地的な非難の口調を次第に薄めていく。その代わりにはっきり読み取れるようになるのは、多様な人物像と力関係であるが、これはカミュの小説の人物像と力関係に対して異質であると同時に親しいものである。ダウドの語り部ハールーンも、撃ち殺された兄ムーサーもともに母親の保護下にある。独立宣言が行われた後でもハールーンは母の命令に応じてあるフランス人を撃ち殺し、その廉《かど》で短期間投獄される。カミュの小説と同様、ダウドの小説は感情的な宗教批判で終わる。この点において両小説はほとんど一致している。ダウドは最終場面で二ページにもわたりカミュの小説におけるムルソーの演説を引用しているが、司祭と宗教という表現をイスラム教の儀式と一致するように変更した以外は原典をそのまま残している。母の束縛と宗教への批判において、カミュとダウドは構造的に似ているが、両者にはそれでもやはり大きな相違点がある。ダウドは下から見た物語を語り、それを歴史的文脈において綴るのである。彼の視点は反植民地主義的な解放戦争に向けられる一方、彼の語りには現在のイスラム的アルジェリアへの幻滅が込められている。これに対して植民地主義はカミュの小説では見えない枠組を形成しており、その枠組は主人公が殺害に及ぶ場面に至って立ち現れる。なぜならこの犯罪は偶然の出来事ではなく、植民地主義の文化的伝統からの独立が部分的にしか成功しなかった結果として起こったものだからである。

　我々が異文化にどれほど近づいて不足を補おうとしても、自己と異他の間には多くの隔たりが残る。両者を分けているのは、それぞれの歴史／物語の隔たりである。その隔たりが現れるのは、個人が自分たちの文化的伝統と思い込み、それゆえに自分の生を規定している拘束力から距離を置くときである。このとき個人は自分の過去からも距離を置くことになるが、この隔たりが、カミュのムルソーとダウドのムーサーのような異他なる者同士の間に横たわる空虚な空間として浮かび上がるのである。この空虚な空間は、最初のうちは不安を呼び起こすかもしれない。しかしそれは自由に動くチャンスも内包している。演劇によってもたらされるのは、空虚への不安と動きの自由という両経験を結び合わせ、遊戯のうちに投じる可能性である。二〇一六年にルール・トリエンナーレで上演されたヨハン・シモンス演出の『異邦人』では、二つの場面において、この遊戯的な経験が示されている。シモンスは、ルール地方の都市マールのアウグステ・ヴィクトリア炭鉱で最近まで稼働していた石炭混合装置が置かれた空間で、カミュとダウドのテクストを組み合わせてメディア越境的な音楽劇を上演した。上演開始の一時間後に、ホール全体を占める装置がクロード・ヴィヴィエ〔東洋音楽にも影響を受けたカナダの現代音楽作曲家〕の音楽に合わせて会場の奥に引き戻されると、石炭の塵芥に覆われた巨大な暗色の空間が現れる。その空間は鈍い光の軌道に貫かれている。それは、息苦しさを引き起こし、不安を掻き立てる「死の彼方」[95]の風景である。それはまた五人のパフォーマーが姿を消すようにして見えなくなってゆく風景でもある。観客から遠く離れたこの風景の中に最後に残るのは、女優ザンドラ・ヒュラーの小さな姿である。彼女はこの空虚な空間の中で孤立無援な様子だが、ジェルジュ・リゲティ〔ハンガリー系オーストリア人の現代音楽作曲家〕の音楽に合わせてゆっくりと、小さく正確なリズムで体を動かし始める。その動きは次第に明瞭になり、最後には踊りとなる。数分にわたって彼女は踊り続ける。彼女は我々の外部に遠く離れて、孤独でいるように見える。そして我々に近づいてくる。黒い空間を自らに引き寄せ、それをあたかも旗を振るように揺り動かしながら。旗のような黒い空間は我々に触れるほどまでに迫り来る。それから彼女は再び離れてゆき、劇が新たに始まるまでずっと遠くにいる。近さと遠さ、空間と動き、空虚と踊りを転換することで、この俳優は全く悲劇的になることなく、異他性の演劇を我々の眼前に立ち上げて実現したのである。

美しき異郷

異他性の経験とは、経験そのものが異他的になることで自己の中の異他を知覚することであるが、こうした経験は異他の演劇において空間化され、また対象化される。異他の演劇において、我々が自己のものと思い込んでいるものは、空間的に遠くへと退き、遠く離れた外部から来たように見えるものは、近くて親しみ深いものであるように感じられる。異他の演劇では、自己と異他、遠いものと近いもの、親しみ深いものと不気味なものという審級が場所を替えてゆく。その様子はさながら「木替え鬼ごっこ」という遊びで鬼から逃げて、木から木へと移ってゆくときのようである。演劇はこの遊戯の空間であり仲介者である。そこでは、異他なる者や異他性への不安はもはや優勢ではない。その不安は、劇中において手放され、遊戯へと落とし込まれ、踊りにすらなることがある。異他はそのように自己と他者との間で分かち合われ、往来することによって、美しき異郷《シェーネ・フレムデ》の様相を呈する。

「美しき異郷《シェーネ・フレムデ》」とは、ヨーゼフ・フォン・アイヒェンドルフの詩[96]の表題である。この詩は三連から成り、近しさと遠さ、戦慄させるものと幸運を約束するものとが隣り合わせになっていながらも、永遠にすれ違っているような空間を開いている。アドルノは美しき異郷がこのように配置されたさまを、アイヒェンドルフの作品の表題にちなんで「宥和された状態」[97]と記した。自己と異他とが宥和された状態は、アドルノによれば「哲学的帝国主義によって異他を併合するのではなく、与えられた近しさの中にありながら異質と自己のかなたに、遠さと相違とがずっとあり続けることに幸運を見出す」のである[98]。アドルノは自己と異他とが宥和した状態を、それがどれほど近しくあったとしてもなお遠さと相違をもつ空間として捉えている。彼がこのようにして宥和した状態を想像するなかで、自己と異他は、確固たるものとしてみなされてきた立ち位置から逃れ去ってゆく。すると様々な立ち位置は、今や空間を分かち合う一連の差異として、互いの立ち位置を遠くにあると同時に近くにあるものにすることで、互いを分有し合っている。異他を自分に取り込んでしまうような空間ではなく、どれほど近づいてもなお遠くにあって異なるもの同士がともに分かち合い、打ち明け合うような空間こそが、異他の演劇が演じられる空間なのである。

五　移民の不安定《プレケア》な立場

現代社会の特徴を端的に示す移住は、移民の属性や社会的立場に関する人々の通念を著しく変えた。移住についての考え方が（学術的な議論の場合も含めて）国ごとに規定されている実態が全般的に問い直され、国外への移住《エミグレーション》と国外からの移住《イミグレーション》という概念そのものが疑問視されるようになったのである。どちらの見方もまだ、移民が故国Aを去って移住国Bに到着し、その社会に統合されるというイメージに従っている。それに対し、インドの文化人類学者アルジュン・アパデュライは、移民の継続的かつ集中的な移動によって、土地と国家が脱領域化する過程にあることを指摘した。いわゆるエスノスケープ[99]という新たな空間性が生み出されているのである。エスノスケープとは、移住者、難民、出稼ぎ労働者、外国人労働者、旅行者などといった種類の可動的集団を集め、彼らを媒介にして（「メディアスケープ」）、世界的なコミュニケーションのネットワークで結び合わせるものである。アパデュライが指摘した人間とメディアの「流れ《フロー》」はグローバル化の実質的な趨勢を捉えているが、それと反対の勢力もある。例えば、都市中心部に複数の社会が並行して存在することによって示唆されているのは、「流れ」に乗った柔軟な可動性よりはむしろ、故国の文化的伝統が安定的に持続することへの要求である。このことは、ディアスポラ研究で指摘されていることとも一致する。そこでディアスポラの特徴とみなされているのは、とりわけ、移住先の土地で受け入れられていないという感情と、出身地という理想化された故郷へ帰りたいという願望である[100]。

たとえかつての故郷と新しい移住地のイメージが、「エスノスケープ」の時代において時代遅れになったとしても、移民の生活実態からするとそう簡単に払い落とすことのできないものなのである。フランスの作家アミン・マアルーフは、著書『アイデンティティが人を殺す』[101]で、一つの拘束的な文化アイデンティティの弊害を訴え、複数的な文化アイデンティティの可能性を模索している。同書によれば、国家や宗教への自己同一化が示されれば示されるほど、一つの文化とだけ同一化することへの抵抗が生じた結果、ますます越境文化的な共生へと向かうことになる。マアルーフにとって、こうした方向性の典型が移民の道程である。レバノンで生まれ育ち、キリスト教のルーツを持つこの作家は、レバノン戦争中にフランスへと逃れてきたのだが、彼は現代社会の趨勢を示す典型を移民のうちに見出している。それにもかかわらずマアルーフは、移民という身分ではいかなる文化的帰属性の間で生きることもこのうえなく困難になるほかないと認めている。移民はどの文化的秩序にも完全には属さない。かつての故郷の文化にはもはや属していないし、移住先の新しい文化にはまだ属していないのだ。移民はこうした中間の領域で、いわば通過者として生きている。しかし文化と文化の間で通過者として生きることは、マアルーフがいかなる美化も込めずに述べているように、極度に増大した感情の不安定さによって特徴づけられる。

ハンナ・アーレントも、今日まさにアクチュアリティを帯びてきた一九四三年の論考『パーリアとしてのユダヤ人』においてこの不安定さを強調している[102]。アーレントがそこで描いているのは、強制収容所と捕虜収容所のはざまで法による保護を剥奪されたパーリアとしての難民の実存である。そこで彼女が幾度も思いをめぐらせているのは、そのような状況にあって広まった帰結であり、そこでなお可能であるかもしれない最後の自由な行為である自殺にほかならない。そこで切実に求められていたのは、もはや保証されない剥き出しになった生の延命《ユーバー・レーベン》[viii]なのだ[103]。それでもなお彼女は〔ナチス・ドイツからフランスを経て一九四一年アメリカへ移住した立場から〕後ろ向きの回顧も未来に向けた同化も同じように拒絶する。アーレントは移民の間で過去を美化する者たちのために、「見捨てられ、土地を追われたダックスフントが、悲しみにくれて」話し始めるというメルヘンを語る。「かつて吾輩がセント・バーナード犬であったとき〔……〕」[104]。亡命先での同化を迫られていた者たちのために、彼女は「いついかなるときも一五〇%のドイツ人」であった「ベルリン出身のコーン氏」の物語を語る。コーン氏は一九三三年以降に「プラハに亡命すると途端に筋金入りのチェコ愛国者に」なるが、一九三七年にチェコ政府から追放されると、瞬く間にウィーンのオーストリア愛国主義に忠誠を誓い「順応」しようとする。しかしその後、一九四〇年には、筋金入りのフランス人になるよう強制されているのが分かるのだ。「コーン氏のその後の試みの詳細は述べないほうがよいと思う」[105]とアーレントはこの逸話を締めくくっている。後ろ向きの過去の美化という解決策も、受け入れ国への無節操な同一化という解決策も馬鹿げたものとして退け、文字通り前向きに亡命の途についたアーレントは「意識的パーリア」[106]という身分を受け入れることを勧めている。法的権利を持たない移民たちは、帰還する可能性も受け入れられる可能性もないままに——それはほとんど耐えがたいことであるにもかかわらず——生きているのだが、そうした生き方が指し示しているのは通過者としての存在《トランジット・エグジスタンス》であり、それはまさに未来の生き方なのである。こうした意味においてアーレントがたどり着いた結論は、「土地から土地へと追いやられる亡命者は、そうした諸民族の先駆者にほかならない」[107]というものである。ここでは移民という身分に、ディアスポラの変形からも読み取ることのできる「ユートピア的なものを指し示すという潜在的可能性」[108]が込められている。移民たちは通過者として存在しながら未来への視座をもつことで「今ここ」の過酷な現実に抵抗しているのだが、一方それは過去に対するもう一つの、ノスタルジックではない態度とも符合する。それはすなわち、意のままにならない想起という態度であり、そこには死が刻み込まれている。アーレントが言うには、「私は、我々が少なくとも夜には死んだ人たちのことを思い、かつて愛唱した詩を思い出すのではないかと思うこともある」[109]。

移民という社会的立場もまた、歴史的布置の別の指標において発見される同時的なものの非同時性によって特徴づけられる。「エスノスケープ」の「流れ」の中で現在形の時間を十分に生きていてもなお、移民は過去に取り込まれている。並行して存在する複数の社会の中で移民が自分の出身地を復旧させ、その吸引力に屈すること、あるいは常に変わりゆく周辺環境に応じて柔軟に同化してゆくこと、これらは分岐してゆく時間の流れに対処す

viii Überleben（ユーバーレーベン）はここでは「生き延びること」を意味するが、Über-leben としてハイフンが挿入されることで「生きた後の生」、すなわち「死後」も示唆する。

るうえで両極端をなす二つの実践である。移民の通過者としての存在《トランジット・エグジスタンス》を意識的に受け入れることを肯定するハンナ・アーレントの態度は、様々な時間の中断に根ざしている。この中断の場となるのが、越境文化演劇の空間なのである。

第五章　通過者としての存在《トランジット・エグジスタンス》

現在という歴史的布置において、様々な時間と時間、そしてまた空間と空間は互いに関連しながら同時に存在しているにもかかわらず、それぞれはなはだしく分断されているように思える。〔時間の分断に関して言えば〕グローバリゼーションのダイナミズムに後れを取るまいと、かつてあったもの全てを置き去りにしようとする努力は、起源と伝統へと回帰しようとするあの過剰な欲望とは相容れないように見える。〔空間の分断に関して言えば〕自らの文化の境界を越え、越境文化的な空間を切り開こうとする試みは、自らの文化空間を純粋なものとして頑なに閉ざそうとする限りは実現不可能であるように見える。時間と時間、空間と空間の間に置かれた移民や異文化の人々のまさに通過者としての存在《トランジット・エグジスタンス》は、彼らに対して敵対的なイメージが投影されることを考慮すると、その状態のまま実際に生きることは難しいかもしれない。しかしそれでも、歴史的布置の四つのパラメーターを探究することで、二つの妥当な思考形式が立ち現れてきた。これらの思考形式は、起源と進歩、グローバリゼーションと原理主義、自らの（ナショナルな）文化とハイブリッドな文化が必然的に対立することを防ぐものである。それはすなわち、文化史を以下に述べるような歴史意識で省みる思考形式と、帰還することも到着することもなく通過者として存在するというイメージに基づく思考形式である。両者は互いに補完し合うことで潜在的可能性を示せるが、それはもっぱら演劇的実践において有効となる。

一　歴史への転換　――文化史の歴史的省察

異他的なもの《フレムデ》との越境文化的な共生は、線引きされた文化と文化の間においてではなく、自己と思えるものが異他的なものへと変わることによって実現される。自己のうちにある異他性を経験することによってはじめて、他者における異他的なものと、そこにある自分自身を見つめることができる。文化的な生活世界を異他的なものとして経験することはとりもなおさず、それを歴史的なものとして経験することである。それは文化史への決定的な転換を前提とする。自らの（ナショナルな）文化史を省みることで明らかになるのは、以下のようなことである。（一）自らの文化の中で、昔から固有のものではなく、異他的なものと混ざり合っていたのは何か。（二）どのような抑圧と排除が、（ナショナルな）文化的固有性という主張と結びついていたのか。（三）文化的伝統の断片や残余のうち、救うべきものは何か。これらの問いによって歴史的省察という思考形式は、起源や伝統を原理主義的に回顧することとも、差異や歴史を無化してしまうグローバルな同時性と遍在性のダイナミズムへ順応することとも一線を画す。歴史的省察は、保守的であるのと同様に世界に開かれている。それは、文化資源や生活様式を維持したいという欲求を、批判的にではあるが考慮するがゆえに保守的である。またそれは、省察することによってすでに、文化的固有性だと頑強に言い張られるものと距離を置くがゆえに世界に開かれている。起源からも、権威としての自負からも解放されて文化史を省みることは、現在のあらゆる文化的空間において可能であり、その結果、異なる文化史への接続点が見出される。そこで強調されるのは、〔異なる文化同士が〕互いに対して閉ざされた（ナショナルな）文化の絶対的な差異ではなく、個々の文化的事象ならびに実践の相対的な区別である。こうして個々の文化間の境界を越境文化的な生の様式へと向かうようにして踏み越えることも、それぞれ固有の文化史を記述することも可能となる。すなわち文化史の省察[ix]は、原理主義に対しても、差異なきグローバル文化の平準化傾向に対しても同様に抗う。このような文化史の省察の実践は、反復の実践である。後述するように、反復とはまさに演劇的な実践である。

二　メデューズ号の筏

一八一九年にサロン・ド・パリで展示されたテオドール・ジェリコーの絵画《メデューズ号の筏》（図版６）は、四〇〇人もの死者を出した海難事故、そして大臣および二〇〇人の将校が辞任に追い込まれるという結果を招いた海軍省のスキャンダルに端を発する作品である[110]。しかしその契機がどうあれ、この絵には、世俗化が進み、予定調和的な歴史楽観主義が危機を迎えた時代における人間存在が隠喩的に示されており、また

---

ix　ここでの「省察〔reflektieren〕」は re-flektieren と表記され、この後問題となる「反復」と関わる「〈再〉変化させる」というニュアンスを含む。

6
テオドール・ジェリコー《メデューズ号の筏》1819年、油彩、カンヴァス、ルーブル美術館、パリ

通過者としての存在《トランジット・エグジスタンス》も象徴化されている[111]。前章で述べたアミン・マアルーフやハンナ・アーレントが記したように、たとえこの通過者としての存在が――当時も現在も――実際にはほとんど生きがたいものであるとしても、それでもこの存在は、アクチュアルな生の様式をあらかじめ経験させてくれる。ノスタルジックに過去を振り返ることもなく、特定の共同体に絶えず同化してゆくことにも拘泥しない難民を、アーレントが「諸民族の先駆者」と呼んだのはそのことを暗示している。通過者として存在するという理念がアクチュアルな時代に適応しているのは、始まりと終わりや出発点と目的地に別れを告げているからである。出発点と目的地という考え方は、因果関係に基づく意味によって支えられる生の歴史の両端をなしたものであったが、現在ではその意味が失われつつある。通過者として存在するという理念は、ヴァルター・ベンヤミンの純粋手段としての媒質論[112]お

よびジャン＝リュック・ナンシーの無為の共同体の哲学[113]と呼応する。これらに共通するのは有限性《エントリッヒカイト》の思考である。その思考は、宗教や国家や文化的伝統など、起源の暴力から解き放たれているのだが、こうした起源の暴力は共同体のための死を表向き有意義なものとすることで、アイデンティティと死後の生を約束する。我々が現在まさに直面しているこのような共同体の血なまぐさい暴力に対して、メデューズ号の筏の上で揺れ動いている人々の「やっと助かった！《エントリッヒ・レーベン》」[x]という叫びが応答する。この叫びは両義的なものであり、現存在の有限性《エントリッヒカイト》を受け入れようとする態度を示すと同時に、あらゆる力を天に捧げたり[114]、人柱によって築かれた共同体のために犠牲にしたりすることがもはやなく、ようやく生きられる《エントリッヒ・レーベン》という可能性も示している。「やっと助かった《エントリッヒ・レーベン》」はこの二重の意味において、破滅のパトスから解き放たれたメデューズ号の筏の上の存在のスローガンとなっている。

越境文化演劇は、通過状態にある剥き出しの生をめぐる戦いを取り上げるが、それを舞台上で再現するなどということはしない。越境文化演劇は、事実を（表向き）そうであるように再現し、それによって世界状況について人間を啓蒙しようとするリアリズムのあらゆる形式を拒否する。越境文化演劇が目的とするのは、新聞やテレビニュースやソーシャルネットワークのように情報を伝達することではない。リサーチやドキュメンタリーを専門とするような場所であってさえ、その調査結果は改変されずにはいられない[115]。越境文化演劇が通過状態における生のリアリティを取り上げるのは、それを未来の生活形式となりうる、もう一つの通過者としての存在《トランジット・エグジスタンス》の経験へと変容させるためなのである。

x　字義通りに訳せば「やっと生きられる！〔Endlich leben!〕」という言葉だが、「やっと〔endlich〕」という語は「有限である」という意味にもなるので、この言葉は「有限の生！」という叫びとも解釈できる。

越境文化演劇は変容の空間である。この言い方は陳腐に、また危うく聞こえる。陳腐に聞こえるのは、演劇は人間を変容させると言えば、それは例えば俳優が〔シラーの同名の戯曲の登場人物〕ドン・カルロスへと変容し、観客はスペインのフェリペ二世の王宮に居合わせるといった意味での決まり文句であるからだ。危うく聞こえるのは、それによって現実の苦痛と忍耐が美化され昇華されるのではないかという疑問が生じるからだ。演劇における変容という発想が引き起こすこの二つの危険信号は、テクストの意味を視覚的なイメージの世界へと置き換え、観客をその中へ導き入れることこそが演劇の意義だというコンセプトと結びついている。それはまさに、我々が一八世紀以来よく知っている、物語テクストに結びつけられた台詞劇というコンセプトである。この種の演劇の意義は、演劇そのものにあるのではない。ここでは演劇は、教養、世界に対する理解、世情の解釈、ヒューマニズムの理想の伝達、人間の魂への洞察、その他諸々といった高次の目的のための単なる道具に過ぎない。このような演劇は、その時々の高次の目的をイリュージョンによって裏づけようとすることで、自らが目的を伝達しているという側面を隠蔽してしまう。それゆえに、この種の演劇はそれ自体が意義創出と意味措定を推進する旗振り役のようにして現れる。その結果、ときに無意味であるかのようにして生じる苦痛や不正や暴力を視覚的なイメージにおいて表現することで、それらを昇華し、美化してしまいかねない。

それとは異なり、越境文化演劇は目的のために何らかの意義を呼び起こそうとはしない。演劇それ自体よりも高次に置かれるような意味を認めないのである。越境文化演劇は、それ自体の外部に存在するいかなる意義や目的にも身を任せない純粋手段である。意味を作り出すのではなく、すでに存在するものに基づく二次的な現象なのだ。根拠となる意義も高次の目的もなく、演劇以外の何物でもない。そのようなものである越境文化演劇は、すでに出来事として別のどこかで行われた、あるいは行われつつある何かの反復でしかありえない。反復こそ越境文化演劇の行動形態である。ただし反復を、すでに起こった出来事を「現実に忠実に」再現することと混同してはならない。というのも越境文化演劇における反復は、反復によって示されるはずの出来事そのものには到達しようがないということを認めているからである。それゆえに反復は、過去、現在あるいは未来の出来事を取り上げることによって、それらが本質的に不在であることをも同時に伝達する。ただこの不在の伝達においてのみ、起源となる出来事は越境文化演劇に現れる。伝達可能な演劇的出来事としての越境文化演劇は、演劇のあらゆるメディア的な表現形式に分割される。すなわち身体、言語、図像、運動、音楽、光、その他諸々のものに分割されるのである。起源となる出来事をメディア横断的に分割し伝達することで、起源へと遡ろうとする欲求は中断され、現実化という至上命令は無効化され、不在の現実はある一つの可能性、ある潜在的なものへと変容する。[116]潜在的な出来事としての越境文化演劇は、起源となる出来事から空間的にも時間的にも分離される。その活動領域は、様々なメディアを横断して行われる表現が形成する時空間の内部にとどまる。越境文化演劇の時空間において、過去への呼びかけと未来への開示とが互いに結びつく。そうした時空間において、現実によって圧倒されるような経験が現実を遊戯的に無効化する経験へと変容するのである。

　純粋手段としての越境文化演劇は、その時空間的構造からして潜在的なメデューズ号の筏である。そこで未来における通過者としての存在《トランジット・エグジスタンス》の経験が我々に仲介される。越境文化演劇は現実の恐怖から目をそらすのではなく、現実を生き延びさせるために、それを変容させながら取り扱う。それがたわいない遊戯に過ぎないと考える者は、オウィディウスの『変身物語』[117]を思い出すとよいだろう。オウィディウスが記述するあらゆる変身は、危機の産物であったり、逃走中の出来事であったり、苦悩や絶望のゆえであったり、いずれも残酷な出来事である。アポロンの凌辱から逃れようとして、ダフネは月桂樹へと姿を変える。長話でゼウスの浮気をごまかした妖精のエコーは、ゼウスの妻ヘラによって自身の声を失うという罰を受ける。他者の言葉をおうむ返しに反復することしか許されなくなったエコーは、オウィディウスの『変身物語』ではナルキッソスが彼女を拒絶したために肉体を失い、ロンゴスの『ダフネスとクロエ』ではパーンの愛に応えなかったために牧人たちに引き裂かれる[118]。

エコーという形象[119]は、越境文化演劇の実践と多くの共通点を有している。どちらも言語および反復行為と結びついている。どちらも意味と目的を自ら表現することができないのを悟りながら反復する。ゆえに反復は空虚な遊戯ではない。反復の中には、失われたものについての嘆きの残響も常に鳴り響いている。越境文化演劇における反復は、失われた意味を救出するために、その意味を引用しながら持ち出す。失われた意味は引用として、すなわち真正ではないものの形式において、現在の中に登場する。それは演劇であるという意識として出現する。つまり単なる仮装として、本来的でないものとして、無意味なる意義として出現するのである。それは抵抗を生み出す。反復されるエコーからしてすでに、意味ある発語をあざ笑うものとして理解され、相応の罰を受けるのである[120]。越境文化演劇の無意味さは、しかしそれでも独自の意義を創出する。

三　通過する亡霊たち　――フランク・カストルフ『悪霊』

二〇〇〇―二〇〇一年のシーズン、ベルリン・フォルクスビューネの建物正面に「神なくして生きる」というスローガンが掲げられた。ドストエフスキー作、フランク・カストルフ演出の『悪霊』[121]が上演されたときのことである。この演出では、一九世紀当時の革命家やテロリスト、自由主義者や保守主義者、殺人者や恋人たちといった登場人物が、バンガローという現代の移行《トランジット》空間に押し込められている。彼らは政治的な故郷という拠り所をすでに失っており、眼前に未来もない。つまり、来たるべき演劇的移行状態のうちに存在しているのである。ドストエフスキーの小説は、一九世紀ロシアという非同時性の時代、すなわちいくつもの運動が歴史的に対立していた時代に焦点を当てる。中世的信仰の刷新による復古と保守への憧れは、古い体制を革命的・アナーキズム的に転覆しようと望む様々な努力と真っ向から対立する。自由主義、社会的進歩そして文化的自由という西洋の諸理念へと向かおうとする努力は、独裁制こそが帝政ロシアの唯一可能な政治政体だとする力学と衝突する。

カストルフによるこの小説の演劇的翻訳は、一九世紀の歴史的多層の混乱を、壁崩壊後の統一ドイツにおける文化的な断絶地帯と重ね合わせる。旧東ドイツの社会主義的実生活の残余と、裕福と自由という西側的理想へと方向づけられた旧西ドイツの文化とは、当時互いに異他的なものとして対置されていた（そして現在まで対置され続けている）。しかし、対立する様々な理念や政策や日常生活はもはや東西の「時間の壁」[122]によって隔てられていない。それらが突如として一つの国民という共有された空間に、同時的かつ一様に[xi]集められたことによって、そうなったのである。カストルフによって反復されるドストエフスキーの物語を現在と結びつけるのは、統一ドイツにおける旧東西ドイツのナショナリズム的な文化の混在と、それによって解き放たれた潜在的な対立である。だがカストルフは、ドストエフスキーの小説を、手っ取り早く現代の問題を提示するために利用しているわけではない。カストルフは、ドストエフスキーにおいて読者の承認を得るために述べられる理念や主張される

xi　原文の gleich-gültig は「同等に」「効力ある状態で」という意味では「平等な」と解釈できるが、gleichgültig と一語にすると「無関心に、どうでもよい」という意味になるので、一つの国民は形式的な平等で寄せ集めにされたという意味が込められている。

立場を、いかにもアクチュアルなものだと思わせようとするのではない。確かに、信仰は必要なものか、あるいは時代遅れなのかというこの小説の中心的な問いかけは、このシーズンのスローガン「神なくして生きる」という挑発へと立ち戻るし、それゆえにこの小説が、新世紀を目前にしたポスト社会主義的・新自由主義的統一ドイツの現在へと置き換え可能であることを示唆している。しかしカストルフの舞台では置き換えという手法を通じて、置き換えられるものの集合体が舞台空間において変容するさまが見て取れるのである。舞台を占めるプールつきバンガローの中やその前にドストエフスキーの小説の登場人物たちが寄り集まって場面が展開してゆくのだが、そこでは演劇それ自体がさらけ出される。ここではかつてあった理念が演じられるのではない。また歴史劇が上演されるのでもない。その代わりに我々が目にするのは、自分が俳優であることをさらけ出す俳優たちである。彼らはコメディア・デラルテの役者のように、常に何らかの「冗談《ラッツィ》」の技巧を備えている。彼らは喜劇に対する欲求と喜びを示しながら、〔小説『悪霊』に描かれる〕一九世紀のマニフェストを現代にもたらそうとする。俳優たちはそのような政治的見解を語るが、それは〔現代ドイツ社会で行われる〕土曜日の夕方のホームパーティーで小話やら発言めいたものを引用風に繰り返し語るのと同じようなものである。そのようにして、統一後の現在と反復される歴史がベルリン・フォルクスビューネに同時に現前するのである。この反復を特徴づけるのは、過去の現在化でもその単なる持続・継続でもなく、時間と時間の間に空間を打ち立てる手法であるが、その空間では時間が空間的に圧縮され時空間へと変容するのである。この演劇の時空間は劇行為《ハンドルング》の連続性を中断し、「待つ」という状態へと転換する。カストルフの舞台は常に待合室であり、出口なき通過《トランジット》空間である。このパーティーの夜には、確かにいくつかの出来事が出来する。恋愛関係が破綻すると、新たな関係が取り急ぎ結ばれるなかで、ほぼ誰もが一度は面目を失ってしまう。ただしそれらは全て遊戯であり、痴話喧嘩や酒浸りの夜のちょっとしたアバンチュール――夜が明ければ新たな朝とともにまた始めなければならない――以上の意味をもはや持たない。カストルフ演劇の待合室では、行為は〔饒舌に見える〕語りの後方に退く。世界あるいは少なくとも自分の状況をましなものにするためにあれこれのことが語られるのだが、それがより良い世界を導き出すわけではない。言葉は移行《トランジット》状態から脱することができず、そこに囚われているうちにその姿形を変えてしまう。気宇壮大な物語は、今や挫折者たちの穴だらけの衣服を身にまとって現れる。当時のあらゆる政治的理念は、もはやサロンの長話やパーティーのおしゃべりでしかない。それらは現実の有効性を失っているがゆえに、無意味で笑止なものである。カストルフの『悪霊』では、かつて世界を変革あるいは再興させるはずだったあらゆる理念は、売れ残りのがらくたとして、まるで亡霊のように再び現れる。しかしこの上演において反復され取り戻される亡霊たちは、ドストエフスキーの悪霊たちの性格を変容させる。ドストエフスキーにおいて、彼らは人間を我が物とし、破滅へと誘う悪しき亡霊たちである[123]。彼らは現実の欲動の原因であり、「歴史の宿命の怖ろしさ」[124]の代理人である。それに対してカストルフの舞台では、一九世紀の世界観と理想の亡霊たちは、運命論の誘惑を乗り越える潜在的《ヴァーチャル》な亡霊たちとなっている。この亡霊たちは、理念の実現や支配への要求が失われた状況にありながら、どの理念の場合でも無視することのできない正当な要求を行う。すなわち暴力と忍耐という最後の手段に訴えるのではなく、既存のものを乗り越えてゆくことが可能でなければならないという要求である。潜在的《ヴァーチャル》な理念という形をとって、東と西という異なる世界、すなわち一八七三年のサンクトペテルブルク近郊にある何の変哲もないロシアの小都市と二〇〇〇年の（東西）ドイツが邂逅する。これらの世界は潜在的《ヴァーチャル》な理念として、その起源となる場所を超越し、異他的な他者と出会い、軍事境界線を乗り越え、新たな結びつきを発見する自由を手に入れている。カストルフ演劇の移行《トランジット》空間では、政治的文化の闘争は東／西の越境文化的な可能性の遊戯空間へと変容する。

それはまた同時に救出の空間であり、その点においてこの上演の遊戯空間はメデューズ号の筏にも喩えられる。上演終盤、六年前にロシアを去り、今はカールスルーエに住むエンジニアであるアルテーミイ・パヴロヴィチ・ガガーノフが〔エキストラとして登場し〕、カールスルーエの排水システムの技術革新について語り、それが自分の心血を注いだ仕事だと吹聴する。彼がこのシステムの長所を称揚し、もはや死刑宣告されたに等しい絶望的なロシアを「全くの泥沼！」とこき下ろしている一方で、彼と同様に一九九〇年代に移住してきたドイツ系ロシア移民の女性が舞台に現れ、西側で「善人」に出会うことを期待して、観客に直接語りかける。彼女のぎこちない語りかけの中で、予期せぬ言葉が現れる。「主なる神が目の涙をことごとくぬぐい取ってくださる」。ヨハネの黙示録[125]から引用されたこの言葉は、ドイツ語が不得手な移民女性《フレムデ》の単調な言葉の羅列の中にほとんど紛れ込んでしまい、またガガーノフが給排水システムの長所について声高にしゃべる語り口にすっかり覆い隠されてしまう。この言葉はさながら異物《フレムトケルパー》――時代錯誤もはなはだしく、絶望的なほど現実離れした異物――のように見える。しかしひょっとするとそれは、ベンヤミンがメシア的と名づける[126]あの時間の断片として、越境文化演劇の時空間のただなかを漂っていたのかもしれない。

四　ブレヒトの亡命者としての筆致

ブレヒトの『メ・ティ――転換の書』[127]は未完の著作である。逸話、アフォリズム、物語、注釈が七冊の小冊子にほとんど雑然と収められており、その大部分は順序も明確な構成もなく、ブレヒトの生前に刊行されることはなかった。表題すら定まっていない。それにもかかわらず、あるいはそれゆえにこの草稿集は、一九三〇年代、安全な居場所もなく国から国へ亡命していたブレヒトの筆致を我々に伝えてくれる。ブレヒトは一九三六年のカール・コルシュへの手紙で、『メ・ティ』を「中国のスタイルで書かれた振る舞い指南の小冊子」[128]と呼ぶ。ナチズムが次から次へと凱歌をあげるだけでなく、ソヴィエト社会主義がモスクワ裁判によって内部崩壊を続けていた時期の亡命生活において、ブレヒトはこの冊子を常に携えていた。ブレヒトの著述は、自身が亡命の身として受けた数々の打撃を書き記す。その筆致は、まるで地震の衝撃を記録する地震計の針のように揺れ動く。この比喩を用いるならば、針の揺れは、揺らぎと静止、追放と土地の確保、亡命者としての異他《フレムトハイト》の経験と、その経験をさらに異化《フェアフレムドゥング》することとの間をラディカルに往還するブレヒトの筆致そのものである。これらは書き留められたテクスト内で地層のように堆積している。もしもブレヒトが気にかけていたこの「小冊子」が、亡命者となった自己のありようを理解するための助けになるとすれば、それは一個人の出来事が書き留められているからではない。むしろこの冊子が、異郷で異他の状態に置かれて生きることを実存のための一般的な前提条件とし、自己と他者との間の揺らぎを筆致の基本姿勢とするからこそ、役に立つのである。

ブレヒトの中国に対する態度は一様でない。自身の中国哲学に関する知識に誇りを持っていた彼は、そこからの距離も絶えず自覚している。そのことは、彼がワイマール共和国とナチズムの歴史を異化するための単なる手段として「中国《ヒーナ》」を引き合いに出す場合に、「ヒーマ」という造語を用いることからも分かる。しかし中国にこのような仮装をほどこす試みには、より深い意味がある。それはとりわけ、望まずして流浪の身となった者が強いられるカムフラージュの経験にも由来する。〔ブレヒト・アーカイブ所蔵の〕未発表の覚え書きがこのことを裏づけるが、そこでは仮装の目的が次のように強調される。「これ〔『メ・ティ』〕は原作者を偽装するため、あたかも古代中国のある歴史家によって書かれたかのような体裁をとっている」[129]。ブレヒトはナチス体制下の敵に対してだけではなく、ソヴィエトにおける仲間に対しても同様に〔密告される危険性から〕警戒していたのである。というのも、テクストにレーニンとそしてスターリンに対する表向きの賛意――「メ・ティはニー・エンに賛成していた」[130]、ニー・エンとはつまりスターリンである――がどれほど挿入されていようとも、ブレヒトの社会主義国家建設への信頼が『メ・ティ』において大きく揺らいでいたことは見逃しようがないからだ。それを裏づけるのが、スターリンへの個人崇拝や公開裁判、共産主義の戦略一般に対してブレヒトが疑惑を強めながら繰り返し言及していることである。その最たるものは、コミンテルンの没落をありのままに記述（「ニー・エンのもとでの建設と衰退」[131]）し、ソヴィエトにおけるあらゆるものを疑問視する「ト・ツィの理論」[132]、すなわちトロツキーの理論を、注釈の必要がないほど簡潔明瞭に描写していることである。『メ・ティ』から読み取れるのは、それまでブレヒトを支えていたように思える政治的原理や予見に対する反駁と、うまく折り合いをつけようという試行錯誤の跡である。そう考えると、この書の大半は、ブレヒトの中ですでに揺らいでしまった世界観の構造を、少しばかり事実に反した解釈の妙によってかろうじて維持しようとする、絶望的な試みとみなすことができる。こうした解釈の転換には、まだなおレーニン主義の教義と一致を見出すことができるかもしれないが、ただしそれは根本において、ブレヒトとともに孤立している、ブレヒトにとってのレーニンに過ぎないのだ。しばしばこの転換は、隠し絵を見るときのように、最後には教義と現実に反する方向へと向けられる。例えば表向きの弁護文「メ・ティ、ニー・エンに賛成」の末尾には、以下のように書かれている。「一国における建設が他の国々における建設の条件であり、同じく他の国々における建設が、一国における建設を完成させる条件であった」[133]。この社会主義国家建設という決まり文句の反転には、その具体的な発言者も発言の出どころも示されていないように思える。そこで思い起こされるのは、メ・ティというよりもむしろ、ゼウスの最初の愛人であり賢明な助言の達人であったメティスである。フランスの歴史学・社会学者ミシェル・ド・セルトーによればメティスは、歴史／物語に隷属し巻き込まれながら、それに思いがけぬ幸福な転換をもたらすことのできる、あらゆる人間にとっての女神である。ブレヒトが置かれている二つの全体主義のシステムの板挟み状態から『メ・ティ』を解放し、「行為の技芸」[134]の領域へと導いた者こそ知恵の女神メティスである。行為の技芸とは、技芸を支援したり、技芸を始められる安全な立場を与えたりする秩序を我が物とすることではなく、歴史／物語全体をある目的に従って偽装するために、自らの場所と自らの時間とを偽装する術のことである。これをやってのけるために『メ・ティ』は、〔二つの全体主義のはざまに置かれた〕自文化の異他性ではなく、異文化へと続く道、つまり中国を経由する道を必要とするのである。

ブレヒトに『墨子』[135]〔ドイツ語版の書名は『社会倫理学者メ・ティとその弟子たちの哲学的著作』〕を密かに手渡したのは、女神メティスであったにちがいない。この書は、中国の思想家メ・ティすなわち墨子(紀元前四七〇―四〇〇年頃)とその学派である墨家の著作の翻訳で、アルフレート・フォルケの編集により一九二二年に出版された。この理論書によって、孔子や老子に比べてそれまで知られていなかった哲学者墨子がドイツの読者に紹介された。手渡したのが賢明な助言の女神メティスであったにちがいないというのは、ブレヒトが滞在したスヴェンボリで革張りにして以来、亡命中ずっと携えていたこの本のおかげで、彼は自らの政治的・文化的な異他性の経験を異化する、つまり時間的・空間的に転換することが可能になったからである。ブレヒトは自らの政治的・文化的背景が次第に疎外され、奪われてゆくことに対して、異化と転換によって応答した。異化と転換の目的は、逃亡であったり、距離を取ることであったり、異文化のものを自らのものとすることであったりと様々である。ブレヒトの場合、異文化のものを自らのものとするということは、自らのものが異他的なものとなることと同義であるため、異文化を力ずくで奪取するということではない。それは何よりも、異他としてのあり方を自らの実存の根本として想定するという意味である。それこそが、越境文化的な中間の空間において、異他的／異文化的なものとうまく付き合うための前提条件なのである。

　墨子の著作の何がブレヒトを引きつけたのだろうか。おそらく主に、その思考が実用主義に基づいていること、つまり理念と倫理的原則が変革を目指す行為の実践と結びついていることだろう。ブレヒトを引きつけたのは、墨子が「戦国時代」[136]（紀元前四〇三―二二一年）初期、孔子（墨子はまさにその挑戦者として登場した）のように徳治の理想主義によって衰退しつつある封建制を救おうとするのではなく、実用主義に基づく倫理的行為による社会改革を目指したことであった。フォルケによれば墨子の倫理的な実用主義は、「不変の徳法や定言命法ではなく、功利主義的な有用性と合目的性への留意によって基礎づけられるがゆえに、絶えず倫理的規範が人間社会と国家における生にいかなる影響を及ぼすかを問う」[137]ものである。

　墨子とその学派による著作は、万人の平等を視野に入れる「博愛主義」〔兼愛〕という概念から出発して、貴族が生まれながらにして享受する特権に代わる「能力主義」〔尚賢〕、「統一的価値基準の普遍化」〔尚同〕、「侵略戦争の否定」〔非攻〕、「宿命論の否定」〔非命〕[138]、その他諸々の思想を発展させた。墨子の文章は、ブレヒトの『メ・ティ』で間接的に引用されることすらほとんどないのだが、それとの関係は、特に「倫理学断罪」[139]と題された格言やアフォリズム集に見て取れる。〔『メ・ティ』の一文〕「格別な道徳が個人に必要とされるような国家は、ひどい統治が行われているとみなしてよいのだ」は、〔『メ・ティ』の〕アフォリズムの表題「国では個人が格別な道徳を必要とするようであってはならない」[140]に相当する。しかしこれらの警句は、墨子の振る舞いを身振りとして引用するにも関わらず、独自の、それとは大いに異なる姿をとって現れる。「自由、善意、正義、趣味、寛容、これらは全て生産の問題である、とメ・ティは確信をもって述べた」[141]。

ブレヒトのメ・ティと中国の墨子の関係はごく緩やかなものであり、そのことから『メ・ティ』に登場するこの家庭の哲学者と墨子が別人だということが分かる。そこで老子とその著作『道徳経』の影響が指摘されてきたのは、故なきことではない。その影響は「無為」すなわち「非‐行為」、あるいは万物一切の流れを了解したうえで〔おのずからあるがままに〕行為することといったあり方において、また短所の長所についての教訓において示される。中国哲学の要素との関係は『メ・ティ』の第五の重要な地層を形成している。

しかしこの中国哲学は、教訓や哲学的教義として『メ・ティ』に取り入れられたわけではない。ブレヒトは、マルクス・レーニン主義の弁証法を中国哲学によって革新したり補ったり置き換えたりしたのではない。農業の集団化についてのテクストなどの題名——「自分のことを行い、彼らのことを自然に任せること」[142]——から容易にそうと推測される場合ですらも、そこで主題となっているのはレーニン主義の教義と「非行為」や「ものの流れ」[xi]という道教の教えとの融合ではなく、両者の異化である。その理由は、ブレヒトがこの書で行った二重の操作にある。（一）異郷を放浪し続けるこの人物〔ブレヒト〕は、自分のものであろうと他人のものであろうと、あらゆるものを関係から引き剥がす。（二）彼はその関係から引き剥がされたものを我が物とするが、それを溶かして吸収するのではなく、その無関係性そのものが働くための余地を与え、無関係なものを様々な関係性の布

xi　単純に解釈すれば、存在するあらゆるものは移ろい、過ぎ去るということ。『メ・ティ』には「ものの流れについて」と題する文章が複数収められている。

置の中に導き入れる。

ブレヒトが事物を関係から引き剥がすとき、彼の行為は現実そのものと変わるところがない。というのも現実においては、近代初期以降のグローバル化の潮流において、文化間の関係および個々の文化の完結性が、常に新たな文化的ハイブリッド化によって切断されるからだ。〔文化のハイブリッド化において〕自文化と異文化はとっくに混ざり合っている。原理主義者たちがとかく要求したがるように、そうした純粋な区別がかつては存在していたのだとしても、現在ではもはや存在していない。ブレヒトは『メ・ティ』の中で、自らの政治的な座標となる文化すなわち共産主義の揺らぎを記録し、その断片を提示してみせる。それが断片であることを認識させようとすれば、異文化の断片と繋ぎ合わせ、それによって文化的全体性についてのいかなる主張も拒絶し、それが偶然の産物に過ぎないことを示さなければならない。同様に必要なのは、文化を構成する個々の部分と部分の間の空間である。つまり、部分と部分とを結びつける関係性の欠如を示してみせなければならないのである。このような関係性の欠如を踏まえた空間が諸文化の間、そして諸文化の彼方でともに生きるためにどれほど重要かについて、ブレヒトは一見すると別の主題を持つテクスト、すなわち『中国人の絵画について』[143]の中で強調している。

よく知られているように、中国人は遠近法の技術を用いない。彼らは、唯一の視点から全てのものを観察することを好まない。彼らの絵画では、複数の事物がそれぞれ隣り合って配置されている。それらはまるで、同じ都市の住人がその都市のいたるところに分散しているのと同じように、一枚の紙のいたるところに分散している。それぞれが互いに独立しているわけではないが、しかし互いの存在を脅かすような依存関係にあるわけでもない。［……］中国の〔絵画の〕構図には、我々にはすっかりなじみの強迫的な要因が存在しない。

その秩序は暴力を必要としない。紙には多くの自由が含まれている。［……］中国の芸術家たちは［……］紙の上に多くの余白を用いる。紙面のいくらかの部分は使われてすらいないようである。しかしそれらの部分は、構図の中で重要な役割を果たしている。余白は、描かれる対象の輪郭と同様、その大きさや形までもが入念にデザインされている。こうした空白があることによって、紙あるいは画布それ自体がある特殊な価値として浮かび上がる。［……］それが意味しているのは何よりも、観客の完全な隷属を称賛に値するほどに放棄しているということである。そのため観客にとってイリュージョンは完全なものにはなりえない。こうした絵画と同様に私が愛するのは、自然が庭師によって完全には加工されておらず、余白を持ち、様々な事物が隣り合わせに置いてあるような庭園である。144

もちろんブレヒトの記述は、中国絵画の本質を正確に把握しようとしているわけではない——そもそも、そのようなことが方法論的に可能ならばの話だが。ブレヒトが示しているのは、異他なるものが自身の中で反響するのを発見する試みである。この反響によって、ブレヒトの想像力に言葉が与えられ、想像力が語りかけられるようにして沸き起こる。中国絵画の応答性は投影とは区別されるものであり、相異なる文化の型や実践方法が自由に隣接しているというイメージを呼び覚ます。それこそがこの異他なるものに、文字通り空間を与えるのである。

文化的関係性から切断された断片を提示するということは、ブレヒトにとって、ただ相対主義や恣意性に任せるということではない。なぜならそれら断片は歴史的な様相を帯びており、問題となるそれぞれの地層の歴史がそれら断片にこびりついているからだ。歴史がその地層に堆積しているからこそ、我々はこの『メ・ティ』の様々な異なる地層について語るのである。それら断片がテクストにおいて重なり合いながら動き出すとき、それは身振りとなる。

おそらくこの身振り的なものの残響こそが、中国の哲学者たちの理論のあらゆる内容にもまして、ブレヒトに強い感銘を与えたのだろう。彼はそこで哲学的体系を発見したわけでも、形而上学的含意に興味を惹かれたわけでもない。彼がそこに見出して興味を惹かれたのは、振る舞い方を教えるという、この哲学の実践的な方向性である。彼にとってこの哲学が魅力的だったのは、逆境における行為の技芸の指南書、すなわち生き残りの技としてである。「メ・ティ曰く、考えるということは、困難の後に続く何かであり、行動に先立つ何かである、と」[145]。ブレヒトが思考する者たちの生における亡命の役割について繰り返し関心を促していることを考えれば、この思考の身振りが、思考する者たちの置かれている困難な状況と何らかの関わりがあると言ってもそう的外れではない。「聞くところによると中国の［……］哲学者たちは、我々の哲学者たちがアカデミーに行くように、流浪の旅に出ることを常としていた」[146]。異郷での生活は身振りの異他性を浮かび上がらせるが、それはブレヒトの筆致にも対応している。文化的ルーツから切断された身振りで思考する亡命者たちは『メ・ティ』の読者を、異他なるものとの親和性と共鳴を探し求める旅へと誘う。彼らは時空を越えた星座のような多様な関係性を構築する。その関係性が示すものとは、またそれによって明らかになるものとは何であろうか。

身振りがあらゆるものに先んじて示すのは、示すという権威的な行為そのものの脆弱さである。この中国の賢者像における「メ・ティは言った」、「メ・ティ曰く」[147]という指し示す姿勢こそがまさに、テクストの身振りの布置の中で、激しく揺さぶられるのである。揺さぶられはするが、完全に倒れてしまうわけではない。アドルノは「中国人的なブレヒト」が「知恵についての言語的な身振りとして、叙事的経験に精通した農民の老人を詩的主体として設定する」ことを「詐称」、そしてまた「太古の社会的諸関係の残響」[148]とみなして問題視した。しかしブレヒトのテクストは、より厳密に読むならば、この問いをすでに自発的に投げかけている。『メ・ティ』で扱われるいくつかの主題の中で〔その主要な登場人物である〕キン・イェーとライ・トゥの物語の数々は、ブレヒトと〔亡命期のブレヒトの恋人であり、秘書でもあった〕ルート・ベルラウとの苦難に満ちた恋愛関係を反映しており、同書で特別な位置を占めている。従来、この物語は同書の全体像からすると異物とみなされて排除されがちであった。この箇所はおそらく私的な性格が濃いとみなされているが、その特徴がナチスの「崇高な社会的貧困」[149]を批判したり、社会主義の敗北を精神的に消化したりするといった同書の大きな政治的関心に合わないとされてきた。しかしそれは誤りというものである。一連の箇所では、キン・イェーはメ・ティの代わりに「教師」として、彼の「生徒」であり恋人でもあるライ・トゥに対して振る舞うが、そこで示されているのは、愛と恋人に身を捧げている人物が、その立場を脱して教師としての立場を得るためにどれほどの苦労を必要とするかである。「ライ・トゥにこのうえどう書いたらよいのだろうか、とキン・イェーは思案した。彼女はガムをかみながら書き、僕は震えながら書いている」[150]。結末が予想できないこの緊迫状態から、生と死が主題とされているように思える。事実この書の最後のページは「生と死」[151]と題されている。この表題のもとで、スターリンの教義解釈と、愛についての三つの覚え書きが記されている[xii]。その中の最後の文章は、以下の通りである。「ライ・トゥはキン・イェーに言った。『あなたをこんなに愛して、私はどうなるのでしょう』。キン・イェーはライ・トゥに答えた。『愛ゆえに君のすることは、君の品位を決して失わせはしないでしょう』と」[152]。この文言からは、〔ブレヒトとベルラウ

xii　版によって文章の配列は異なるが、著者が参照している全集版のテクストでは、「生と死」という表題に続けて、以上の四つの文章が記されている。

の師弟／恋愛関係にあったような〕経験が語りかけてくる。教師と生徒、賢者と助言を求める者との関係が反転し、融解してしまうという経験である。賢者の賢者たる所以は、自分の権威が揺るがされた際の態度に見られる。つまり、賢者は自分の無能、無力、情熱に対してどう振る舞うかが問われるのである。別の箇所でメ・ティが言うには、「情熱的な人間が平静を見いだすのは、平静の中ではなく、激動の中でだけである」[153]。揺れ動くブレヒトの筆致は賢者キン・イェーと弟子ライ・トゥそれぞれの役割を交換させる。賢者は自分の得意領域で示す身振りを奪われ、未知の場に置かれたような状況で振る舞うのである。

　それによって、『メ・ティ』の中心的なテクスト群に繰り返し登場する〈第三のもの〉という図式《フィグーア》も変容する。それらのテクストは歴史の中での自己観察の可能性や、第三者としての生の可能性について問いかける。あるいは、人間同士、諸国民同士を結びつける「第三のことがら」[154]がありうるのだと思わせてくれる。個人を二者関係の不安定さから第三者へ置き換えること、そして「自己を歴史的なものとして観察すること」は、それらのテクストから確実に読み取れる。「伝記の素材として〔読まれるだけでなく、読むことを通じて読み手の中で〕体験された生が、ある種の重要な意味を獲得して、歴史を形成することがある」[155]とも、もし誰もがまず自らの歴史の書き手であるならば、「そうすればもっと注意深く、より高度な要求をもって生きるようになるだろう」[156]とも記されているのである。しかし、ラカンの言う象徴的秩序としての第三者への同一化――ここではそのように解釈したくなるのだが――は、これらのテクストの全貌が一望される際の背後にある消失点ではなく、テクストを結びつける接点であり、テクストはその接点から出発して、やがてはそれを放棄する。それを示すのが「第三のことがら」である。

二人の人間の間の関係は、そこに両者の利害が関わる第三のことがらが介在するとうまくいく、とメ・ティは言った。このことは任意の大きさの人間集団にもあてはまる、とミ・エン・レーが付け加えた。共同して外部のことがらに専念することによって、彼らの間の全ての問題が、まさにこのことがらの要求に応じて、ずっとうまく整えられる。二人の手が、例えば男と女のそれぞれの手が、手桶を運ぶというような共通の仕事で互いに触れ合うとき、そこにメ・ティは何か好ましい結果を期待したのだが、ミ・エン・レーはこれを諸国民の全てに対して、彼らの手が歴史の歯車を回転させつつ触れ合う、その時に期待したのである。[157]

ここで「第三のことがら」の代弁者たちがその長所について述べるイメージは、最初のうちこそ単純明快であるように思える。しかし象徴的秩序という普遍的なものと個別的なものとの距離を乗り越えるための様々なイメージは、よく見るとむしろ両者の断絶を示している。水を運ぶときに触れ合う二人の手は、情欲とそれに伴って現れる〔第三者たる新たな恋人や愛人との〕ライバル関係によって、二人の仕事を前進させるだけでなく妨げ、破壊してしまう。このことはブレヒト以上に、彼の協力者であったベルラウなどの女性たちの方がよく知っていたかもしれない。男女の水運びから諸国民がともに動かす歴史の歯車への飛躍は、社会主義リアリズム的な紋切り型である。あるいは／そして運命の女神の持つ車輪、そしてそれ以上に、ブレヒトがその直前に書いた詩『水車のバラード』[158]を間テクスト的に想起させる。周知の通り、このバラードでは、水車をともに回す者たちはいつまでも底辺にいるしかないと歌われる。すると次のような問いが浮上する。〔第三者を介した〕触れ合いの政治についで考えるとしたら、それによって排除されてしまう〔重要な政治的〕約束は何であるのか。触れ合いという発想は多かれ少なかれ、そもそも到達できないような型通りのものをそれでも手に入れたいという人間の宿命から抜け出る道を約束しているのではないか。触れ合いとは、異文化の者同士がうまく付き合ってゆくのにうってつけの手段のはずではなかろうか。「第三のことがら」を具体化した世界をより近くから見れば見るほど、その世界はこちらを異他のまなざしで見返し、こう問いかけてくる。

『メ・ティ』が実際に開示するのは、「第三のことがら」を望むことと個別の生との間に開かれるようにして現れる（様々なイメージの）世界である。このことは象徴的秩序の担い手たち、すなわちミ・エン・レーやメ・ティ、そして全能の書き手である「私」を妨害し、その足場から突き落とす。しかし、「第三の男」と呼べるような人物に対してはそうしない。この人物は、表面的なテクストの秩序の下でテクストを引っかき回し、イメージと事物との、語る者と行為する者との間にあるとされる断絶に含まれている、豊かな可能性を筆によって明らかにする。それらの可能性とはすなわち、結びつけて組み合わせる可能性ならびに差異と分離の可能性、措定の可能性だけでなく揺らぎの可能性、行為の可能性だけでなく経験の可能性などである。それこそが、身振りによって突き動かされながら書くという「大いなる方法」[159]であり、その媒介者こそ、書いている第三の男、すなわち世界と世界の間、国家間戦争と政党間闘争の間で生き残りの可能性を探し求める一人の亡命者である。

『メ・ティ』を書いた第三の男であるこの亡命者は、いかなる象徴的秩序も信じない。それによって彼は、見知らぬ時間、見知らぬ空間との付き合い方に長けた人物、文化の屈折的な変化に対応する専門家になる。彼はかつて「自分」だったものと「異他的」だったものの断片を、潜在的な移行空間《トランジット》において互いに結びつける。それは『メ・ティ』の中のあの話、すなわちメ・ティが一切登場しない物語「ヴァイ国〔ソ連〕と規律を保てないイェン〔スターリン〕の無能ぶり」[160]に見られる。

最悪の季節である冬が、食糧がほとんどなくなってしまったある国に進駐していた敵に襲いかかった。地主たちの残酷な仕打ちによって生じた農民たちの怠惰のせいで、食糧が少なくなっていたが、農民たちはしかし、我が身こそ大事とばかりに、彼ら自身の蓄えを残らず運び去って、隠してしまった。そこで敵の軍隊は、途方もない飢餓を味わわされることになった。

幼少の頃から、ありとあらゆる軍人精神を叩きこまれてきたハオ国〔ナチス・ドイツ〕の兵隊たちは、何一つ調達することができなかったので、いかにも彼らのやりそうなことだったが、見境もなく横暴に地主どもをとらえ、その大多数を虐殺してしまった。だがそれから彼らの軍隊は、恐るべき飢餓の中で解体し、国境へと逃げていった。ハオ国の主力部隊は、彼ら自身が荒廃させた国境地帯のそこここで壊滅した。

春になって農民たちは、再び小屋からはい出してきて、イェン〔スターリン〕が期待していたとおりに、彼らの昔ながらの弱点である利己心をびっくりするほど発揮したのである。地主どもは敵に殺されるか、〔生き残った者は〕怯えきって無抵抗であった。そこで農民たちは収穫を自分のものとして取り入れることができると確信して、狂ったように種まきに殺到した。

ヴァイ〔ソ連〕の国は繁栄した。

よき支配者のイェンが死んだとき、人々はありのままにこう話すことができた。彼は軍事的勝利なしに、彼の臣下たちの意気地なさによって大きな戦争に勝利し、多くの政令だとか、訓戒だとかも出さずに、ヴァイ国を花園に変えたのだ、と。[161]

疑いようもなくこの物語には、「非行為」と「短所の長所」という道教思想を見て取ることができる。しかしそれは、この物語が道教を下敷きにすることで効果を上げようとしているということではない。このエピソードは、非行為の道教的教えである「無為」や、短所の長所を示すための実例としては相応しくない。ブレヒト研究者アントニー・タトロウ[162]が述べているように、敵であれ味方であれ、支配者が自滅に終わったところで、農民たちの勝利に寄与することはほとんどない。この農民たちとともに革命を行うことはできない。

つまるところ、古代中国と現代中国、ソ連と著者のスカンディナヴィアでの亡命生活の間の物語空間で何が起きているのか。この越境文化的空間に足を踏み入れるあらゆる者は、彼らの文化的領主の「政令だとか、訓戒だとか」[163]を無視して越境したのである。この物語が示しているのは、各人が諸文化の中で破産したように扱われて財産差し押さえとなった状態から救い出し、持ち出したものである。マルクス主義的であろうと道教的であろうと、墨家的であろうと毛沢東主義的であろうと、総体的な世界観念などというものはもはや過去の遺物である。それでもなお残っているのは、空間におけるあの諸々の身振りである。すなわち戦争と日々の抑圧を伝える簡素で力強い身振り、残酷さの様々な身振り、兵士の美徳に内在し、あらゆる利己的な人間に対して激烈に向けられる利己心の身振り、農民の臆病さと自己保存衝動の身振り、利己心という短所、「国を花園に変え」[164]る「狂った」身振りである。これらの身振りが指し示すのは無である——少なくとも何らかの指針を指し示すことはない。それらが示すのは、ただそれらの歴史の残余のみである。

それなのになぜ、我々はそれらを読むことを望むのか。ひょっとすると、無こそが純粋な伝達の空間であるからかもしれない。ひょっとすると、この空間では関連を持たないもの同士を関連づけることが可能になるからかもしれない——身振りを運動へと転化するあらゆる第三の男や女、そして亡命者たちの「干渉する思考」[165]のおかげで。それにもまして、身振りの運動が、好転する可能性を潜在的に持った異他的な者同士の関係性を作り出すことができるからかもしれない。「あらゆる感情は良い結果《アウスガング》を望む」[166]——これはブレヒトの『メ・ティ』の越境文化的空間が照らし出す「諸感覚のブロック」[167]である。出口／結果《アウスガング》などどこにもないと思う者は、メ・ティの次の言葉を読むとよいだろう。「革命は行き詰まりの中で起きるのだ」[168]。

第二部　越境文化演劇の世界-空間

第一章　世界化の演劇

一　グローバル化と世界化《モンディアリザシオン》

ジャン=リュック・ナンシーは著書『世界の創造あるいは世界化』[1]の中で、現在進行中の「グローバル化」の過程と「世界化《モンディアリザシオン》」の過程とを区別している。彼はグローバル化によってもたらされた地球《グローブス》の現在の状況を単なる集積であると述べる。ナンシーによれば、この集積は一方で富の蓄積を、他方で貧窮の集積を引き起こすのである。この集積は「かつて地球〔globe〕として思考されていたものであったが、今やその二重語である球状の構造物〔glomus〕でしかないものに擦りつき齧りかかるようにして侵蝕する」[2]。

この球状構造物の中では以下のものが結合しながら演じられている、つまり、技術-科学の無期限の成長、相関して指数関数的に膨張する人口増大、人口増大下でのあらゆる次元における——経済的、生物学的、文化的——不平等の深刻化であり、かつてはその諸部分とともにあった世界、また様々な固有性とともにあった人類が方向を喪失し諸々の確信、イメージ、自己同一性を四散消滅させる様子である。[3]

ブレーキの利かない経済的、技術的、人口統計学的な成長、あらゆる領域において先鋭化する不平等、そして文化的な方向感覚の喪失というこの三つ組はきわめて不安定な状況である。ナンシーの確信するところによれば、その結果としてグローバル化の諸効果に対して原理主義的な反発が生じる。グローバル化の惨禍と忍び寄る地球全体の再原理主義化に直面したがゆえに、ナンシーは世界化《モンディアリザシオン》の必要性を訴えたのだった。包括的な「世界の創造」[4]を通してグローバル化の一面性に歯止めをかけることを期待したのである。しかしこれもグローバル化の構造やダイナミズムに頼らざるをえない。世界化《モンディアリザシオン》はグローバル化に対抗したり、逆行的な立ち位置からこれを批判したりはしない。グローバル化はむしろ世界化の条件なのである。ナンシーは、彼が依拠している『ドイツ・イデオロギー』執筆時のマルクスと同様に、労働のグローバルな社会化——「世界史的なものへの活動の広がり」[5]——の中に世界の創造と所有《アンアイグヌング》の裏面を見る。

> 個々人はこれ〔歴史が世界史へと完全に転化すること〕によってこそはじめて、〔自分が帰属する〕様々な国家および地元の制約から解放され、全世界の生産と（また精神的生産とも）実践的なつながりをもてるようになり、全地球上のあらゆる生産（人間の創造物）を享受しようと考えられるようになる。[6]

グローバル化に対抗するのではなく、むしろその裏面および分身として世界化《モンディアリザシオン》は生じる。このような世界化なるものはいかなるものにも自らを根拠《グリュンデン》づけることはしない。世界が「意味の一つの全体性」[7]を意味するのだとしても、存在論的神学による世界の根拠づけが「世俗化」され、脱構築され、空虚化した以上、意味の全体性はもはや成り立たない。もはや世界が上位の視点から客観的対象として観察されることはありえないのだ。「世界は、いまや、表象なるものから、世界の表象から、諸々の表象に基づく世界から脱却した」[8]のであり、それは「自己を前提として措定しない。世界は、ただ世界の延長とのみ外延を等しくする」[9]のである。地球規模の延長と同一の外延を持つものとしての世界を、上から押しつけられた概念に落とし込むことはできない。世界とはただ横断され、ただ「経験」されうるものなのである。世界経験そのものは根拠／基礎を持たず《グルントロス》、〔個人の身に思いがけず降りかかる〕遭遇であり、自己の退去である。[10]「根拠／基礎《グルント》なき」[11]というのが世界の経験だ。この無根拠性から世界の生成が起こる。世界化は、確固たる基礎に立つこともできぬまま意味や価値を生み出そうとする。根拠／基礎《グルント》を持たぬことから出発する世界の創造によって、世界化はあらゆる質を抽象的な量へと落とし込もうとする経済の交換価値を越え出てゆく。このようにして越え出てゆくことは、グローバル化の現実を分身化するような世界-空間を開示することで可能になる現実の越境である。この空間は潜在的《ヴァーチャル》な可能性を有する空間であり、世界が生成する空間である。したがって世界化《モンディアリザシオン》は〔現実とされる〕グローバル化と並行して〔潜在的《ヴァーチャル》に〕現れるが、それはグローバル化という現実の裏面なのである。世界化の空間は存在論的な根拠を持たず、足元には地面がない。これこそが越境文化演劇の空間なのだ。

二　根拠／基礎《グルント》なきこと——越境文化演劇における底なしの遊動性

「根拠／基礎《グルント》なき」こと。これが越境文化演劇の運動法則だ。それは社会、政治、世界観の拠り所を持たず、非トポス的である。[12] アリアーヌ・ムヌーシュキンの映画『モリエール』に、移動舞台が嵐に煽られて暴走するシーンがある。舞台幕が風を受けて帆のように膨らむと、ますます速度を上げて風景の中を走ってゆき、さらに加速して奈落の中へ落ちてゆくのだ。これが何かを再現する以上のものを示す演劇の底なしの遊動性のイメージだ。演劇はそこから生まれ出て、そこに関係づけられるような確かな場を持たない。信仰も、祭儀も、形而上学も、社会秩序も、西洋や東洋も、古い文化も、新しい文化も、演劇の基盤とはなりえない。俳優の身体ですら、現象すべきものとして前もって与えられていない。仮面や衣装、動き、照明をはじめとする演劇における他の全ての要素と同様、身体もまた継続される反復行為の中で現れてくるのである。

　演劇における底なしの遊動性は常に制度の中に捉えられている。宮廷劇場、国民劇場、公立劇場など諸々の劇場制度は、演劇をある場所に固定し、社会階層の代理表象の場にしようと様々な努力をしてきた。それぞれの表象のための建築物に囲われることで、演劇は国家や社会の根拠を担う役目を求められてきた。すなわち、社会的に正当な生活形式を代理表象したり、文化的アイデンティティを打ち立てたりすることが期待されたのである。(国民国家的な)文化の囲い込みや社会領域の画定は、演劇を制度化することに内在する傾向である。都市や国家が劇場を整備し助成する場合だけでなく、いわゆる私立劇場が助成金頼みになって依存状態に陥る場合や、それどころか自主制作で活動する劇団が定期的にプロジェクトの提案を行う場合にも、演劇の制度化——多かれ少なかれ固定的な劇場、助成の規定化、想定可能な固有の観客層——のもとに代理表象やアイデンティティ創出への傾向が常に存在する。代理表象とアイデンティティとは、文化の境界を画定し、〔境界外に置かれたものの〕排除を行うための道具である。演劇が最良の意図でもって、社会的に周縁に追いやられた人々、移民後の都市生活者や異他性そのものを代理表象し、彼らを公共性の光の下に連れ出し、彼らのアイデンティティに対しての意識を強めようとするときでさえ、境界画定と排除の原理が、様々な異文化の人々に混ざってうまく付き合うことの妨げとなる。というのも、ドイツの劇作家・演出家ハイナー・ミュラーも見抜いていたように、代理表象は排除と「選別を前提とする」のである。[13] 異他なるものを表現し、異他なる者たちのグループを特定し、それに固有のアイデンティティを付与しようとする努力が、かえってより強固な隔絶を生み出し、様々な文化アイデンティティの間の交流を難しくすることがある。したがって越境文化演劇は代理表象から身を引き、アイデンティティ化の強制からも距離を置く。しかしながら、演劇の制度化から完璧に逃れることができるという幻想にも与しない。というのも、制度化された演劇に対抗しうる、それとは異なる自由な演劇が存在しうるという欺瞞に越境文化演劇が与すればするほど、そうした演劇は代理表象とアイデンティティを指向していると考え、それを代弁するという陥穽にますます陥りかねないからだ。したがって越境文化演劇は、反制度化の演劇を表象する空間においてではなく、むしろ多種多様な形式で制度化された演劇の内部で活動する。越境文化演劇は〔制度内にとどまりつつ〕それらの形式を空洞化し、その機能を転換させるのだ。その際にこの演劇はブレヒトの認識を引き合いに出すこととなる。すなわち、演劇制作はもっぱら美学上の問題であるばかりでなく、芸術制作の社会的な「装置」にも依存しているとみなすのである。[14] 様々な制度の「機能を転換すること」は、代理表象やアイデンティティの強制から逃れつつ、一方には相手の立場、他方には自分の立場が確固たる基盤として存在するという幻想を抱くことを避けるための方策である。ミシェル・ド・セルトー[i]の歴史／物語を叙述する者のイメージ[15]は、ここでも有効である。この叙述者は歴史／物語を別様に語ることができるような自身の立地点や視点を持たない。つまり、制度化された歴史／物語の叙述にひとまず納得し、それを幸福な方向へ転換しようと試みるのだ。これを制度としての演劇に当てはめてみると、既存の文化制度に、それが開かれるような幸福な転換をもたらすことである。これこそが越境文化演劇の底なしの行動の根拠である。

三　「演劇は船そのものなのかもしれない」――シラー『海洋劇』

フリードリヒ・シラーは、「道徳的機関として見た演劇舞台」[16]という講演が短絡的に受容されてしまったがゆえに、道徳的な事柄を再現する国民劇場の創始者と誤解されている。しかしその彼は晩年、人間存在の複雑に絡み合った関係や転変をグローバルな尺度のもとで描くのに適するようなドラマトゥルギーに取り組んでいる。戯曲断片『船』、『海賊』、『海洋劇』は、国民国家的な立ち位置の窮屈さを捨て去った演劇の先駆的な試みである。これはこの劇作家にとって挑戦的な課題であった。シラーはそれについて次のように語る。

課題となるのは、海の旅、ヨーロッパ外の実情や慣習、それと結びついた運命や偶然といった興味深い全て

i　第一部第五章第四節「ブレヒトの亡命者としての筆致」を参照。

のモティーフが巧みに結びつけられたドラマである。そこに見出すべきは、そのような全てが展開してくる起点《プンクトゥム・サリエンス》である。［……］つまりは、ヨーロッパ、インド、通商、航海、船と陸地、野蛮と文化、芸術と自然などが表現されるような点なのである。[17]

全てが互いに結びつきつつも、絶え間なく動いているとあるが、そのような点を見出すことは困難だ。「ヨーロッパでの戦争がインドでの戦争を生む」[18]ことをシラーは知っていた。そして「彼はそのような点を、船が出入りするような海洋に見出して」「出帆と停留が同時に起こるのだ」[19]と記している。ただしシラーは、そこに立てば全てを見渡して、整理することができるような上位の見地、つまり作者の視点の喪失を嘆くことはしない。彼は、海洋では同じ場所にとどまれないこと、その流動性に魅せられたのである。それゆえに彼は、「どこも家であり、どこも家でない、海の上を住まいとする船乗り」[20]の通過者としての存在《トランジット・エグジスタンス》に興味を持ったのだ。しかしどうやって人は流動的で不安定なもののうちに住まうのだろうか。「故郷としての、自らの世界としての船」[21]とシラーは付記している。これが意味しているのは、根源的に安定した出自の場としての故郷さえもが、大洋の波や、土台なき流動性に左右されているということにほかならない。そのことから、演劇にとって海洋のドラマトゥルギーが必然となる。すなわち演劇をあちらこちらへと押し流すドラマトゥルギーである。それによって演劇はもはやこれ以上確固たる場にとどまることなく——ましてや何かを代理するだけの場にはとどまらずに——船に比せられ、海上へと押し出されるのである。その際に視界に入ってくるのは、自分が漂っているさなかにわずかの間だけいた地点から見えるものでしかない。運動にしたがって、世界の見え方はその時々で変化する。これこそが、シラーの文章の帰結である。すなわち「演劇とは、船そのものなのかもしれない」[22]のである。自らの遊動性を約束する演劇こそ、シラーの断章の文字通りの浮動する核心《プンクトゥム・サリエンス》なのである。それはつまり世界化《モンディアリザシオン》の演劇というものの断章なのである。シラーの文章が断章のまま残されたのは偶然ではない。全体としての世界を演劇的に表象する願望は、世俗化した時代においては実現されようがないのである。

四　グローバル化の背後で

越境文化演劇はグローバル化に対立するものではない。むしろ、グローバル化がもたらす矛盾や非対称性、断層の内部に根城を構えるものである。この演劇は自給自足に甘んじるのではなく、寄生する。そうして越境文化演劇は、今日、歴史の見方を規定する文化施設や幻想、想像力にしがみつく。現在の（中での）決定的な歴史観を形成するのはグローバル化と原理主義に他ならない。両者は、世界化の過程において時宜に適うであろうものと、これに逆らうようにして生じた反時代的かつ退行的な反動との間に、本章の冒頭で例示したような断絶を引き起こす。こうした断絶し合う時代趨勢の中で越境文化演劇は舵取りをするのである。越境文化演劇は原理主義の演劇とグローバル化の演劇のどちらにも寄生してそれらを起点とし、時代と時代のはざまで活動する。越境文化演劇が引き起こす時代の位置づけは、失われたものを回復させたいという憧憬に応じるが、復古主義に陥ることはない。その憧憬が結実するのは可能性の潜在的空間においてであり、この空間こそが現在を未来へと開くのである。

第二章　プトレマイオス的世界劇場

一　プトレマイオス的世界劇場の神学

演劇は、そこに立つことができるような確固たる地面《グルント》を持たず、また何かを建てることができるような基礎《フンダメント》を持たない。それとは正反対の考え方もしぶとく生き残っているが、そうした考え方が立脚点としているのは神学的隠喩、ナルシシズム的想像や匿われた安心感への子供じみた願望である。カルデロンが一七世紀中葉に企図した「世界大劇場」[23]のイメージこそが、世俗化された形で今もなお、演劇の神学という無意識的な観念を生きながらえさせているのだ。世界大劇場では神的な作者《アウクトル》が糸を手繰り、人間の運命を操る。人間たちの方では、偉大な人形遣いから前もって与えられた役をできる限り上手に演じようとする。一見したところ、世俗的な役を演じる者たちの世界劇場では、ただ神の救済のシナリオが演じられているようである。しかし——宗教改革に端を発した戦争とそれに対する応答として反宗教改革が起こったことで、信仰がまさに危機に陥った状況において——救済の計画の中で自分に割り当てられた役を見事に演じる者たちによるこの時宜に適った世界大劇場こそが他の何にもまして、人間の上に君臨し、世界の運命を手中に収めている神への信仰を生み出した。この劇場によって、神学は信憑性を獲得し、演劇の神学と化すのである。

世界大劇場の神学は、惑星が水晶のような天球層の中で円軌道を描いて地球の周りを移動すると唱えるプトレマイオス的世界像に対応する。宇宙における地球や人間の立ち位置を描写する世界像は、同時に人間の社会的交流の形式や社会秩序の構造も素描する。プトレマイオス的世界像と世界演劇の隠喩はともに作用して、世界を存在論的神学的に根拠づける。これがすなわち、プトレマイオス的世界劇場である。ブレヒトは『ガリレイの生涯』[24]で、プトレマイオス的世界像の存在論的神学解釈を年老いた枢機卿の口から語らせ、提示する。

私は短い期間だけどこかを回っている任意の星の任意の生物ではない。私は確固とした大地の上を確固とした足どりで歩むが、その大地である地球は微動だにせず、万有の中心である。私はその大地の中心点にいるのだ。創造主のまなざしは私の上に留まり、私だけの上に注がれている。私のまわりには八つの透明な殻に固定されて、恒星と、私の周囲を照らすために創造された太陽が回っている。こうして神が私を見つけてくれるのだ。今や私は神の努力の結晶であり、世界の中心にある被造物、神の姿に合わせて創られた不滅の存在である。[25]

ここからはっきりと読み取れるのは、西洋古代ないし（キリスト教の文脈に限って言えば）中世におなじみの演劇的願望である。すなわち、中心点に立っていること、そして主役を演じていることへの願望である。主役は天体のスポットライトを浴び、作者ないし演出家の神的な父親像に適役と認められ、しっかりと導かれる。これこそが、プトレマイオス的世界劇場が約束するものである。プトレマイオス的世界劇場は神的な意味での超越を保証し、世界の中心にいたいというナルシシズム的欲求を満たし、地球を覆う水晶のような天球層によって加護されるという安寧を布告するのである。

　万物の中心たる世界というものの明白性を信じ込ませるためにプトレマイオス的世界劇場が用いる演劇的手段は、神学から発想を得ている。啓蒙主義や世俗化の時代を迎えて、神学の穴を埋めるべく演劇が持ち出されるようになると、これらの手段が弊害となった。[26] 一八世紀の台詞劇は、三つの神学的信仰原理を神学から借用した。つまり、根源的な神的精神なるものへの信仰、この精神が肉体になるという信仰、そして神的精神そのものとその精神に満ちた肉体とが似姿であるという信仰を借用したのである。一八世紀の台詞劇は、演劇的手段を用いて三重の仕方でこれらの神学的信仰原理を証明しようとしている。その方法とは、(一) 作者、戯曲、筋《ハンドルング》の連続的な物語を特権化すること、(二) 俳優の側から戯曲《ドラマ》に基づく劇行為《ハンドルング》の「精神」を身体化すること、(三) 身体の部位の全てと、模倣、身振り、言語や動きといった表現媒体の全てを統合して意味ある形象にすることである。[27] (作者、テクスト、演出家の) 作家的な論理《ロゴス》を優先するのも、俳優を通してその論理を身体化したり、全ての素材的、身体的、物的なものを精神的なもので満たすことによって身体化したりする方法論を用いるのも、またその論理に形象を与えて、不在の神的精神の似姿もしくは代理人とするのも、世界の関係性に一貫性と具体的な意義があることを明らかにしたいからである。西半球におけるプトレマイオス的世界劇場の中心点に立つのは個人、すなわち閉じた登場人物《キャラクター》である。登場人物は俳優によって身体化され、精神の肉化された論理を得て、作者および／あるいは演出家という論理創始者のお気に入りとなるのである。

二　コペルニクス的転回

プトレマイオス的世界像の最初の対抗者は――時系列で見れば――コペルニクス的世界像であった。一七世紀に席捲したこの世界像が影響を及ぼしたのは、天文学の領域だけではない。これは天と地との間に立つ人間の中心的地位を揺さぶり、周縁に立つ人物《フィグーア》にしてしまったのだ。プトレマイオス的世界像による神学が弱体化し、コペルニクス的世界像が台頭するさまを、ブレヒトが描く主人公ガリレイはことほぐ。

これまではいつも、天体は落ちないように、水晶でできた天のアーチに張りついているのだと言われてきた。私たちは今、勇気をもって、天体を何の支えもなしに、空中に漂わせることにした。そして天体は、私たち人間と同じように、全く何にもひきとめられずに、大航海を始めている、停まることのない大航海に乗り出したのだ。[28]

しかしコペルニクス的転回[29]に触発された感情は、二手に引き裂かれる。覚醒の勇気の反面、「停まることのない大航海に乗り出」す不安が起こるからだ。コペルニクス的世界像の恐怖を、ブレヒトは若い僧侶という登場人物に語らせている。

私は百姓の息子としてカンパーニャ地方に育ちました。単純な人間たちばかりです。彼らはオリーヴの樹のことなら何でも知っていますが、他のことはほとんど知りません。〔……〕彼らは決して幸福に暮らしてはいませんが、その不幸の中にも一種の秩序のようなものが宿っています。〔……〕彼らには、神の目が彼らの上に探るように、ときには不安そうに注がれていること、それに彼らの周りには世界劇場が構築されていて、彼らはその中でめいめいの大きい役、小さい役を演じながら自分の勤めを果たしているのだということは保証されているのです。もし私の信者たちが、私から、お前たちは空疎な空間の中で、他の星の周りを回っている、たくさんの、それもかなり取るに足りない星の一つ、ちっぽけな星のかけらの上にいるに過ぎないのだと聞いたら、彼らは何と言うでしょう！[30]

年老いた枢機卿がプトレマイオス的世界像によって約束される幸福をはっきりと語ったのだとすれば、若い僧侶はコペルニクス的世界の恐怖のイメージを描いている。空虚な空間の土塊、ボブ・ディランの曲で言えば自分が転がる石のような心境――「どんな気持ちだ《ハウ・ダズ・イット・フィール》」[31]――こそ、コペルニクス的転回の基調となる心境である。それは、基本的には持ちこたえることのできない感情である。というのも、この心境が及ぼす冷徹なショックによって諸々の感情は、再びプトレマイオスの小さな住処の屋根の下に庇護を求めることになるからだ。「この動機は、好奇心旺盛な感覚とは異なり、巣の中に包まれているような温かさを必要とする」[32]と、ドイツの社会哲学者オスカー・ネクトと映画監督アレクサンダー・クルーゲはこのことについて『歴史と我意』の中で簡潔に言い当てている。それゆえコペルニクス的転回の知見は異他的で外的な方法論としてのみ私たちに承認され、「内側ではプトレマイオス的イメージ世界が支配的である」[33]とネクトとクルーゲは主張する。

その根拠は必然的な弁証法にある。古典古代の世界像は人間的感情から冷たい星々にまなざしを向ける。そしてそれ自身は閉じた世界像として人々の心を温かさで満たしたのだ。それは共同体的な願望を叶えたのである。向こう見ずな個人主義者たちが、地球上に住まう人間のために建てられた世界の家を揺るがした。新しい知識は心を温めてはくれない。［……］社会の関係性が冷たくなればなるほど、私はそれらを冷たい知識の視線で観測したいとは思わなくなるのだ。[34]

このように考えれば、現代における原理主義的運動の全てに、プトレマイオス的な世界の家へと回帰しようとする願望が認められることも説明がつく。コペルニクス的世界経験はこれに対して、さしあたりなんら魅力的なものを提示しない。取るに足りない土塊、「空疎な空間の中で、とめどなく他の星の周りを回っている」[35]土塊、これこそコペルニクス的主体の立脚点なのだ。太陽中心の世界像を拒否して、銀河が複数あることを発見することで、宇宙における人間の周縁的立ち位置をなおも先鋭化させる。これはプトレマイオス的世界劇場の神学を無効化し、意味の主要カテゴリー――根源、連続性、個別のうちに普遍が存在すること――を世界の偶然性、非連続性、特異性、相対性の経験と取り替えるのである。

第三章　世界‐経験の演劇

一　演劇‐経験としての世界‐経験

太陽中心説以後の世界はもはやイメージでは捉えられない。世界‐経験が世界像‐知識に取って代わるのである。確かな立脚点がなく、全てが偶然に従って運動するとき、世界の中を動いてゆく私が遭遇するものが、世界の方向性と行為の出発点となる。世界‐経験とは何よりも、私に予期せずして降りかかるもの、つまり異他なるものに対する衝撃の経験なのである。世界‐経験とは、異他‐経験であり、ラディカルな異他性の経験なのである[36]。ここで言う異他とは、ただ未知のものを指すのでも、外化や疎外の一形式として主体に回収され統合されるのでもない。異他‐経験が意味するのは、根本的な内部の異他性を衝撃とともに認識することである。つまり、その異他性はすでにずっとそこにあったのである。それは主体の視点が、対象としての世界から経験する主体そのものへ転換したことによって生じたものなのである。

したがって、世界‐経験は日常において簡単にはなしえない。現実という圧力の優位が、経験の衝撃を自分の中で咀嚼するための時間と空間を与えないからである。経験の拒絶や遮断がその結果として起こる。ブレヒトの『ファッツァー』断章に含まれるあるテクストがこのことを明確に捉えている。

朝まだき

(砲撃を受けた場所を越えて戦車が現れる。その中から声が聞こえる。)「おーい」
(兵士が出てくる。)
X　誰かいるか。
(中に向かって。)
Y　何もない。出てこいよ。
［……］
(二人の兵士たちが戦車から出てくる。)
Y　誰もいない。ここにいたやつは全員死んだんだ。
Z　違うところに来たんだ。
Y　もう一度、中に入ろう。[37]

これは第一次世界大戦の風景で、数々の爆破で穴だらけとなり、壊れた物と死んだ人間が横たわっているが、その場の経験に身をさらすにはあまりに過酷である。それゆえに二人の兵士たちは戦車という、プトレマイオス的な殻／装甲車へと帰ってゆくのだ。『ファッツァー』テクストはいわば、大戦が世界にもたらした経験の喪失というベンヤミンのテーゼを裏づける[38]。このテクストはしかし、このテーゼを解説するだけにとどまることなく、経験の衝撃およびその拒否をむしろ経験可能にするのである。それは戦争から帰還した多くの人々と同じように押し黙りはせず、また以降十年にわたって戦争の回顧録を埋め尽くしていた紋切り型に収まろうともしない。その代わりに兵士たちの生に堆積していた経験へと立ち返る。このテクストが反復するのは、とりわけ幼少期の記憶であり、日曜の礼拝や堅信のための授業で聞かれるような聖書風の簡潔な口調で「誰もいない。ここにいたやつは全員死んだんだ〔sie sind alle hin, die da waren〕」、またはメルヘンや伝説の舞台となる魔法にかけられた世界からのささやき声のように「違うところに来たんだ〔s'ist eine falsche Gegend〕」と語りかけてくる。子供の頃からの口調がそこに残っていることで、今ここでなされている事柄について兵士が簡潔かつ寡黙に語っていることが別の場所や時間へとずらされる。戦争の風景と幼少期との間に経験の空間が開かれるのだ。その空間へ足を踏み入れることが可能になるのは（代理表象の）言語の解放によってであり、ロラン・バルトの記述によれば演劇化の行為によってである。「演劇化する、とは何か？ それは表象作業を舞台装置で飾ることではなく、言語作用の限界をとりのぞくことである」[39]。テクストの演劇記述において言語の遊戯が演出・構成されることで、ディスクールによる支配権の要求は退けられ、代理表象の作用が黙して語らないことを経験する余地が生まれるのである。

　演劇化の過程を経ることによってはじめて、世界-経験が可能になる。ブレヒトの『ファッツァー』は第一次世界大戦の衝撃を二つの意味で書き留め《フェアツァイヒネン》る。すなわち、彼は衝撃を記録するとともに、記録されたものがすっかり別のものになってしまうまで書き損ね《フェア・ツァイヒネン》るのである。同一のものが別のものになるという脱配置《ディス・ポジション》は、アイデンティティを追求する試みを空振りさせる。これが経験の運動なのである。『ファッツァー』における経験は物語に沿って駆動することはなく、この文章群にまとめられた、互いに異なるテクストのブロック一つ一つの内部で駆動する。あるいはこう言うこともできるかもしれない。『ファッツァー』は経験のブロックから成り立っている、と。このブロック群は連続した筋にまとめ上げられることも、イメージを作り上げることもない。むしろこれは『ガリレイの生涯』の若い僧侶が言う、宙をとめどなく回る、取るに足りない土塊に似ている。『ファッツァー』の旋回するテクスト-経験のブロックは、世界-経験の演劇の基本要素なのである。

二　物世界-経験

客観《オブイェクト》／物体の優位とナルシシズム的侮辱

何もない空間の中で絶え間なく回る、取るに足りない小さな土塊。これはブレヒト作『ガリレイの生涯』の若い僧侶にとって、プトレマイオス的時代以後における人間存在の判断の基準となる地点である。ここにおいて物は論理との結びつきを断たれ、物それ自体としての性格がどぎつく目立つようになったのだ。人間の地球は（まともな）形姿を持たない土塊になる。一九〇〇年前後に、この世界が物の世界であること、および自身の存在が物的性格を持っていることが意識されたことで、世界-空間の構造は一変する。

第一次世界大戦の世界-空間は死んだ物と人間に埋め尽くされている。これを表すために持ち出された「物量戦」という語は、無機質な物質の方が、主体の意図や行動よりも優位にあることを示している。「砲火のえじき」になる人間よりも弾丸一つの方が大きな価値を持つとき、自身を侵略者と同化し、自ら弾丸になろうとする主体の欲望が増すのだ。この欲望は、スターリニズムやナチズムの全体主義的動きにユートピア的な輝きを与えた飛行士の神話の糧となる。『了解についてのバーデン教育劇』でブレヒトは、この神話を取り上げ、脱魔術化した。墜落した飛行士は報告する。

私は都市を建設し
石油を求める熱気に捕われた
我々の飛行機は改良され
我々はますます高く飛んだ
私の考えることは機械と
速度の争い
私は争いを忘れ
自分の名前も顔も忘れた
旅立ちの速さを競って
旅立ちの行き先を忘れてしまったのだ[40]

飛行士が弾丸に変身するというのが、このテクストに描かれている出来事である。自分が考えていることを述べると同時に、自分自身を手放す主体は、仕事と成果を通じて自己を素描するのだが、この自己素描の過程で飛行-物体、つまりは物へとなったのである。名を失い、「旅立ちの行き先」[41]を失って、現在残るのはただ凌駕しようとするダイナミズムである。より先へ進み、乗り越え、より高く、より速く、意識を捨て去って、自分についても行く先についても何も知らないが、ついには再び地面に打ちつけられる弾丸のような物になるという衝動である。ブレヒトのテクストが剥き出しにするのは、人間と物が互いに相手を凌駕しようとして行う破壊的な競争である。この競争が駆り立てられるのは、主体が「客観／物体《オプイェクト》の優位」[42]を承認することを避けているからである。飛行士が弾丸を模倣するのは、その致命的な飛行によって個人を抹消する偶然的な物を、主体性のうちに回収するともに、主体の強さに帰そうとする無益な試みなのである。「客観／物体の優位」を承認することが意味しているのは、アドルノの語るところによればそれとは異なり、人間を必要としない物の世界において主体の無力さを了解することである。このことが意味しているのは、それだけではない。すなわち、物が個人にとって異他的かつ到達不可能な仕方で対立するのみならず、主体の内部へと侵食しているが、その主体は自己の内部における物性を制御しえない、という事実に気づくことも意味しているのである。すでに一九世紀の終わりに、ジャック・オッフェンバックのオペラ『ホフマン物語』は、物世界が人間から自立していることを、人間自身を用いて提示している。生きている形姿ではなく物である人形／自動機械のオランピア、声は発するが瀕死の歌手アントニア、あるいは自らの身体を物として売るジュリエッタがその例である。「女性芸術家と人形と高等娼婦」という三つの語の中に、アドルノによれば「殻に閉じ込められた物世界の汚点が刻み込まれている」[43]。物の中に閉じ込められるというのは、物がもはや人間の手元にないという経験、あるいは物に精神を与えるはずの人間の実践から物が自立したという経験、それとは反対に実践それ自体が物的なものに影響されているという経験である。したがって、世界-経験とは常に物世界-経験なのである。ここにおいて経験は——主体の外部あるいは内部で——経験の限界そのものを示す塊に突き当たる。物全体あるいは物のなす宇宙を経験することができないという経験こそ、二〇世紀開始以来の世界‐経験の基本的特徴である。世界‐経験はこの新たな経験に及ばなくなり、経験によって網羅されて主体へと回収される世界‐空間は有限となる。世界‐経験とは、空間ないし時間の次元における有限性の経験である。それゆえにこの経験は、主体のナルシシズムを傷つけることになるのだ。ナルシシズム的侮辱は、原理主義的な世界像や運動へ身を捧げる過程で本質的な役割を果たしている。この侮辱が、若者たちのテロ行為の原因となり、彼らは侮辱されたことへの怒りを誇大妄想に転化して、大量殺人として発現させるのである。[44] 精神分析家マルティン・アルトマイアーがこれを受けて提唱するには、フランス、ベルギー、ドイツにおける大量殺人やテロ行為に典型的に見られる「脚光を浴びる殺人は〔……〕どれも一様に、全能感の幻想を公の場で演出することとして理解されるべき」[45]なのだ。このとき侮辱は一個人の心理上の気質として了解されるべきではない。それはむしろ主体の内部に、あるいは主体によって新たに築き上げられた基本構造なのである。

ここでまたしても演劇が持ち出されることとなる。今度は原理主義に基づくテロリズムの演劇であるが、それは世界‐経験によって受けたナルシシズム的侮辱を埋め合わせようとする。この類の演劇は「偏執症的《パラノイア》破壊欲求」[46]によって、物に備わる無限の複雑性と偶然性に立ち向かおうとするのだが、物の複雑性と偶然性はテロリズム実行犯が認識・制御できるようなものではない。そのことから生じてくるのは、次の問いである。すなわち、それとは異なる仕方で世界‐経験と関わるにはいかにすべきなのか。または、原理主義およびテロリズムの演劇とは異なり、『ガリレイの生涯』の若い僧侶が語った衝撃に隠されている可能性を解き放つとともに暴き出すような演劇とは、どのようなものであるのか。

快楽《ルスト》、恐怖、悲哀

一九一六年から一七年にかけて画家ジョルジョ・デ・キリコは、弟のアルベルト・サヴィニオ、カルロ・カッラとともに形而上派を結成した。彼らの作品では、現実と底知れぬ想像力が見る者を混乱させるような仕方で結びつけられている。第一次世界大戦の衝撃が表出したこの頃のキリコの形而上的な静物画では、物が何の繋がりももたずに、空虚で奥行きをもって折り重なる空間に並べられている。さながら、時空間の層がひしめき合い、折り重なっている絵画の奥底から物が追い立てられてきて、世界-空間の中を漂っているかのようである。絵画の宇宙は満たされているにもかかわらず、個々の間の空虚な空間、そして物と物の隔たりが瞬間的に刻み込まれている。キリコの絵画に描かれる物の一切――菓子、缶詰、魚、旗、パン――は（人間によって）用いられているように描かれてはいない。物が有用性の強制[47]から解放され、重要な形姿の輪郭から解放されていることによって、知覚する私と物世界との間に距離が生まれる。物世界を主体へと回収し束ね上げていた形姿から逃れることで、今や物は遠くへ赴き異他的なものとなる。隔たり、距離とは――時間的にも空間的にも――希望のカテゴリーである。距離は――物からも自己からも退却することで――恒常的に自己および世界を形成することへの強制を停止させる。距離は、芸術的霊感《ムーゼ》や反省や遊戯のために空間と時間を与えるのだ。距離は、異他なるものを弁別し尊重する感覚を研ぎすます。そして距離は、物と物的な人間との間に快い無関心《グライヒ・ギュルティヒカイト》／同等の妥当性を生じさせるのである。

キリコの絵画において物は度々舞台上で人目にさらされるが、これはもっともなことである。というのも、物的な人間も含む物世界の経験は、日常的実践によって課される形成への強制の彼岸にのみあるからだ。そしてその経験は、もっぱら物から距離を取ることと、そこに結びつく希望を演劇的に提示することとしてのみ可能なのである。キリコによる物の演劇および彼に続く試みにおいて可能となる世界‐経験は、部分と部分の繋がりの欠如、それらの偶然への固執、そして時空間におけるそれらの非連続的な運動の経験である。自分には一貫性やアイデンティティ、存在意義があるのだと絶えず想像し続けなければならない強制から解放された演劇の遊戯空間では、日常生活で不安を掻き立てるようなものが発見をもたらす。遊戯的に経験、発見されるのは、見ることと聞くことの別様な組み合わせ、時間と空間の別様な結びつき、運動と知覚の速度やリズムの別様なあり方なのである。不安を覚えることなく偶然および偶然的なものの遊戯に身をゆだねること、関係性の欠如が生み出す刺激を楽しむこと、その要素とともに／の間で駆り立てられること——これは、この物世界‐経験の演劇が用意している経験の可能性のうちの一つである。星座のように、この演劇の要素は絶え間なく新たに布置を作り出す。その中からくっきりと浮かび上がるのは、偶然的で非連続的な世界化《モンディアリザシオン》の交流の形式なのだ。演劇要素の布置から生まれる物世界‐経験の演劇は、越境文化演劇の母胎である。

　この演劇はその要素の戯れを楽しむのだが、こうした快楽《ルスト》にはそれにもかかわらず、衝撃が書き込まれている。その衝撃はこの快楽《ルスト》が生み出したものにほかならない。キリコの物世界‐演劇には、（人間のいない）空虚さと冷たさが、絵画の下地として消しがたく刻印されている。それを無視したり、徐々に消し去ったりしてゆくこと、そしてもっぱら個別的な部分の戯れを楽しむこと——精神分析的な観点からいえば、部分的な対象を楽しむこと——だけに没頭するとしたら、そのことが意味するのは、退行に屈することなのである。（個々の形式や物が関連性を欠いたまま戯れるさまを退行的に喜ぶことは、全体性と称するものを志向する原理主義的な退行と奇妙な対をなしている。）もし物世界‐経験の演劇が退行へ傾くことを望まないのならば、この演劇は二重の経験を可能とし、それに自らをさらすしかない。それはすなわち、要素の戯れを楽しむことに、人間のいない物世界の驚愕から生じた哀悼を想起させるものが付加されているということである。

世界-経験の演劇とは、世界の偶然性、非連続性、相対性へと我々を運搬する乗り物のようなもので、それらをそれぞれ特異的なものとして獲得し、経験するための手段である。というのも、プトレマイオス的世界劇場という神学的な拠り所が拒否される限り、演劇-世界は総体を構成せず、演劇が世界像の全体を想像することもないからだ。原初についての物語あるいは論理の身体化といった神学的魅力が演劇手段を磁石のように引きつけ、それを重要な形姿、イメージ、具体的な筋へと組み立てることから演劇が決別しようとするならば、個々ばらばらの要素の多数性——場面、声、身振り、音楽、言語、目、視線、運動、行動等——はいかなるヒエラルキーにも従わず、いかなる全体性にも寄与しないままとなるだろう。この演劇における世界-経験の空間を形作るのは世界像ではなく、こうした演劇要素であるが、それらは星が運行するように自らの（反復の）軌跡を描き続けながら、同等の妥当性と同等の権利を維持するのである。

しかし、まさに世界-経験の演劇が全体性の仮象との断交を宣言したがゆえに、現実性の破片を組み立てることで、ある「完全」な経験という総体を作り上げることはおよそ不可能になった。演劇世界-経験は、生きるなかで受けた傷を癒すことはない。この経験は不完全な経験であるし、そうあり続けるのだ。つまりこれは、世界-経験の限界の経験なのである。この演劇の世界-経験は崇高化を断念し、芸術の超越性も拒絶する。この経験は、芸術と生の間の閾にいつまでもとどまる。その変身は失敗したものの傷を負っている。世界-経験の演劇とは、ハイナー・ミュラーの言葉を借りれば「変身する〔ことで楽しみ《ルスト》をもたらす〕余暇の別荘《ルストハウス》であり、〔戦慄《シュレッケン》をもたらす〕恐怖の館《シュレッケンスカンマー》でもある」[48]のだ。

三　メディア横断的な世界-経験 ——『シチュエーション・ルームズ』

『シチュエーション・ルームズ』は、パフォーマンスグループ、リミニ・プロトコルによるインタラクティブな演劇インスタレーションで、その中を観客が自由に歩いて通ることができる。これは、本書の第一部でグローバル化の演劇のモデルとして挙げたホワイトハウスのシチュエーション・ルームの写真に対する一つの応答として理解できる。一五×一二メートルの空間に『シチュエーション・ルームズ』の舞台美術家ドミニク・フーバーは戦争のグローバルな建築物を建てた。この中では映画セットのように、南スーダンの学校の教室、ロシアの弾薬工場の食堂、無人航空機の操縦ステーション、シエラレオネの外科手術用テントのセットが互いに入り組むようにして建てられている。さらに近東の兵器メッセ、国境なき医師団本部、ホムスの街路、銃器メーカーのヘッケラー&コッホの本拠地オベルンドルフ市が隣接している。会議場、野戦病院、メキシコの墓地、スポーツ射撃練習場などが狭い空間に詰め込まれているのだ。計一五の部屋が——ある部屋は複数の機能を果たしながら——狭い階段と曲がりくねった通路で繋がっている。ここにある世界は常に新しい視点と変転を伴うが、脱出の見通しは立たない。イタリアの画家ジョヴァンニ・バッティスタ・ピラネージが描いた『牢獄』のように、純粋な内在性に閉ざされた世界なのである。

丁寧にリサーチされた二〇の個人史がこれらの小部屋で待ち受けている。そのうちのいくつかを挙げると、スポーツ射撃の選手、平和活動家、無人航空機の犠牲となった市民の弁護人、安全管理技術の女性開発者、南スーダンのジャーナリストといった人々にまつわる個人史である。[49] 観客は〔各部屋を回って〕戦争の世界を潜り抜けるなかで、これらの人々の立ち位置や視野を引き受けさせられる。そのために観客は入り口で一人ずつヘッドフォンとタブレットを受け取り、この機器の指示に従って、迷宮のように入り組んだ世界‐空間を正確に計算されたルートでたどることとなるのである。タブレットのスクリーンは観客の進む先を一人称視点で予示し、歩きながら先に挙げた人々のうちの一人一人——実際には他の観客であるのだが——に焦点を当てる。ヘッドフォンからは彼らによって語られる自身の物語／歴史《ゲシヒテ》が流れ、タブレットにはその人の名前や職種が表示される。参加者は様々な仕方で、例えば少年兵や野戦病院での負傷者たちと関わり、一時的にある役を引き受けることとなる。一例として、安全管理技術の開発者の役の場合であれば手袋をし、備えつけの金属探知機を用いて、今ちょうど入室してきた人を触診しなければならないのだ。

　観客に対する要求は相当なものである。少なくとも、それを「正しく」実行し、タブレットの指示に厳密に従おうとすれば、かなり大変なことになるだろう。しかし、そうしたことがこのビデオ・ウォークの眼目であるわけではない。『シチュエーション・ルームズ』に付されたサブ・タイトル「マルチ・プレイヤー・ビデオ作品」が明らかに指し示しているのは、タブレットという単に一つのメディアを超えた、ある演劇的状況にほかならない。リアルタイムに視覚的な指示が与えられる最中に、各人の個人史が聞こえてくる。それぞれは短いが、それでも情報の全てを聞き入れて、消化するにはあまりに多すぎる。というのも、役を演じることはなくても、特定の人物に少しの間なりすまし、いくらかまねごとをして、なじみのない仕方で動くことも同時に行わなければならないからだ。これらに関する身体的印象を参加者自身が身をもって感じるのである。しかも、見慣れぬ場所を模した映画セットの中を動きまわりながらそうするのである。遠方の媒介となるメディア、近場との媒介となるメディアといった種々のメディアが同じ空間に隣同士で存在しながらも、一緒になったり、アイデンティティを作り出すような知覚の統合となったりすることなしに一定の距離を保っている。これが『シチュエーション・ルームズ』が作り出す世界‐経験なのである。

この経験にどれほど困惑したかは、障害物だらけのルートを通り抜けた多くの参加者の反応から窺うことができる。しばしば聞かれたのは以下のような感想であった。私たち参加者は、兵器の製造、流通、影響、そして兵器で利益を得る者と犠牲になる者の世界規模の関係性についてもっと多くのことを「聞き知る」ことを望んでいたのに、残念ながらメディアの過剰な情報量ゆえにひっきりなしに過大な要求を受けた、と。しかしながら、過剰に要求される経験こそがまさにこの演劇において作り出されるものであり、〔世界規模の兵器流通による災禍の〕因果関係は作り出されないのである。

『シチュエーション・ルームズ』は、一九二七年にドイツの演出家エルヴィン・ピスカートアが『ラスプーチン、ロマノフ家、戦争、それに反旗を翻す市民』[50]のために考案したような地球舞台のドラマトゥルギーには従っていない。事実、ピスカートアが重視したのは関係性なのである。地球舞台および同時性のドラマトゥルギーの目的は、地球全体を覆う支配階級の利益第一の政治の因果関係と影響、そしてそれに抗して起こったロシア革命の世界的波及をはっきりと観客の目の前に提示することであった。

『シチュエーション・ルームズ』の根底にあった経験とは、それとは対照的に、個人的な経験とグローバルな経験がますます不一致になることである。二〇〇〇年前後の二つの演劇作品にその典型が見られる。イギリスの劇作家サラ・ケインによる一九九五年の戯曲『ブラスティッド』では第三場で突然、喧嘩をするカップルが閉じこもっていたホテルの壁が砕け散る。その部屋へそれまではテレビ越しにしか見られることのなかったユーゴスラヴィアの戦争が実際にやって来るのである。この現実離れ《シュルレアル》した出来事によって、まさに両世界間の距離が強調される。似たようなことが、日本の演出家、岡田利規と劇団チェルフィッチュによる二〇〇四年の演劇作品『三月の5日間』で起こる。語られるのは、第二次イラク戦争反対のデモ隊がかすめてゆく東京のラブホテルで見ず知らずの男女が五日間を過ごす様子である。[51]

『シチュエーション・ルームズ』では、プライベートなものとグローバルなものが絶対的に分けられてはいない。世界‐経験はここではメディア的に幾重にも破断されたものとして提示されるのである。まさにここに、リアルタイムのイメージに依拠した演劇とその表層的イメージに方向づけられた身体という幻想の彼方に、世界と関係性を築くチャンスがある。『シチュエーション・ルームズ』の参加者がさらされている様々なメディアの差異は時間を巻き込む。ビデオ・ウォークとオーディオ・ヒストリーの間や、知覚されたロケーション、他人を模倣すること、そして自分の体で感じることの間に生じる遅延や断絶は、リアルタイムのイメージに裂け目をつくる。そこを通って歴史は入り込み、戻ってくるのである。非同時的なメディア的知覚の同時性は、時間の貯蔵を可能にする。これは同時性の命令に抗う、時代史《ツァイト・ゲシヒテ》／時間の物語の逆流を起こす。

『シチュエーション・ルームズ』における知覚のメディア横断的な並列と複層化によって、時間は空間の中で積み重なってゆく。時空間の経験は、イメージの命令とそれが約束する現在《プレゼンス》や展望に従う限りは、方向感覚の喪失につながる。一方で時空間に身をさらけ出し、障害だらけのコースについてゆけなかったり、果ては脱落さえしてしまったりする者は、錯時的《アナクロニスティック》な参加者となるのである。錯時性《アナクロニズム》の経験は分かれ目となる経験である。この経験が分岐点となって、世界‐知覚の一義的な時代を自称する復古主義へ引き返すことになるか否かが決まる。歴史は原理主義の演劇のための可能性と同時に、世界化の演劇の可能性も秘めているのである。

四　歴史的なエコー空間における世界-経験

幼い頃、貝殻に耳を当てて潮騒を聴いたことがある人は多いだろう。遠くのものが非常に近くにあり、また近くにあるはずのものが遠のいてゆく感覚に襲われて軽いめまいを起こしたのを、私は憶えている。後に知ったところによると、これは貝殻の中で反響する自分自身の血流が聞こえてくるに過ぎないのだという。ところが、これもさほど正しい説明ではない。つまり、実際のところ耳にしているのは、今いる環境の騒音が増幅された音なのだ。貝殻に耳を押し当てるとき、一方で人は環境から自身を遮蔽している。他方で貝殻内部にある気柱の反響部分でする音が、振動が伝わるうちに大きくなり、聞こえるようになるのである。以上のように、自然科学的な見地からは説明される。

注目すべきは、貝殻から響く潮騒はそれでもなお魅力的であり続けることである。これは、秘密を解明してもなお崩れることのない音響の神話である。その持続の理由は、これが異他なるものへの欲求を時空間の中で構成するからだ。第一に、具体的な物や音を音響的にかき消し、その上に覆いかぶさるざわめきの音を通して今ここの境界が取り払われる。続けて、様々な感覚が分離されることで自己との隔たりが生まれる。すなわち、ここではないどこかへ耳を澄ませながらも、視線は日常的な環境に固定されていることで、感覚が空間的に分離されているのである。そして最後に二重の退却、二重の不在もまたあらわになる。すなわち、今この場に持ってくることのできない遠くの海は不在であり、それに加えて、自身の中の異他の音響的な存在、すなわち自己の内側のざわめきを通して自己の退却が起こるのである。

貝殻のうちに潮騒を聞くことで起こる異他《フレムト》-経験が開示するのは、遠近、自他が絡み合う想像的《イマジネール》な空間である。この空間はまた欲望と不安にも占められている。外部《フレムト》の強大な力に圧倒され、自分の確かな立ち位置を失うのではないかという不安によって、無力さの経験を優越感に反転させ、異他なるものを束ね上げて統制しようとする様々な情景がもたらされるのである。想像的《イマジネール》な空間は幻想《ファンタスマ》の空間へと変わる。はねのけたり、あるいは羨望したりするようにして異他なるものを呼び起こすことなしに幻想《ファンタスマ》は起こりえない。このとき、イメージと、今この場に持ってくることのできない〔が自己の中で潜んでいる〕異他なるものとの間の隔たりは消滅するのである。

どのようにすれば幻想《ファンタスマ》の空間から逃れることができるのだろうか、そして、逃れることで何を獲得できるのだろうか。幻想的な海の情景が消滅すれば、偶然性ないし異他-経験のエコー空間としての海が再発見されうるだろう。このことは、よく知られた隠喩表現がその由来へと回帰してゆくことを意味するのではなく、副次的なもの、つまりエコーの根源性から出発することを意味するのだ。幻想《ファンタスマ》がエコー空間へと退行し変容してゆくことが意味するのは、イメージを隠喩として反復し、引用することであり、イメージを移植すること、すなわち異他なる環境へと移し替え、その場所に異他なる者を招来することである。これはイメージが全体的なものであろうとすることを棄却して、イメージを分割、分配、複数化することである。このときに生まれるそれぞれの部分を、オランダの歴史家エルコ・ルニアの理論を用いて、修辞学の観点からは換喩と、行動の形式からは身振りとみなすことができる。[52] 部分および分割の文彩《フィグーア》である換喩は、ルニアによれば、（歴史叙述において）隠喩を定着させないようにする。換喩も身振りも、反復の中でずらされ、延期させられることで生じる不在を指し示す。これらは退却の図式《フィグーア》、幻想の空間における異物として情景に裂け目を作り、自身のうちに隔たりや空間を生み出す。これらは結びつきを断たれ、分離されたまま、区別、反発、引き寄せの強度によって、身振り的な身体

7
南相馬におけるマレビトの会の上演『アンティゴネーへの旅の記録とその上演』　© Günther Heeg

部分と換喩の物的身体との間に反響を生み出す。換喩は〔耳に当てた貝殻のような〕反響体を越え出てゆくのだ。視覚的、言語的、聴覚的なものの共感覚的な重なり合いと分離のうちに、換喩や引用の身振りは反響あるいは反復する響きの空間、規定されていながら未規定のもの、在にして不在のもの、異他の所有化と脱所有化の空間を作り出すのである。

南相馬の岸辺、潮騒をぬって俳優の声が響き渡る。マレビトの会『アンティゴネーへの旅の記録とその上演』の最終場である（図版7）。ギリシア悲劇の劇場において遮蔽壁であるスケーネが観客の視線をはね返し俳優の音声を増幅するように、ここでは〔背景に波音を立てて広がる〕太平洋が演劇のホリゾントと反響空間になっている。〔この上演の約一年半前の〕二〇一一年三月一一日、南相馬の海岸は津波に呑まれた。福島県にある南相馬は事故の起きた原子力発電所から二〇キロ離れ、警戒区域の境界に位置する。海が残した荒廃の生々しい跡がはっきりと見て取れる。同じく海は、とりわけメディア報道のイメージに植え付けられ、仕立てあげられた幻想《ファンタスマ》の空間として現れる。これらの見方が南相馬において密接に存在し、この場それ自体が幻想的な容貌を呈するまでに二重化されているのである。そもそもこの町は存在するのだろうか。メディアの作り出すイメージを越えたところに。また空想的《イマジネール》な日本像と異なる日本がこの町に見られるのだろうか。つまり、海洋と放射能による大災害を、それらがあたかも船の難破や自然現象に過ぎないかのように経験したとされる日本、そして現在[53]中国と角逐するなかで相手に負けじと海上の覇権者としての偉大な伝統を呼び覚ますことで、あたかも帝国主義および第二次世界大戦の時代は決して終わっていない、ましてや敗戦で終わってはいないかのように振る舞う空想的《イマジネール》な日本とは違う姿で、日本は存在しているのだろうか。

第二次世界大戦は現実には広島と長崎への原爆投下によって終わったが、この終焉状況を、劇団マレビトの会と、演出家・劇作家で、現代日本の重要な演劇人の一人である松田正隆は、二〇〇九年の演劇プロジェクト『Park City』で取り上げた。二〇〇三年に松田によって立ち上げられた劇団の名前が意味しているところを別の言葉でいえば「客人の集団」であり、それは文字通り「異郷から来る者たちの集団」あるいはまた「さまよえる亡霊たちの集団」を意味する。よそ者、さまよえる亡霊として彼らは、自国の歴史、抑圧、閉鎖性を見つめ、伝統的でない演劇の方法を用いてこれらの問題に取り組んできた。

二〇一二年の『アンティゴネー』プロジェクトはワーク・イン・プログレスで進められ、一連の場面が特定のいくつかの場所で生まれた。つまり全く異なる都市や地方の空間で展開され、並べ置かれたのである。二〇一二年一〇月の南相馬での／についての上演に先立って東京や福島市で街頭演劇などが行われ、その後同年一一月にはフェスティバル／トーキョーの枠内で六時間の上演がなされたが、こちらは先行する上演とは全く異なるものであった。このプロジェクトの下敷きになっているのはアンティゴネーの神話である。ソポクレスの悲劇がここで上演されるわけでも、神話の物語が演劇制作にとって決定的な方向性を与えるわけでもない。『アンティゴネー』プロジェクトの個々のシーンのテクストは松田本人と俳優たちによって――マレビトの会は演劇集団なのだ――書かれたものである。神話への演劇的なアプローチ、すなわち神話の屈折も三層からなり、マレビトの会のアンティゴネー複合体はこれらの層を包括している。第一に、俳優が演じる「劇作家」の架空の作品がある。第二に、同じく女優が演じる演出家による架空の演出作品がある。第三に、若い男女の物語。劇作家と演出家は俳優であると同時に役でもあり、テクストを具体化する存在でもあり、観客でもある。彼らはシーンの脇にいたり、その中に加わったりすることで、ある作品や演出の全体へとまとまることのないプロジェクトの個々のパートに様々な枠組や視点を付与するのである。

アンティゴネーは海沿いの町南相馬で何をしようとしているのか。海ではなく、大地がアンティゴネーの基本元素である。そこを介して冥府の神々と繋がり、それを用いて兄を埋葬しようとしたのだ。もっとも、ヘルダーリンの翻訳による『アンティゴネー』の使者の報告では「それは墓などではありませんでした／ただわずかばかりの塵だったのです」[54]とあるのだが。塵は、蓋をするように覆うことはできず、覆うと同時に吹き払われてしまうので、堅く不透明な元素ではない。むしろ、ほとんど目に見えない、はっきりと掴むことが難しい媒質《メディウム》であり、一瞬の間だけ死者を彫り込むようにイメージの中で捉える媒質《メディウム》なのだ。追憶のための短時間のイメージであり、服喪の一瞬間なのだ。喪の作業もまた、南相馬で演劇をするマレビトの会のアンティゴネーに課せられた使命である。日本が再び強めている海上覇権の幻想に突き動かされ、反射的に破局をなかったことにしようとすることで、津波の死者とこの町そのものが押しのけられ排除されてしまうとき、南相馬をゆくアンティゴネーの足取りは、追憶と服喪に空間と時間を与えるだろう。神話と悲劇のエコーという演劇的媒質として、松田とマレビトの会によってアンティゴネーは海沿いの非現実的な町に連れてこられるのである。

南相馬に行くためには、東京から新幹線で福島市に着いたのち、さらに二時間バスに乗って、森の生い茂るほとんど人手の加わっていない阿武隈高地の青い丘陵の風景を通って行かなければならない。バスに座った私たちの向かいには白尽くめの女性が身じろぎもせず座席についている。一時間ほどすると、若い男性が彼女の後ろで静かな声で誰にともなく、次のような内容のことを話す。「これが飯舘です。ここへ雲が来ました。ここは死の灰で覆われたのです。ここに親戚がいました。避難していきましたが」。その声はほとんど聞こえないが、白い服の女性は座席に膝立ちになり、そう話す男性の方を振り返る。言葉を発しない身振りと声が、互いに離れながら引きつけ合うことで、バスに乗るという日常に亀裂を作る。放射性物質による汚染が特に深刻だった当時の飯舘では、〔当時はまだ立ち入り禁止区域であったため〕住民が被曝した自宅にひっそりと戻り、灯りをともさずに、まるで侵入者であるかのようにして佇むこともあった。

南相馬に着くと、私たちは白い服の女性の後について、町中をめぐり歩く（図版8）。彼女はアンティゴネーだろうか。彼女が白い服を着ているのは、それが日本では喪の色だからだろうか。いずれにせよ彼女はよそ者であり、この町にとって異物である。このことは、私たちが出会った数少ない住人たちのいぶかしむような視線や驚く反応を見れば分かる。彼女の後を追い、彼女という鏡に映すことで、私たちは町のみならず、私たち自身をも他者の視線で眺めるのである。陽の光に輝くこの町はまるで死に絶えたかのようで、多くの商店や工場

8
南相馬におけるマレビトの会の上演『アンティゴネーへの旅の記録とその上演』　© Günther Heeg

が閉じてから随分長く経っているようだ。南相馬では、四千五百名余りの死者・行方不明者を数える。町の一部は完全に避難しており、このときになおも町で生活していたのは、七万一千人の人口のうちおよそ三万四千人であった。私たちは距離をおいて、安全なところから、破局が刻みつけたものへ同情の視線を投げかける自分自身の姿を目にする――ショックの感情が自己愛をくすぐるだけになりかねない危険と隣り合わせになりながら。

まず私たちはドイツの舞台美術家アンナ・フィーブロックが〔自身の演劇制作の前に様々な地を訪れるなかで〕発見したかのような、古びたスチール写真のポスターが貼ってある映画館に来る。スクリーンの前には、バスの中で飯舘について語った若い男性がいて、自分は劇作家であると名乗る。ここに来る前に行った福島市での上演は――と彼は説明する――

残念ながらうまくいかなかったので、至急作品のいくつかの箇所を手直ししないといけない。そう言って彼は俳優たちに新しく役を割り振り——ここで分かったことだが、白い服の女性はアンティゴネーではない／なかったのだ——そして俳優たちに説明する。「この町の現実をもっと知るために、イスメネとアンティゴネーを演じる俳優はまず喫茶店で給仕として働いてほしい」。この町をもっと知るには、喫茶店もそうであるが、一戸建ての居間や児童遊園といった日常生活の場も相応しいと劇作家は考えたようだ。事実イスメネとアンティゴネーを演じる二人の女性がこの町で行ったのは、ある家の中での夕食、就寝、化粧といった日常の生業である。とある場所が見る場となり、こうした生業が実際の行為となることで、〔それまでは気づかなかった〕現実が現れてくるのだが、そのためには演劇的な設定が必要なのである。

少し道に迷った後で私たちがたどり着いた次の上演場所である喫茶店は、〔建物は残っているものの〕二〇年前に喫茶店ではなくなっていた。角の丸い茶色い木枠の大きな窓と、映画館のロビーから持ち出した茶色の椅子がバウハウス調モダンの名残りを感じさせる。部屋を取り囲むように置かれたサイドボードには、西洋文化の名作を載せたフランスの画集が並んでいる。アンティゴネーがコーヒーを淹れ、イスメネが常連の女性客と二人の若い男性に給仕している。一人が漫画本のページを繰り、もう一人はノートパソコンで何かを書いている。劇作家と演出家がこの場面を黙ってじっと観察している。観客である私たちと同じように二人は、初めは外から窓越しに、次に喫茶店の中で観察するのである。彼らはときに場面のただなかに立って、観察者の立場にあることをはっきりと示しつつ、そして場面の構成を明示する。イスメネは常連の女性客にコーヒーを注ごうとするがこぼしてしまう。その混乱の中で若い男性のうちの一人が彼女の尻を触ったので、彼女はその男を荒っぽく喫茶店からつまみ出す。喫茶店にはラジオ福島の放送が流れていたが、そのとき偶然マドンナの「マテリアル・ガール」[55]が流れた。曲が終わると、ラジオのＤＪは若い男性とのトークで、若い女性たちのマテリアリズムなるものについて話していた。店内にいた人々は一人また一人とこの空間を去り、やがて誰もいなくなる。店内の物は全てそのまま残り、場面は未完のままになる。しかしながらこの場面は、筋を展開する登場人物たちではなく、空間のためのものだったのである。行為の断片性――葛藤ばかりをずっと示す相互行為的な演技よりも、窓をふいたりコーヒーを注いだりするといった一つ一つの行為の方が断片性に適っている――とそれぞれの身振りの同時性によって、連続性が中断される。これによって、それらの行為が共有し合う空間を観察するための時間が与えられるのである。事実、場面は徐々に遅滞してゆき、最後はインスタレーションや活人画《タブロー・ヴィヴァン》のようになった。しかしそれは一八世紀的な意味におけるそれではない。言葉をほとんど発しない演技とそこに流れるラジオの声が分離し、視覚的なものと音響的なものが空間的に分裂するとともに複層化することで、その場を観察する者の自律した主体は引き裂かれる。この観客主体は場面の中に移されることによって、距離を置いて見渡すこと、つまりパースペクティブを持つことができなくなり、タブローの構成要素の一部分になる。これら全ての部分を統合しながら同時に分離するものとは、隔たりであり、すなわちそれらの間にある空虚な時間なのである。それはすなわち、過ぎ去ってゆく時間であり、過去の時間である。アンティゴネー、イスメネとともに喫茶店に流れ込んできて、その空間を沈黙させるのは、哀悼劇の時間にほかならない。ここにはかつて何かがあった、モダンな、都会的な生活があったのだ！　しかしまた、大震災の破局以前からとうに、ここは人気がなく、政治から見放され、人々が離れてゆく地域だったのだ。ここではいつもすでに未来が過ぎ去っていた。

　ここで起こっていることは、ある空間とその機能の再演《リエナクトメント》[i]と呼ぶこともできよう。町の会合場として使われていたが、今は空き家となっている喫茶店は、演劇的行為が提示されることによって、反復／復旧される。ただしこれによって再び生命が付与されるわけではない。一八世紀に信じられていた、生命を付与することについての観念や現存《プレゼンス》の形而上学では、過去と今、活気と不活発、在と不在の間にある時間としての再演《リエナクトメント》に備わる特別な時間形式を捉え損ねるのである。再演《リエナクトメント》において場面の時空間が分割され分配されると、個々の対象、行為、音に身振りの時間が割り当てられる。これはすなわち、生きたものの残存《ナーハレーベン》である。残存の概念は、ドイツの芸術思想家アビ・ヴァールブルクのルネサンスにおける古典古代の回帰を扱った著作に由来する[56]。同時にこの概念はヴァルター・ベンヤミンの死後の生《フォルトレーベン》と生き残ること《ユーバーレーベン》の概念にも呼応している。これは『翻訳者の課題』において中心的な役割を持つ概念である[57]。過去のあらゆる努力や能力、経験は亡霊ないしダイモーンとして現在の時点に残存しており、身振りを引用するように反復することで、それらは現在を乗り越え、生き残ること《ユーバーレーベン》が可能になるのである。残存《ナーハレーベン》の時間が再演《リエナクトメント》における生き残り《ユーバーレーベン》へと開かれていることが明らかになるのは、身振りの反復可能性においてである。その引用可能性は、一回限りの今ここを分裂させ、参照の空間を過去という後方に、そして未来という前方に開示する。この空間が、可能性および潜在性の空間なのである。南相馬の空き家になった喫茶店での再演《リエナクトメント》による身振りの反復は、ドゥルーズによれば現働的《アクチュアル》な対象を「雲霞」[58]のように包み込むこの潜在性を経験可能にし、その時間層を露出させる。窓、椅子、フランスの画集、サイドボード、湯沸かし器、イスメネの身振り、漫画を読む男のまなざし、劇作家が書類カバンを持つときのサラリーマン風の身のこなし——これら全ては残存《ナーハレーベン》の空間で潜在化し、複数化する。これは「前方に」[59]向かう追憶のエコー空間、あるいは反復のエコー空間であり、その内部ではイメージの断片、記憶の欠片、身振りや音が互いに交流してい

i　第一部第三章第二節「原理主義の幻想-演劇——ペギーダ（PEGIDA）」を参照。

るのだ。

　南相馬での最後の場面は海辺であった。ここでは、海水浴場と津波がある種の野外劇場を作り出していた。夏の原町シーサイドパークを訪れる海水浴客が日光浴をできるように、海岸には大きな石板でテラスが作られていた。半円状の湾に沿って階段状に高くなっており、遠くから見ると古代ギリシアの半円形劇場を彷彿させる。石板の多くは津波の威力に負けて剥がされ、あたりに散らばっている。階段の下にある南相馬の市章が描かれた円状の場所は、オルケストラを思わせ、無傷のままであった。海に面した南相馬の大きな野外劇場のその位置に、アンティゴネーとイスメネが隣り合わせに立っている。彼女たちは、メガフォンで上から指示を与える劇作家と会話をしている。まだ『アンティゴネー』を演じているのだろうか。少なくともその神話にまつわることが演じられているようだ。驚くべきことに、クレオンやポリュネイケスではなく、前史の人物であるイオカステが二人の会話の話題になっている。アンティゴネーは背後の海（ラ・メール〔la mer〕）の波音を聞いているうちに、自身の声がますます母（ラ・メール〔la mère〕）の声と同一化してゆく錯覚に襲われたようだ。そして母の呪詛が彼女の中に入り込んできて、彼女の呪縛から逃れられないことに恐怖を抱くのである。〔マレビトの会について論評してきた〕平田栄一朗は、演出家・劇作家の松田が『王女A』や『クリプトグラフ』などの舞台作品で、母語に備わる前形成的でありながら脱所有化する（権）力《マハト》の問題と取り組んできたと指摘している[60]。松田にとって母語とは特定の国語を指すのではなく、〔俳優が反復するように語ることで〕個々の発話行為をエコーと化す言語の象徴的秩序である。欲望される母語とは、松田の見解を敷衍していうならば、外国語／異他の言語《フレムトシュプラーヘ》なのである。言語の／に対する母的結束は言語とそのエコーの間の断絶をうちに隠している。そこで――まさに俳優に対しても――問われるのは、俳優が異他なるもののエコーを自分の発話の中に聞き取って受け入れるのか、あるいは空想的《イマジネール》に異他なる言語の中に溶け込んで、それがあたかも自分自身の言語であると錯覚するのかということである。後者を〔アンティゴネー・プロジェクトの〕劇作家はアンティゴネーに求め、説得しようとしているのだろう。彼は彼女に母の役を引き受けるよう促す。と同時に母と海の隠喩的な結びつきを定着させることで、彼は彼女に犠牲を強いて——「母になれ、海になれ」——その死を美化しようとする。これこそが海なる母〔la mer/la mère〕という母語の幻想《ファンタスマ》空間のために払わなければならない代価なのである。しかしアンティゴネーとマレビトの会はこの代価を払わない。彼らが白日のもとにさらすのは、母なる言語が孕んでいる危険性、すなわち、そのうちでは我が家のように落ち着くことができ、完全に自己のもとにあり、自己と同体であると錯覚してしまいかねない危険性である。「自分自身のもの」であると錯覚している言語のこの発話からアンティゴネーは距離を置く。海／母のざわめきにひきかえ、彼女の声は響かない。太平洋の波のざわめきが彼女自身の発話をかき消し、呑み込み、途切れさせる。彼女の発話は——長ければ長いほど、ますますはっきりと——自覚的な発言としてではなく、つっかえながら話しているだけに映る。潮騒に中断され、妨げられたアンティゴネーの言語は、母語的発話のエコーとして、定着した幻想的結束や秩序の全ての終焉を、つまり大地と海の秩序の終焉を、言い間違えるようにしながら約束する。海／母の言語から距離を置くことでアンティゴネーは同時に、彼女の発話を妨げる異他なる者と接触したのである。やがて彼女はオルケストラを去り、〔死者を弔う〕祭儀空間は埋まったままであるかのようにして残される。[61] 彼女は波ぎわへと赴き、瓶に詰めた母への手紙を波濤に投げ込む。瓶に入れられた手紙という形をとって言語は、異他なる者／異郷の／から響くエコーを待つのだ。松田とマレビトの会の『アンティゴネー』プロジェクトは、破局とそれに縛られたイメージを越えたところにあるはずの南相馬という町をようやく再び経験することを私たちに可能にしたのである。このプロジェクトは町を潜在的な空間、歴史のエコー空間へと変える。

南相馬の野外劇は海沿いの町を漂流させるようにして、〔津波に襲われた町とだけ連想するような〕海にまつわる幻想の束縛から解放するのである。〔上演による〕現実ではない町南相馬から、異他なる町が現れたのである。それは私たちの遠くにあり、同時に近くにある。瓶詰めの手紙を波に託した後、アンティゴネーは波濤に背を向け、イスメネとともに去ってゆく。二人が遠くなっても、海は私たちのそばでざわめいている。

第三部　越境文化演劇の実践

第一章　歴史に向き合うということ

一　歴史の二重の援用

越境文化演劇の実践に決定的に重要なのは歴史の扱い方である。なぜなら、歴史に拠り所を求めるのは何よりもまず、グローバル化と戦わんとする原理主義と復古主義の扇動者たちだからである。経営難ゆえに、より高い給料を提示して選手を獲得し、つなぎとめるための競争にも完全に遅れをとっているようなサッカークラブですら、殊更に自分たちの歴史を誇示し、選手たちの胸元に創立年の入った往年のクラブのワッペンを縫いつけるのである。それがどの歴史事項に関わるのかは問題ではない。具体的な歴史的事象、例えばナチスや東ドイツ時代のクラブをめぐる歴史を持ち出したところで、邪魔にしかならないだろう。重要なのはそのクラブが「ずっと存在してきた」ことであり、創立以降途切れることのなかったクラブの歴史を自ら振り返ることができる、ということなのだ。起源、連続性、継続――これらのうちにこそ、グローバル化にも世界化の可能性にも同様に抵抗し、ありもしなかった黄金時代へと回帰しようとする、あらゆる運動や組織が拠って立つ歴史的正当性というものがある。[1]

原理主義や復古主義を正当化するための上部構造としての歴史は、越境文化演劇が生成してゆくことを妨げる。しかしこの歴史という構造物は妨げとなると同時に、越境文化的な演劇実践に必要な題材《マテリアル》／素材を提供する貯蔵庫でもある。歴史という構造物の解体作業とは、それを単に破壊するだけのものではない。越境文化演劇がそれ自体として依拠しているのは、歴史に備わる意味上の潜在的可能性であり、歴史性という時間形式である。そしてその歴史性とは、永続するものとして構想された歴史という構造物の断片と残余の中に見られるものである。各国各地でグローバル化が席捲するなか、歴史は差異を保障する重要な基準である。アドルノの念頭にあったような、異他的なものが「近く」にあってもなお「おのれと遠く離れ、相違したもの」[2]であり続けるという考え方は、現代の実状には当てはまらない。世界がグローバル化され、デジタル化されるのに伴って、ライフスタイルはユニバーサル化され、均質化される。すなわち、労働、コミュニケーション様式や消費行動はいたるところで同化の一途をたどっているのである。最終的にはこのようなライフスタイルは、まるで国境を越えて同じコンツェルンの名前を冠するショッピングモールのように、互いに全く差異のないものになってゆくだろう。グローバル化という極端な平等主義に効く解毒剤が歴史である。私たちの歴史、私たちの国や地域の歴史、そして個々の人生の歴史こそがまさに、私たちを互いに区別しているのである。歴史は、他者同士の越境文化的な共生に必要な差異を生み出す。原理主義的な歴史の断片と残骸から、越境文化演劇は世界化のプロセスの中で意味と差異を創出する。

歴史をめぐっては数々のイメージがあり、互いに競合しているのだが、それらのイメージは、それらが歴史に対して存在論上の地位や何らかの起源を認めるか否かという点で大別される。その競合の中から、文化的独自性の構築という帰結が導き出されるのである。歴史が存在論的な実在を認定され、そしてある起源に結びつけられると、ある文化の独自性について「こうであるしかない」という発想が導き出される。起源をめぐる歴史という概念は、〔一九世紀のヨーロッパ諸国に見られたような〕国民文化が構築される過程で現れ、〔国民文化を背景とする〕文化的実践においてあらわになる。そのような文化的実践は、閉鎖的な文化の現状のあり方を固定化し、文化が内外へ開かれることを妨げるものである。越境文化的な演劇実践は、このような歴史のイメージと実践を時代錯誤のものとして退けるようなことはしない。むしろ〔その問題と取り組んで〕閉鎖的な歴史イメージや実践を少しずつ解体し、空洞化するために、そしてその断片の中から、自文化と思い込まれがちないかなる文化の境界をも乗り越える別の歴史の可能性を導き出すために、行動を起こさずにはいられないのである。

二　反復の演劇としての歴史

越境文化演劇における歴史に対する態度にとって重要なのは、反復の図式《フィグーア》である。異文化や異他的なものに到達するためには、「自己」にまつわる幻想《ファンタスマ》を生み出した歴史をあえて繰り返す必要がある。集団的幻想《ファンタスマ》が依拠しているのは、起源をめぐる神話、歴史の構築、伝統、そして想起の儀礼であり、これらは全て、歴史に存在論的な根拠を与えて、揺るぎなきものへと固定化する。これに対して反復の演劇的実践は、文化の統一性や全体性として主張されているものを破壊する。そして、歴史の残余を別の時代や空間に移すことによって越境文化的に接触可能なものにし、そのことを通じて歴史の残余を救出する。反復が目指しているのは、グローバル化の進行過程で除外されるものや置き去りにされるもの、事物を均質にすることで世界を規格化する傾向に抗う単一かつ特異なものや〔メディアテクノロジーのヴァーチャルに対比される〕物質的《マテリアル》なものを取り戻して、それらを世界化の演劇に取り込むことである。それゆえ、破壊と救出が反復の二つの課題なのである。これらが協働することによって、反復は越境の動きへと変化する。

反復の演劇における歴史とは、もはや起源をめぐる物語や、自明なものとしてある国家の伝統のことではなく、ミシェル・フーコーがいうところの系譜学のことである。フーコーによれば、系譜学とは、

時間をさかのぼり、忘却の拡散のかなたに大いなる連続を再建しようというものではない。系譜学の任務は、過去が〔……〕現在でもちゃんと生きていて、現在をひそかに動かしながら、まだここにあるのだ、と示すことなのではない。〔……〕それとは逆に、起こったことをそれに固有の散乱状態のうちに保つことである。それは、偶発事、微細な逸脱――あるいは逆に完全な逆転――、誤謬〔……〕など、我々にとって価値のある現存物を生み出したものを見定めることである。〔……〕系譜学的に進められる歴史の目標は、我々のアイデンティティを再発見することではなくて、逆にそれを消散させようと執拗に努力することである。我々がそこに戻るだろうと形而上学者たちが約束するあの最初の祖国、そこから我々が出てきた唯一の根源を見定めようなどとはしない。我々を貫いているあらゆる不連続を現れ出させようとするのである。[3]

系譜学的な歴史記述において、歴史は起源から離脱し、伝統からも逃れている。すなわち、歴史は非連続的、偶然的かつ特異なものである。そしてそれは演劇としてその姿を現す。フーコーの考えに従えば、歴史家とはか

つての「出来事の回帰を［……］把握する」とともに、「それらが多様な役割を演じた」、そして今もなお演じている「多様な場面を再発見」[4]しなければならない。ここで比喩表現の域を超えて浮上してくるのは、歴史の演劇という理念である。これに関連する事象としては、フランス革命の波とともに広まった歴史劇のイメージや、一九世紀ドイツの劇作家ゲオルク・ビューヒナーの戯曲『ダントンの死』における古代ローマ人を模したポーズや衣装の呈示、革命の演劇とは、歴史が最初は悲劇として、次に笑劇《ファルス》として繰り返されたものであるとするマルクスの分析、そしてニーチェが歴史を扱ううえで徹底的に援用した演劇の隠喩などがある。[5]それはとりわけキェルケゴール、そして反復という現象がいずれ「近代の哲学においてきわめて重要な役割を果たすだろう」[6]という彼の予測とも関連しているし、ジル・ドゥルーズによる、歴史と反復と演劇性が相互の前提条件になっているという関係についての分析とも関わっている。ドゥルーズによれば、歴史は反復の演劇として理解できるもので、演劇的活動は反復の行為であり、反復は演劇性の過程の一つである。「反復の演劇」というとき、それは演劇に先行するものとしての反復という行為が演劇的に表現されていることをいうのではなく、反復そのものが演劇的な行為の一つであることを意味している。このことによって反復は、原理主義や国民文化、起源の歴史や過去の復古主義といった亡霊たちがもつ力を打破し、それらを遊戯空間の俎上に載せることができるのである。

第二章　国民文化という幻想《ファンタスマ》の興亡

一　国民文化の起源にまつわる歴史

国民文化というものは、文化史における霊廟である。文化的実践や文化的創作物は、常に自文化と異文化との交流の結果として生じるのであるが、それらは国民文化の霊廟に所有物にして文化遺産として閉じ込められ、異文化に対する自文化の事例として明確に区別される。一九二九年のラジオ放送での「古典の死？」[7]に関する対話の中で、ブレヒトと批評家のヘルベルト・イェーリングは、所有物としての文化というテーマを取り上げている。[8]曰く、一九世紀にはすでにそうであったのだが、第一次世界大戦という物量戦において国民文化の古典的作品群はその生き生きとした活力を決定的に失い、所有されるものへと成り果てた。そうしたものはもはや、もっぱら美食趣味の範囲でお飾りのように用いられる程度でしかないのだという。[9]ブレヒトによれば、市民の「所有者コンプレックス」や「所有熱」は、〔芸術作品や工芸品などの〕文化的産物の「素材価値」[10]という側面に取り組む可能性を妨げている。ブレヒトは素材価値を訴える一方、個々の作品や文化は完全で完結したものであるとみなす考え方や、それらは半永久に効果を発揮し続けるのだという主張に反対した。文化的産物の素材価値に取り組むということは、いかなる場合でも現代は過去から切り離されているという根本的な断絶を認めることであり、作品や文化はいつまでも持続するものではなく、有効期限があるのだと強調することである。作品や文化は断片や残余としてのみ、過去を反復するようにして受け入れることができる。文化的産物にはラディカルな時間性と歴史性が備わっているとするブレヒトのこのような考えに対抗しようとするのが、文化的産物を文化遺産として次世代に遺贈することができるとする文化＝所有物の発想である。文化所有や文化継承の実践は、文化を自分たちのものとして占有し続けるための常套手段である。それは、国民文化を管理運営するにあたって広く行われている文化実践である。

　国民文化は自らの存在の正統性を、根拠を探りようのない起源のうちに見出す。その際、その起源をどこに求めるかはおよそどうでもよいことなのだ。決定的な判断基準となるのは、その起源が純粋であるということである。自らの純粋性こそが、何よりその起源を起源たらしめる。このことから、ドイツ観念論の哲学者ヨハン・ゴットリープ・フィヒテは自身の著書『ドイツ国民に告ぐ』[11]において、その起源を言語の中へと移したのである。ドイツ人の言語とは、フィヒテによれば原言語《ウーアシュプラーヘ》である。というのも、それは他民族の言語と違い、異文化からの影響を受けず、また異文化と混じり合うこともないからである。すると、原言語がもつこの純粋性から、独自の民族を形成させるような精神力が生まれる。その民族は、その純粋な独自性ゆえに他者よりも優れていることになる。この文化の独自的かつ本来的なあり方に特徴的でなおかつ逆説的でもあるのは、それが自らの構築に異文化を不可欠としていることだ。国民文化の起源が自らの完全なる純粋性を示そうとする瞬間に、それは異文化を必要とすることになる。異文化の存在があってはじめて、国民文化の起源は他者と取り違えようのない独自のものとして際立つことができるのである。このことからフィヒテも、ドイツ人の本質の説明しがたい深遠さを、まずもってフランス人という表層存在に対置させて構築したわけである。ドイツの愛国詩人・歴史家エルンスト・モーリッツ・アルントは『民族憎悪および異国語の使用について』において、フィヒテよりもさらにあからさまに、自文化を確立するためには、憎悪の念とともに異文化を自文化と区別する必要があると述べている。

最奥に至るまで、ドイツ的なものは異国のものによって毒され、その誠実な雄々しさは虚飾へ、高潔な真実はごますりへ、まっすぐな悟性はゆがんだ愚行へとねじ曲げられていた。これは、自己を忘却してしまうほどに異国に媚を売り続けた民族がたどる避けがたい運命である。我々ドイツ人は、我々の父たちがどれだけの価値をもたらし、そして我々がどれほど価値あるものになりえたかということを忘れてしまったのである。

［……］

［……］私がフランス人に対する憎悪を求めているのは、単にこの戦争の間だけのことではなく、長きにわたってのことだ。私はそれが永遠に続くことを求めている。そうすればドイツの国境は人工の防御壁がなくとも安全になる。というのも、不穏で貪欲な隣人たちがそれを越えてこようとすればすぐに、国民はいつでも結束できる場を手に入れることができるからである。この憎悪が、ドイツ国民の信仰として、神聖な幻想として万人の心の中で灼熱せんことを、そして我々を常にその忠誠心、実直さ、そして勇気のままに保たんがことを。[12]

フィヒテの『ドイツ国民に告ぐ』がフランスによる占領時のベルリンでなされた講演であったこと、またアルントがこの文章を書いた一八一三年は対ナポレオンの解放戦争が展開していた時代であったとしても、そこに相対化や情状酌量の余地はない。それによって強調されているのは、ある独自の国民文化を構成するには、基本的に競争相手としての、それどころか敵対者としての異他的存在が必要になるということにほかならない。そこには、現実に反する作為が認められる。なぜなら、人種的に純粋で同質的な国民文化などという概念は、現実においては国民国家の領域内には多種多様な民族、宗教そして文化的実践が存在するという事実によって否定されているからである。ヘルダーが『人類の歴史哲学のための諸理念』[13]において来たるべき二百年あるいはそれ以上先の未来のために構想したような、様々な国民文化が互いに対して隔絶したものとして区別され、それぞれが人種的に混在せず、社会的同質性を保っているような世界など、歴史上一度も存在しなかったのである。国民文化という理念は幻想《ファンタスマ》だったわけだが、しかしそれは現実に影響力を及ぼした幻想であり、またその衰退段階においてもなお亡霊のように存続しているのである。文化の「結集地」としての「神聖な妄想」は、自文化と異文化をほとんど偏執的なまでに区別しようとする姿勢に見られるものであるが、この「神聖な妄想」が情動的な要因の一つとなって、国民文化という幻想は現実に反して生き延びているのである。この幻想を情動の側面から支えて生きながらえさせている二つ目の要因は、再びフィヒテに確認できる。

高貴な人間がこの地上においても自己の働きの永遠の持続性を信じるのは、自分自身を育ててくれた民族が永遠に持続し、[……]民族の独自性がなんらかの異国的なもの[……]の混入や汚染を受けることなく、永遠に持続するという希望に基づいているのです。この独自性は、彼が自分自身と自己の働きの永遠性を委ねる永遠のものであり、彼自身の永遠なものの土台となる永遠の事物秩序です。この独自性の持続をこそ、彼は望まねばなりません。なぜなら、これだけが彼の短いこの世の人生の期間を、この世ながらに持続的生命に拡張してくれる解放手段だからです。［……］単なる生命としての生命、変化する存在の存続としての生命は、彼にとってそれ自体として価値をもつわけではありませんでした。彼は生命をただ存続するものの源泉として欲しただけでした。しかしこういう存続を彼に約束するものは、自国民の自立的存続だけです。この存続を救うためには、自らは死ぬことさえも欲しなければなりません。そうすることによって、それが生き、自分は以前より愛していたあの唯一の生をその中で生きることができるために。[14]

フィヒテが言うところの国民文化を担う民族においては、個人の生は止揚されている。個人の生の有限性は、祖先や後継者とつながる鎖、彼自身もまたその輪の一つとして組み入れられている鎖によって、克服されるというのである。民族とその文化の歴史において、個はその死後も連綿と続いてゆく。永続する全体の中で自らの死をも乗り越えて生き続けること《ユーバーレーベン》への願望は、形而上学や宗教の中心的な原動力である。一八世紀において形而上学や宗教がその信頼を失うと、国民や国民文化がその座を引き継ぐことになる。途切れることなく、長く続くものとされる国民文化の歴史は、死への恐怖にその情動的根源がある。国民文化がもつ幻想の力は、死への恐怖に由来しているのである。

二　国民演劇における象徴空間と身体

国民文化という幻想《ファンタスマ》のうちに含まれる呼び物の一つが、国民演劇／劇場という考え方である。それは、個々の具体的な構想とは関係ない。例えば、一八世紀に宮廷文化から市民文化が解放される過程で推し進められたような概念としてのそれや、ドイツの文芸評論家・文学史家ユリウス・ペーターゼンによる連続講演『ドイツの国民演劇』[15]、一九二〇年代および三〇年代の保守革命的、ファシズム的、ナチズム的な演劇言説における国民演劇の諸概念[16]や、初期の東ドイツ時代における国民演劇を奨励するプロパガンダ運動などは、ここでいう国民演劇とは関わりがない。ここで紹介する国民演劇という象徴空間が関連しているのは、一八世紀の台詞演劇に源を発して、ドイツの市立劇場および国立劇場において支配的になっている実践方法であり、演劇を文学的な戯曲テクストが変換される場として理解するものである。国民演劇に関するこのような自明性は、演出演劇と呼ばれるジャンルの舞台作品やメディア横断的な演劇実践、そして市立劇場がたどってきた様々な変容によって現在は後退しつつある。しかしそれは市立劇場および国立劇場の活動における幻想上の中核、また事実上の構成要素としていまだなお生き延びている[17]。

国民演劇という概念を幻想的なものにしているのは、国民主義的なテーマや素材のプロパガンダではなく、ドラマ、言語、身体、身振りや運動などの演劇における構成要素の特定の配列方法であり、それによって、人々を同一化へと誘うような象徴空間が形成される。象徴空間とは幻想的な構造物である。それは、ある共同体の構成員によって集合的に共有される想像の産物を再現する。そしてその共同体の構成員は——現実においては互いに見ず知らずの他人であり、また社会的な立場も様々だが――その象徴空間と同一化することによってのみ、相互に繋がり合っているのである。象徴空間によって特定の時空間の布置が構築され、その中で共同体は自らの理想的な姿を獲得しようとする。〔一八世紀以降〕脱宗教化されて世俗化したヨーロッパの諸共同体にとって、国民文化という幻想《ファンタスマ》は、拘束力のある象徴空間を新たに約束するものとなった。〔アメリカの大学で講じた政治学者〕ベネディクト・アンダーソンの説明によれば、広範囲に及び、ほとんど無限に繋がる関係性のネットワークをもつ一九世紀の小説は、国民文化を支える象徴空間の構築のための重要なメディアの一つなのである。アンダーソンはさらに、小説の場合では読書文化を通してしか関わり合いがない市民国家の構成員について、彼らがもつ私人としての立場が重要であると強調する。[18] ただし国民文化という集合的想像力の形成に不可欠なのは、私人であることの意識だけでない。「私人たちが〔劇場に〕集まって公衆／観客となる」[19] ことで強められる公共性も不可欠なのであり、この種の公共性も現実に反する想像上の産物である。このような国家の象徴的文化空間を仲介する媒体《メディウム》が、国民演劇／劇場という理念なのである。そのような意味での国民演劇に特徴的なのは、ドラマの筋、すなわち、物語として完結するように構築された意味が優位を占めていることであり、それは劇場において演出家や俳優によって形を変えて具体化される。あるいは覗き箱舞台もまたその特徴を示している。覗き箱舞台が認識論的に示唆しているのは、観客という知覚主体と、舞台世界という認識対象との分離である。つまり〔ラカンの認識論によれば〕知覚主体は自分が認識する対象世界によって自己を構成するので、対象世界の一部でもあるのだが、覗き箱舞台では知覚主体と認識対象が分離されてしまうのである。国民演劇というメディアの特徴は、意味の優位、すなわち、ドラマによる物語を理解すること、解釈すること、そして公の場で議論することが様々な感性的側面よりも優位を占めているということにある。同様に特徴的である――ただし部分的には異なる特徴も見られる――

のは、舞台上の幻想の産物である想像上の人物や何らかの個人によって作られる場面《シナリオ》である。そのような人物たちは、観客の共感したいという欲求や情動的な反感の対象として提示されている。というのも、国民演劇という象徴空間との同一化は情動を伴うものであり、虚像がもつ欲求の諸構造によって強化されるからである。

国民演劇という象徴空間は、一方では縦方向《ヴァーティカル》に貫かれたヒエラルキーによって、そして他方では横方向《ホリゾンタル》に走る分断線によって構成されている。縦方向には作家そしてドラマの精神が、いわばトップダウンの形式で、俳優の指先に至るまで支配している。身体的なものは全てこの精神に服従せねばならず、〔身体や身振りなどに備わる〕特異なものはおしなべて何らかの意味を担わされる。舞台上の物質的《マテリアル》なものに象徴的な意味をくまなく付与することによって、意味の全体性、すなわち完結した芸術作品という印象が浮かび上がってくる。観客という共同体はこうした作品のうちに自らを反映させることで自身を再発見するようになる。横方向には、舞台と観客席が分断されていることによって、パフォーマンス性の次元が消失したようになってしまう。舞台上に見えるのは作為的なものであるが、その作為性が観客席からはそう見えず、すでに完成されたものとして天から降りてきたかのような印象を与える。それに対して観客に残された態度とは、感嘆しながら共感することのみである。しかしそのような共感は、共同体という産物を熱烈に欲している想像上の人物たちによる場面《シナリオ》によって保障されるものだ。別様に言うならば、国民演劇という象徴空間とは、宗教に代わる祭礼の空間なのだ。そこで信奉されているのは、教養という形而上的な精神である。社会の現実を反映する演劇空間は、市民が自らの国民文化的なアイデンティティを確認できる場であるがゆえに、それが教育の殿堂と目されているのも不思議ではない。この空間では、観客はもはや教えを受ける徒弟という役割を担うしかない。ドイツ語教師、演劇教育者、ドラマトゥルクや使命を負った批評家らが行う厳かな聖典解釈によって手ほどきされながら、彼らは敬虔な態度で作品に接する。

国民演劇／劇場という象徴空間は、決して無害な空間ではない。この空間を構築しそこに住みついている精神は、犠牲を求める。〔第一部第四章で取り上げた〕アントナン・アルトーは西洋の文化を精神《ガイスト》の文化として論じた。といっても、彼はそれに賛意を示そうとしたのではない。アルトーによれば、精神の文化はあらゆる感覚的で物質的なもののロゴス化および意味化を行い、身体を植民地化してしまう。アルトーは後年、悪霊《ガイスト》（神）に自分の身体を盗まれたと嘆いている[20]。精神を表象する国民演劇においては、俳優や観客は象徴的な代理身体を養成する。代理身体は、同一化できないもの、逸脱するものの犠牲の上に成り立っている。その模範的存在となるのは、市民を描く台詞演劇における俳優である。俳優や自己を演じる市民の身体において、全体的なものであることを主張するロゴスに反発したりそれを逸脱したりするものは、象徴的表現から排除される。この国民演劇文化における象徴空間からの排斥行為は、文化の内部に存在する象徴化不可能な異他に向けられたものであり、それはまた――投影という行為の途上で――外部の異他に向けられたものでもある。この犠牲と排斥を求める組織化された傾向こそが、国民演劇文化が抱える政治的問題なのである[21]。

精神の文化のために犠牲を払う気などもはや持たない者が大半を占めるようになって久しい。広く浸透している快楽主義に根ざし、多かれ少なかれ精神性を失った文化は、国民演劇文化の精神から独立したかのように見える。ただし、その独立は明らかに部分的にしか達成されていない。このことが表面化するのは、文化的ハイブリッド化が進行する現代において諸国民文化がかつての勢いを失ってもなお、国民演劇の精神が劇場や社会の舞台上で亡霊として帰還するときである。すなわち、国民演劇の精神が、偏執症的なまでに国民や民族を守るための防塞または共同体のための「パニック・ルーム」として戻ってくるときである。それは、見知らぬ姿《フレムト》をした凶悪な敵が自分の家の中へ侵入してきたときに人が庇護を求める最後の退避先、安全であるように見える避難所である。

自己像の発見や自己保存という幻想《ファンタスマ》、そしてグローバル化の渦中での文化的アイデンティティの探求を見れば、（国民）身体を形成するという構想がいかに執拗に続いているのかが分かる。その構想において、人間性の約束とその実現の暴力性が密接に絡み合っている。

三　過去の亡霊の再来

回帰という考え方は、現在を起源と結びつける鎖が断ち切られていることを前提とする。かつて起こったことは、歴史である。時間がその上を通り過ぎたのであり、それは終わったことだ。それはしかし回帰することになる。それは意図あってのことである。あるいは、それは何の意図もなく、そして意識されずとも立ち戻ってくる。歴史の回帰は復古主義と反復強迫に特徴づけられている。過ぎ去りしものへの希求、そして過ぎ去りしものが抱く願いは、回帰の原動力である。これらの願いの動機となっているのは――復古主義を見てみれば分かることだが――偉大で卓越している（とされる）昔日の栄光を取り戻し、均質的な共同体と文化的アイデンティティを獲得しようとする欲望である。この願望の典型的な媒体となっているのは、歴史主義に根ざした歴史像だ。一九世紀の演劇においてそれが典型的な姿で現れているのは、王族や皇帝という権力者の戴冠式や祝祭に伴うパレードだ。それは例えばシラーの一八〇四年の作品『オルレアンの少女』におけるドーファンの戴冠式を劇作家で演出家のアウグスト・ヴィルヘルム・イフラントが二百人のエキストラによって豪華絢爛に演出した場面[22]、フロマンタル・アレヴィによるオペラ作品『ユダヤの女』においてコンスタンツ公会議の時代を背景にして皇帝がコンスタンツに到着する場面[23]、そしてジャコモ・マイアベーアによるオペラ作品『預言者』において偽物の預言者であるジャンがミュンスター再洗礼派王国で戴冠式に臨む場面などである。これら一九世紀の舞台演出に見られる歴史主義的歴史像は、(より良い)過去を復活させることを狙いとしている。ここで復活という宗教用語が示唆しているのは特殊な現象であり、それによって、歴史主義的な歴史像から歴史が排除されている。歴史主義的歴史像とは、史実に基づく現象のことをいうのではなく、宗教の代替物としての、世俗的終末論に基づく現象なのである。実際の史実的事象から引き離されることで、この歴史像は現代の人々が抱く市民的日常からの救済への願望を視覚化し、新しい時代が到来するかのように演出する。歴史像はその際、権力の庇護を受け、争いが生じることのない共同体が回帰または再帰するさまを壮大なイメージとして観客の眼前に提示するのである[24]。豪華絢爛に誇張された古くて新しい時代への願望は、現在において生み出されつつも現在に対抗するような、退行的な願望である。歴史主義的歴史像の中で具象化される——王である私、私という皇帝が描かれる——と、この願望は「亡霊《レヴェナント》」[i]の様相を帯びてくる。復古の演劇的実践において、過ぎ去った出来事(中世末期のランス、コンスタンツ公会議、ミュンスター再洗礼派王国)は亡霊として回帰する。過ぎ去ったものという亡霊像にはしかし、現代において抑圧され、言葉を失い、総括されていない〔もう一つの〕歴史が潜んでいる。トラウマゆえに黙(秘)する姿勢や、抑圧された欲求、抑圧された争い——すなわち共同体における共生という基本構造につきまとう障害の数々——が、無意識的かつ意図せざる回帰の誘因なのである。歴史主義的歴史像においては、復古への願望と反復強迫による作用は互いに引き離すことができない。復古というイメージには、現代において抑圧され、総

i　この語は同時に「戻ってきたこと」を示唆する。

括されてこなかった欲動の歴史を伴うがゆえに、情動的な圧力がつきまとう。過ぎ去りし時代の亡霊とは、現代人の欲望が亡霊と化したものの分身なのである。亡霊たちが過去からだけでなく――ハイナー・ミュラーがブレヒトの『ファッツァー』を引きながら主張するように――未来からもやって来るのは、そのためである[25]。亡霊のような過去のイメージにおいて現代人に降りかかるのは、現代の共同体が抱える「欲動の運命」であり、それが〔開かれるべき〕未来を妨げてしまう。間違った方向に向けられた願望、満たされない欲望は、過去の共同体が示す亡霊としての像を感情的に裏打ちするものであるが、そのような願望は、現代の共同体から自己を維持するための養分を吸い取っている。そしてそれを空っぽにしてしまう。だが〔共同体の養分を吸い取るような〕願望に備わる情動的な力が、幻想の中に映し出された共同体の理想像《イマーゴ》へと流れ込む。この一連の流れこそ、過去が亡霊の姿を借りて事実に反するようにして現在に再来することの要因なのである。

越境文化演劇はこれに対処しなければならない。越境文化演劇が取り扱うのは、亡霊たちが語る（様々な）物語とゾンビ、すなわち演劇がもつ手法、見せ方そして諸効果である。というのも生者に作用する亡霊の魔力《マハト》は、亡霊が死人の姿で復活するのではなく、血の通った肉体を持つ、生き生きとした姿で現れることにある。そこで亡霊をあるがままの姿で浮かび上がらせることが、越境文化演劇の第一の課題となるだろう。第二の課題とは、ひらひらと浮遊しながら現在の我々の家につきまとう〔heimsuchen〕この亡霊たちとの関わり方を重視し、なぜ彼らがまさに我が家に自分の居場所を探している〔Heim suchen〕のか、その理由を聞き出すことであろう。その際、我が家のもとで〔heimlich〕慣れ親しんだもののどこに不気味な〔unheimlich〕ところがあるかを問う必要があるだろう。第三の課題は、鎮まることなく亡霊として存在し続ける「死者たちとの対話」[26]を通じて、「未来の何が彼らとともに葬られてしまったのか」を探究することであろう[27]。

四　国民文化という霊廟の解体作業

西洋というパニック・ルームにおける妄想　――サラ・ケイン『ブラスティッド』

イギリスの劇作家サラ・ケインが自身の戯曲『ブラスティッド』（一九九五年）を執筆していた頃、ユーゴスラヴィアの内戦では殺戮が繰り広げられていた。サラ・ケインは、戯曲の執筆過程にこの内戦が否応なく介入してきたことを次のように表現している。

私は毎日ニュースを見ている。『ブラスティッド』を書き始めたその日に――ホテルの部屋にいる女と男、というだけで、それから何が起こるのかは私にもまだ分からなかったのだが――夕方のニュースをつけた。それはちょうど、スレブレニツァが包囲されたときだった。［……］そのニュースを見て私は思った。もう何年もこんな状況が続いている。こんなことをもう三年も見続けているのに、誰も何もしようとしない。［……］私は、自分の作品でこのことを扱おうと思った。だが、私がたった今書いた内容、イギリスのとあるホテルの部屋で起こる暴行《レイプ》という内容が、ボスニアで起こっていることと何の関係があるというのだろう。しかし、それから私には分かった、この内容がそのことと明らかに関係があるのだということが。それどころか、これはその問題の核心ですらある。［……］（こうして私は）ボスニアとイギリスを一緒に扱うことになったというわけである。[28]

リーズにある高級ホテルの部屋を避難所のようにして、サラ・ケインの作中の人物であるイアンとケイトはそこに引きこもっていた。ジャーナリストのイアンは、自分が殺し屋であると思い込んでいて、もしかしたら本当にそうであるかもしれないと思わせる人物であるが、彼にとってこの部屋はヨーロッパという男性的な要塞である。というのも、イアンは自分自身を要塞であるかのように妄想して、その内に引きこもって生きているからだ。そこでは、彼が自分の内面から突きつけられる危機状態（不安、無力感、肉体的衰弱）が、外部からの敵による迫害という姿をとって現れる。その敵とは、群れをなして押し寄せる外人どもやパキスタンのやつら、障碍をもった怠け者どもやレズビアンなどのことである。しかし、本人がはっきりと認めているわけではないが、真の脅威は内面から来ている。イアンは、彼自身が認めるように「ダメ野郎」[29]だ。悪臭を放ち、アルコール依存症で、肺癌を患っている。彼は自身に価値がないことを、他者の価値を貶めることで埋め合わせようとする。ケイトに対する性暴力は、死に直面した男性的自我を再び奮い立たせてくれるはずなのだ。ところが、このようなイアンの努力が実を結ぶことはない。自分の方が優位にあるというこの思い上がりは、依存心が突如あげる嘆きによって幾度となく揺さぶられる。「ここにいてくれよ」、「そこにいてくれ」、「よそへ行かないでくれ」という彼の言葉が繰り返されるのである[30]。ケイトは、イアンによって貶められ、辱められながらも、逃げようとしない。それが賢明な選択ではないと知っていて、そして彼から離れようと固く決意しているのにもかかわらず、彼女はそこにとどまる。なぜなら、このイアンよりもはるかに若く精神的な発達が遅れている女性は、イアンに必要とされているという思いによって自らが受けた傷を相殺しているからである。このようにして彼らは互いに強く依存し合い、繋がり合っているのである。耐えがたいほど長く続く二つのシーンを通じて、サラ・ケインは互いに融合し合うと同時に激しく闘争し合うカップルを見せる。彼らは、自己主張と依存状態への回帰との間で、そして別れようともがく気持ちと愛を求める気持ちとの間で板挟みになることによって結びつけられている。彼らは二つで一組の爆弾のようだ。彼らは自己という妄想でしかない要塞、すなわちホテルの部屋という「パニック・ルーム」に立てこもっているが、彼らには外的な敵がいないがゆえに、そしてそうである限りにおいて、彼らは自己破滅の危機に瀕している。

哲学者で精神科医のジュリア・クリステヴァは、自己という妄想の要塞、彼女が「城塞」と呼ぶところのものを、その著書『恐怖の権力』[31]において分析した。自己は根本的な恐怖を抱えているがゆえに、妄想の要塞の中で硬直してしまっているのだが、その恐怖はクリステヴァによれば、母親から独り立ちできずにいる（母親とつながる臍帯を断ち切ることができずにいる）ことに由来している。青少年が成長して大人になるためには、自身がもともと抱えていた依存心や、自立していない状態や無力さの記憶を棄てなければならない。ところが、根源から独立すると、そこに恐ろしい空虚感が開かれてしまいかねないために、離別という決定的な一歩を踏み出すことができない。この空虚感への恐怖が、庇護された状態への憧れを、そしてともに生きる共同体との一体感への憧れを生み出す。ただし、この憧れとともに、放棄したはずの依存状態もまた戻ってきてしまう。だからこそ、元来の「弱さ」を思い出させるものは全て、あらためて突き放されなければならないのである。しかしそれと同時に、誰かの傍にいたいという願いはなおもそこにある。こうして成立する人格においては、離別に伴う攻撃性――離別の苦しみを味わうと、それが転換されて敵意を示すに至る――と融合的な共生への欲求とが層をなして重なり合い、そして常に対立し合っている。

サラ・ケインは、ホテルの部屋という「パニック・ルーム」の中で共生しながらも闘争し合うカップルの姿をさらけ出す。その後、部屋は爆発し、閉ざされていた空間は突然外に開かれる。カップルという共同体は爆破され、我々は戦争のただなかにいる。自身の私的空間にいる（と思っていた）カップルと、遠方で起こっている（と、これまたそのように思われていた）戦争が繋ぎ合わされている。この自己という妄想の要塞に閉じこもった一対の爆弾、融合しながらも攻撃し合う共同体の最小単位の縮図は、ボスニアやその他の地で起こっていることの「核心」となっている。この二人の内側に向けられた攻撃性が緩和されるのは、「外の世界にいる」他者に対して実行される筆舌に尽くしがたい残虐行為によってのみである。それは第三場において、イアンがいる場で兵士によって語られる。この兵士は、長らく待ち望まれていた敵である。あいにく彼はイアンよりも優勢である。しかしこの兵士はイアンのアルター・エゴ、彼の分身でもある。そうであることは、少なくとも、ホテルのドアが鏡像のように相互にノックされ、二人がこのノックによって接触し合うことから分かる。敵対関係が殺戮行為などで具体化される現実の戦争と異なり、舞台上の敵は、自分自身の問題が実体化されたものであり[32]、自分自身へ向けられた懐疑が亡霊となったものであることがあらわになる。

ニュースで抽象化されるようにして報道される殺人も、数字によって統計的に表される残虐行為の羅列も我々の心は平然と受け止めるものだが、その冷たさが、ケインによって暴力への欲求の帰結としてあらわにされるのである。暴力への欲求が自己という妄想の要塞のうちに抑制されている限り、その欲求が外部から自己を襲う不安や脅威としてのみその姿を現す限り、外の世界で実際に起こっていることは感情から切り離され続ける。孤立した者、防御を固めた自己という妄想の要塞に閉じこもる者は、自らの願いや感情が外に出て危険なものになってしまう前に、それらを隔離、消去、そして抑制する。全体的に見れば、これは無意味な企てである。というのも、暴力の抑制を新たに試みるたびに、要塞の内部における攻撃の潜在力は高まるばかりだからだ。我々にとってボスニアが、かつてはコソボが、その後にはイラクが、アフガニスタンに関しては昔からずっと、そして今日ではとりわけアフリカからの難民たちが、テレビの中の出来事としてせいぜいセンセーションを楽しみたいという気持ちをくすぐるか、パニックを煽り立てるものでしかなく、それ以上の関心の対象にならないことは、暴力への欲求が抑止されていることと関係している。

サラ・ケインの『ブラスティッド』は、観客を自身の内に秘めている暴力への願望へと向き合わせるだけでなく、暴力への欲求が愛への執着と結びついていることを認識させる。攻撃的に介入して他者を破壊することと、他者と一つになりたい、離れることなく傍にいたいと願うことは互いに手と手を取り合っている。『ブラスティッド』では暴力への愛が愛の暴力に、愛の暴力が暴力への愛に姿を変える。同時に、この二重構造を持ち、自身のうちに矛盾を孕んだ欲望は、個人の閉鎖された空間の中から外の世界へと放出されることになる。遠ざけられていたもの、すなわちボスニアやその他の地域における殺戮という抽象的な恐怖、そして目の前にあるもの、すなわち自らの孤独とともに〔愛という〕密やかさを抱え込んだ恐怖の部屋《ホラー・キャビネット》は、暴力と愛情からなる両義的な感情の流出を経て繋ぎ合わされることによって関連づけられている。目の前のものと遠くにあるものとの連結が、西洋というパニック・ルームを開放し、起源に縛りつけられた者が抱く虚妄を追い払う。ボスニアにおける内戦、イラク、アフガニスタン、そしてシリアで展開された戦争が、我々の戦争になる。恐怖の対象である異他的なもの——愛の暴力と暴力への愛——が、我々には関わりのない暴力、戦争という想像を絶する暴力というレッテルのもとに排除されたまま、外の世界の問題にとどまることはもはやない。そうではなく、それは我々を世界と結びつけるものとして経験可能になる。

国家を埋葬する ―― ニーベルング族の再来と救済

「私の課題の一つは、この国家を埋葬することだと思っている」[33]と、ハイナー・ミュラーは一九八七年に宗教学者クラウス・ハインリヒおよび作家で演出家のヴォルフガング・シュトルヒと行ったニーベルンゲン伝説についての鼎談の最後で表明している。これはグローバル化の時代には解決済みの課題であるようにも聞こえる。しかしそれは表面的な捉え方である。他の誰よりも早い段階でハイナー・ミュラーが感じ取っていたのは、国家や国民的神話が没落したからといって、死者の生者に対する優位性もそのまま失われたわけではない、ということである。死者の優位性は、今日では死霊による支配という形に姿を変えている。ハイナー・ミュラーのテクストの中では、死霊は群れとなって現れる。ミュラーによる『ゲルマーニア』作品群が根本的に経験させるのは、クラウス・ハインリヒによれば「我々が関わり合っているのは、生者でも死者でもなく、死から蘇った者、つまり死霊である」ということである[34]。挫折した革命や、ドイツが二回経験した〔ナチスドイツと東ドイツにおける〕独裁政治や、人類の希望の没落期に登場する死霊たちは鎮まることがない。なぜなら、彼らの身に降りかかった恐怖、彼らを蔓延させる恐怖、そして恐怖から逃れるために彼らが希求してきたものは、今日に至ってもまだ総括も清算もされていないからである。死霊たちにとって宿命である国家はいわば「死者の国」であるが、彼らはこの死者の国と結託して常に死霊の国民としてそのつど登場してくるのである。「彼［ミュラー］が論じている国家とは、死から蘇った国家のことなのである」[35]。それは埋葬しなければならない。それが意味するのはすなわち、死から蘇った死霊をそのつど抑圧するということではなく――死霊は抑圧されることでかえって現在を支配できるのだから――「それを容認し、それについて絶えることなく語り続けるということ」なのである。

「しかしそれは、死者が何らかの形で死んでいる、ということではない」――映画『愛国女性』におけるドイツの映画監督アレクサンダー・クルーゲのこの言葉は、ミュラーの執筆活動におけるモットーを言い表しているだろう。ミュラーのテクストの中では、死者たちは亡霊として再来する。すなわち、死せる犯罪者たち（ヴァンパイアの姿をしたフリードリヒ大王、ニーベルング族、スターリン、「装甲砲塔に潜む亡霊」やヒトラー）や死せる犠牲者たち（赤いローザ〔ローザ・ルクセンブルク〕、ハムレット、石灰坑から出てきた若い同志、不運な天使と絶望の天使、オフィーリア、ガスコンロに頭を突っ込んだ女性、『画の描写』における女性、「ゴーストタウン／忘却　クロンシュタット　ブダペスト　プラハ」、『ハムレットマシーン』における死者たちの大学）である。これらの人物はみなゾンビとなって、現在の人間／演者たちをコントロールしている。〔こうして現在の人間は死者に取り憑かれたようにして語るのである。〕「我々は例えばここにゴルフ場を作ることもできるだろうし、あるいは乗馬場だっていいな　走れ　走れ、ひたすら走れ！」[36]。死者たちは生者である我々のことを奇妙《フレムト》な、誘惑するようなまなざしで見つめている。「耕地はガラスでできており、死者たちはじっと見つめている／その空っぽの眼窩から私を見上げている／［……］。なぜ私なんだ」[37]。

スターリングラードの孤立地域における第六戦隊の敗北の後、ナチの政治家・軍人ヘルマン・ゲーリングは〔中世ドイツの英雄叙事詩に登場する〕ニーベルング族を再来させる。〔ドイツ国民をさらに巻き込んで〕「不幸を組織的に構築する」[38]ために悲劇的な破局という演出をほどこして、〔ニーベルンゲン神話に描かれる〕アッティラの広間におけるニーベルング族の没落場面を利用しようとしたのである。ミュラーのテクストにおいても、ニーベルング族は繰り返し蘇る。しかしミュラーは回帰の再来を再生産して永続化させることはしない。彼は再来の反復それ自体を何度も行ったのである。この反復が、無意識にとめどもなく生じてくる〔一般的な〕再来と異なるのは、反復の徹底的に非本来的で演劇的な性質ゆえのことである。反復が見せるものは、変えようがないと思われがちな現実の力《マハト》から身を振り解いた状態で提示され、自由に利用されてよいものである。ここに反復の演劇のチャンスがある。

ミュラーが過去を反復する際に用いる具体的なテクニックとは、上塗りの手法である。そこではどのイメージも、途切れなく連続する描写によって、つまりすぐ次に続く文学的イメージによって消し去られる。イメージは上塗りされたものとしてのみ、その表面を黒く塗ったり、その輪郭線を断絶したり、不明瞭な上書きをほどこすという形で歪曲されることでのみ、枠組の周縁にある。これらの上塗り作業が、イメージに一義性を強制する額縁の中から個々のイメージを解放する。だがそれが他のあらゆるイメージと重なり合うことによって、新しい輪郭、不気味な形態、亡霊の影が目に見えるようになるのである。

ミュラーによる上塗りは、埋葬作業と対をなす文学的作業である。その上塗りが重ねる層は、死者の上に重ねられてきた地層のごときものだ。あるいは現在の意識という表層の下にある忘れ去られた複数の書き込みがなす層に似たものでもある。それら数々の書き込みの同時作用は、フロイトの『不思議のメモ帳』についての覚え書き」[39]によれば、記憶と想起という体系をなしている。上塗りされたもの、埋葬されたもの、忘れ去られたものは、「それがかつてあった(とされている)姿のままに」再生産することもそこに立ちのぼらせることもできない。しかし死や忘却によって覆い隠されたもの、破壊されたものや歪められたものは、現在という表層と合わせて吟味されることで、断層エネルギーを帯びた布置を作り出す。この状況は、現在の状況を理解可能なものにすることで歪曲してしまう記憶の閃光のうちに爆発する。

戯曲『ゲルマーニア　三』における独ソ戦でのスターリングラードの孤立地域を舞台にした場面「ジークフリート　ポーランド出身のユダヤ人女性」[ii]は、ミュラーの他の戯曲『戦い』の場面「私には一人の同志がいた」の上塗りとして捉えることができる。吹雪の中をさまよい歩き、仲間同士で食い合うドイツの兵士たちの場面は、ロシアの兵士たちという敵方と、それからビュヒナーの戯曲『ヴォイツェク』における大尉の霊であるドイツ将校たちの局面の二つを重ね合わせることによって、幾重にも上塗りされ、もともとの場面を越えて拡張されている。この場面が拡張されるのは、背嚢にヘルダーリンの本を入れて絶命したドイツの兵士というイメージが、パルチザンたちが吊るされた絞首台の前で彼が笑っている姿を示すイメージによって上塗りされることによる。これらのイメージが上塗りされ、拡張されるのは、旧ソ連の強制収容所であるグラーグの目には見えないイメージによってであり、ドイツ兵士たちのイメージによってである。おそらく仲間の一人のものと思われる骨にかじりついているこの兵士たちは、共産主義者としては異なる人生を送り、自分の同志を追い立て、畜殺台に送った。彼らは今や、自分がかつて敵対表明したものの亡霊に迎え入れられている。

この場面の最後では再度——戯曲『ゲルマーニア ベルリンの死』の場合と同様に——ニーベルング族であるクリームヒルトとハゲネがスターリングラードの孤立地域に突如として侵入してくる。それに続いて——クリスティアン・フリードリヒ・ヘッベルの戯曲『ニーベルンゲン』の言葉を引用しながら、さらなる上塗りとして——現れるのは、ジークフリートの殺害者とジークフリートの妻である復讐者との間の決着劇である。クリームヒルトは次のように語る。

血にまみれた彗星たちが空に

ii ジークフリートは『ニーベルンゲンの歌』に登場する英雄で、妻クリームヒルトと王妃ブリュンヒルトの口論がきっかけとなり、グンテル王の家臣ハゲネに暗殺される。

敬虔な星たちに代わって昇っている
そして世界に暗黒の光を差し込んでいる。
善良な手段は使い果たされ、今や
邪悪な手段を用いる番だ［……］
そして、ジークフリートの死に対する復讐がなされてはじめて
地上に再び悪行というものが生じる。
それまではしかし、正義は覆い隠され
そして自然は深い眠りに沈んでいるのだ。[40]

そして両者はコートを投げ捨てる。ハゲネはドイツの将軍の制服姿で、クリームヒルトは「階級章の付いていない」ドイツ赤軍の制服姿で現れ、「彼女の背後にはスターリンの霊がいる」。クリームヒルトは次のように言うが、この箇所はミュラーによる創作である。

あなたは私の肉を食い私の血を
飲んだ　十もの国々にわたって私を追い立てた
この婚礼　私のもう一つの死へと
そしてあなたの太鼓に私の皮を張った
あなたをこれから私の最後の晩餐に招こう

あなたが殺した者たちを食し彼らの血で
渇きをいやすがいい　テーブルの上は豪華な料理で満たされるでしょう
そして白らと虚無との婚礼を祝うがいい
死者の国であなたの住処《すみか》となる虚無との婚礼を[41]

このようにドイツ赤軍の戦士としてのクリームヒルトは語り、そしてこの場面のタイトル「ジークフリートポーランド出身のユダヤ人女性」が言及しているもう一人の女あるいは男も彼女を通して、ともに語っている。この寄せ集めにおいて、ミュラーによる上塗りの手法は究極の形に凝縮されている。ここでは、相容れないものが重ね合わされているように見える。というのも、ポーランド出身のユダヤ人女性で政治家のローザ・ルクセンブルク以外のいったい誰が、ここでニーベルンゲン伝説の主人公でありドイツの歴史の国民的英雄であるジークフリートと——融合するまでにはいたらないとしても——関連づけられることができようか。だが、このテクストはルクセンブルクの名を出してはいない。ここで問題になっているのは特定のユダヤ人女性ではなく、大勢いるポーランド出身のユダヤ人女性たちのうちのある一人、ローザ・ルクセンブルクに続いて民族共同体から追放され殺戮された多くの名もなき者たちのうちのある一人なのである。ミュラーは、今は亡きルクセンブルクを今日のデモ参加者たちの頭上に掲げられる聖像として再来させているわけではない。社会主義的な共同体を新たに創設するための犠牲者としてではなく、ただ根絶された者、匿名のまま抹殺された者として、彼女は記憶のどこかに存在している。

しかしこの記憶もまた純粋なものではない。というのも、殺されてベルリンのラントヴェーア運河に投げ込まれたルクセンブルクや彼女とともに根絶された全ての者たちだけではなく――「ポーランド出身のユダヤ人女性」が「ジークフリート」に影響されることによって――ニーベルング族に特有の精神、つまり殺戮の精神もまた、スターリングラードの孤立地帯にいるドイツのニーベルング族につきまとっているからである。殺戮された者たち、死者たちは安らいでもいなければ敬虔な存在でもない。彼らの再来は戦争を意味する。しかしドイツの英雄「ジークフリート」自身にも、「ポーランド出身のユダヤ人女性」が混ざり合うことによって、まさに除外された者、見放された者、女性的な者という烙印が押されている。共同体を一つにまとめるような「贖罪のいけにえ」[42]の典型であるジークフリートは、もはや神聖化したり国家の誕生をめぐる神話として利用・濫用したりすることはできないような死によって迎え入れられる。「ジークフリート　ポーランド出身のユダヤ人女性」という上塗りの手法は、ドイツの歴史における殺戮の境界線を消し去り、そして塹壕をこじ開け、墓を掘り起こす。考えうる全ての布置を最大限に歪曲／脱《エント・シュテルング》―配置することによって、潜在的に可能なもう一つのドイツの歴史、美しき異郷[43]の歴史への記憶が閃光のように浮かび上がる。

ミュラーにおける反復の手法は、ドイツ国民の亡霊たちと彼らの歴史を召喚する。彼の反復は、その亡霊たちを繰り返し登場させ、そうするうちに、彼ら自身の帰還への衝動の根底にあるものを、反復を重ねるたびにますます表面化させることになる。その衝動の根底にあるものとはすなわち、敵としての（自己の内なる）異他を求める心や、（民族）共同体という孤立地域への羨望である。しかし、自他を区別したうえで、他者に敵対宣言をするという幻想のシナリオに亡霊たちは住み着いているのだが、反復はそういったシナリオを阻害する。反復は、偏執症的な投影を原因とした排除行為を解消し、そして敵対する陣営同士を接触させる。ミュラーにおける反復は、〔偏執症ゆえに〕強制的に繰り返される回帰を中断し、死の淵から蘇ったニーベルング族を救済するのである。

第三章　越境文化演劇の実践形態としての反復

越境文化演劇という理念にとってきわめて重要なのは、反復という実践形態である。他者に到達するためには、自己という幻想《ファンタスマ》を生み出した歴史が繰り返されなければならない。国民文化や文化に関わるあらゆる原理主義的思想における幻想は、起源をめぐる神話、歴史の構築、伝統、そして想起を強化するような儀礼を土台としている。そしてそれらは歴史に存在論的な根拠を与え、固定化するように意図されている。その際、そのような幻想が拠り所としているのは、根源的存在、連続性や持続を暗示するようなプトレマイオス的世界演劇の諸形式である。すなわち、一貫した筋の展開、諸概念の具現化や行為のドラマ化である。反復の実践は、統一された全体であると主張されている文化的な自己空間を破壊するが、しかしその残余を救出する。反復は残余を別の時間や空間に移転し、そうすることによってそれらを越境文化的に接続可能なものにする。反復が課題とするのは、グローバル化が進行するなかで疎外されたものや取り残されたもの、特異なものや物質的なもののような、ひとしなみに均一化しようとするユニバーサル化の傾向に抵抗するものを、世界化の演劇へと取り込むことである。よって、破壊と救済が反復の二つの課題ということになる。この二つが協働することによって、反復という現象は越境文化的に境界を踏み越える動きに変わるのである[44]。以下において示すように、反復とは演劇的行為である。それは演劇として行われる。このことから越境文化演劇はその概念および実践において、反復という作用形態によって規定されているのである。

一　反復の場面　――ブレヒト

演劇における場面とは反復である。このことをブレヒトは一九三八年に自身の論考『街頭の場面――叙事的演劇における場面の基本モデル』の中で宣言している。ここでの基本モデルは、次のようにきわめてシンプルである。「ある交通事故の目撃者が、どんなふうに事故が起きたかを、そこに集まった人たちに実地教示《デモンストレーション》する」[45]。その実演の目的もまた明快である。それは、「この実地教示をしている男が、運転手または轢かれた人、あるいは両方ともの挙動を、周りの者がこの事故についてある判断を下せるような仕方で、やって見せる」[46]ということだ。叙事的演劇がすでに起こった日常の出来事を取り上げ、それを場面において再現するのには、特別な理由がある。というのも、ブレヒトにとって肝要なのは「普通の演劇の主な特徴」、すなわち「錯覚《イリュージョン》の惹起」を避けることだからである[47]。ブレヒトにとって、イリュージョンは祭儀的な起源をもっている。イリュージョンとはつまり、俳優による身体化を通じて不在のものがそこにあるかのように提示するという行為の結果であり、俳優は舞台を出来事が今まさに起こっている現場へと変換し、観客を催眠状態《トランス》に陥らせる。ブレヒトはそこに、演劇的な偽りの魔術だけではなく、ナチズムの演劇性を生み出してしまうような、危険で擬似儀式的な手法をも見出している。ナチズムの演劇性とは、内容が欠如した体験そのものであり、どのような形であれ何らかの神や偶像の高みへと昇ろうとする空疎な形式である。それゆえにブレヒトは叙事的演劇の基本モデルのために次のような定義を打ち立てる。「街頭で実地教示をする者がやって見せることは、反復の性質を帯びている」と。ブレヒトはこのことをあくまでも主張する。「事件はもうすんでおり、ここで行われるのは、その反復だ」[48]。

しかし出来事と反復を厳密に区別することで、ブレヒトは反復の場面をそれと分かるようにしなければならないという問題に直面することになる。よって、個々の身振りを選び出し、それらを意味のある形で関連づけることが重要になる。この操作によって導き出される明白な成果は、イメージである。「例の実地教示者は、その人物たちの挙動を全部みせる必要はない。そのいくつかを、みんながあるイメージを作り出すのに必要なだけ模倣すればいい」[49]。ブレヒトがここでさりげなくもきまりが悪そうにしているのは、反復という美的な手法を反復の対象となる出来事と比べて小規模なものにとどめようとするがゆえだが、彼がここで認めた内容は、後年においてイメージとしての舞台場面という明確なコンセプトへと発展してゆく。しかしイメージというものが明確になるのは、全体の分かりやすさの妨げとなるものを除外するという代償を払うことによってである。このことは後年のブレヒト演劇における場面がもたらすイメージに、そしてディドロが言うところのタブローに当てはまる。後者は、ロラン・バルトが「腐蝕しない輪郭を持った、純然たる切り取り」と説明したものであるが、それによって「周辺のものは全て、名づけられないまま、虚無へと押しやられ、中に入るものは全て、本質、光、視野へと昇格させられる」[50]。〔この選別とは異なるようにして行われる〕反復の過程での選別は、亡命からの帰還後に完成されたブレヒトの演劇が提示する場面では影を潜めている。イメージとしての場面は、反復が起こる場を排除してしまったのである。

イメージというものの追求とともに失われたものは、ブレヒトの演劇創作における情熱の火種としていまなお影響を及ぼし続けているあの作品群、すなわち一九三三年以前に書かれた教育劇の時代の断片作品『ファッツァー』の中の一節に姿を変えて表れている。この一節は『ファッツァー』の最終場面を説明している。念のためにに筋のおさらいをしておこう。第一次世界大戦における四人の逃亡兵が、革命を待ち望みながらミュールハイム・アン・デア・ルールという街に潜伏しているが、彼らは自身の内に抱えた戦闘的集団の暴力性を発散することによって互いを引き裂き合い、そして命を落とす。

しかし、全てのことが起こったとき
無秩序が生じた。そして完全に壊された
部屋、そしてその中には
四人の死んだ男たちと
一つの名前！　そしてドア、そこには
理解不可能なことが書かれていた。
しかし、お前たちは今
全てを見るのだ。起こったことを、我々は
並べた
時間において正確な
順番で、正確な場所で、そして

発せられた通りの
正確な言葉で。そして、お前たちが何を見ようとも、
最後に見ることになるのは、我々が見たことなのだ。
すなわち、無秩序。そして完全に壊された
部屋、そしてその中には
四人の死んだ男たちと
一つの名前。我々がそれを並べておいたのは、お前たちが
言葉を発することにより、そして
コロスの言葉を聞くことにより
本当は何があったのか、判断を下すためである。なぜならば
我々は意見が一致しなかったのだから。[51]

この台詞は二組のコロスに割り当てられたものである。コロスが二重化しているのと同じように、コロスによって報告される事件も二重化している。この事件もまた分裂しているのだが、それは一方では筋によってもたらされた結果の反復——すなわち、一つの部屋、四人の男の死体、一つの名前——へ、そして他方では観客に判断を促すために整えられる場面設定への分裂である。これらのことを成り立たせる図式《フィグーア》は反復だ。まるで輪舞《ロンド》のように、第一部で出された結論はその冒頭を繰り返し、第二部の最後の場面を経て、潜在的に継続される。この第二部の場面では、舞台上で反復する者たちの意見の不一致がこの場面を観る者にも伝わる。この反復を通じて、

観客が冒頭においてコロスによって予告された結論とは異なる結論に達することは考えにくいし、それは反復が目指していることでもない。反復が目指しているのは、観客にある秩序を明示することではなく、むしろ「本当は何があった／外れたのか〔was ist eingenlich los〕」を洞察してもらうことなのである。このさりげない物言いが示唆するのは、何かが無秩序の状態にあり、箍が外れたようになり、再び組み合わせられないので、何かがあった／外れた〔los(e)〕のではないかということである。先行する出来事を舞台上できわめて正確に再構築すること、場面を緻密に反復することは、秩序の向こう側で起こっていることを経験するのに役立つ。これについて判断を下すには、「言葉を発することにより、そして／コロスの言葉を聞くことにより」ミメーシス的な経験をするという方法を用いるしかない。言葉をまねして繰り返すことは、聞いて追体験するという行為と同様に、〔それを聞く者に〕展示されるようにして行われるミメーシスである。ミメーシスとは、事物を具体的に示すことを目指すものではなく、書かれたもの（規定されたもの）と、それを口で発することや聞くことによる模倣的反復との間の隔たりを、観客に身をもって感じさせようとするものである。その隔たりの中に、反復における差異が現れ、イメージとしての場面がもつ秩序とそれについての判断を二重の方法で、すなわちあらわにしつつ、中断する。つまり反復による差異は秩序を中断して、その中断を行った身振りをあらわにするのである。その身振りはイメージを破裂させる。その結果生じた亀裂は、そのイメージの枠組を越えた外部を指し示す。〔イメージ舞台における〕亀裂の入ったイメージは、それが反復の場面であることを示唆しているのである。これを明白に示すのが越境という手法である。

二　反復と越境　――ヴォルフラム・ヘル『それから』

『それから〔Und dann〕』（二〇一三年）は、ドイツの作家ヴォルフラム・ヘルによる戯曲のタイトルである。この戯曲は数々の賞を受けている。東ドイツに生まれ育ったこの作家は、本作でドイツ再統一とそれに至るまでの転換期が生んだ東ドイツの四人の落伍者の物語を描いている。父親と三人の子供たちという、新しい呼び方でいえば四人の「負け組」は、再統一を果たしたばかりのドイツ連邦共和国において、東ドイツ時代からあるプレハブ住宅に住んでいるが、彼らは新しい時代についてゆけていない。彼らもまた（過去の）投影によって生きている者たちである。これは文字通りそうなのだ。というのも、毎晩父親はプロジェクターのスイッチを入れると、家族のもとを去った母親が動いている姿を周囲の家々の壁に映し出す。これは、東ドイツという地域に限らず多くの人々を駆り立てるノスタルジーというものを、見事にそのまま描き出したようなイメージである。しかし、ヘルの戯曲自体はこのノスタルジーに身をやつすことはない。この作品は、人物間の会話が展開しないテクストで、反復を数多く重ねながら、手さぐりするようにして進行する。

それから
私たちには見える
そこに
現れた

彼女が
彼女が
現れた
彼女が
現れた
大きく
すごく大きく
向かいのプレハブの正面に
巨大な姿を映して[52]

言語を構成する最小単位にまで至る反復が次々に行われることによって、（時間の）前進と後退の動きが生み出される。まるで、このテクストはプロジェクターが故障したときのようにつかえてしまい、小刻みに行きつ戻りつしているかのようである。投影という行為は過去へ戻ろうとするが、「それから〔und dann〕」というテンポの連続的な運動は、このテクストをますますその起源から遠ざける。その起源とは、投影行為が再生しようとする母親の像である。この二つの動きによって、このテクストは全体として過去と現在の間を揺れ動くことになる。このようにして、現在における過去が経験される空間が開かれることになる。しかしこれを過去の復興と取り違えてはならない。この空間は、様々な方法で想起することを経験可能にするとともに、現在においてもいかに我々が過ぎ去ったものの反復に依存しているかを示してくれる。戯曲テクストの中の反復運動は、我々がひたりがちなノスタルジックな過去の投影という行為を、我々の眼前に提示する。そうして反復は慣れ親しんだ狭い世界を越境するのである。反復は過去を生き返らせることはできないが、何が、どのように反復されるかによって、我々の考え方や感じ方が変わり、どこにでもある日常が打ち破られる。

これこそが、反復の演劇の重要な特徴の一つである。反復がもつアクチュアリティとは、キェルケゴールやドゥルーズが示唆した通り、逆説的なことにその失敗にある。すなわち、もともと起こった出来事を再現し損なうということにあるのだ。反復は、かつてあったものに立ち返ることはない。後ろへ戻ろうとする動きは、昔日のものを懐かしみながらそれを再興し保持しようとするが、現在への再興の試みの失敗を通じて、そしてそれを越えて推し進められる。それゆえに、過去の反復には現在の越境が内在している。キェルケゴール曰く、反復とは「前に向かう」想起であり、未来のものを指向している。この未来への指向性は、反復というものを起源の主張や復古主義や回帰にまつわるあらゆる形態と区別する重要な分水嶺である。

三　反復の時空間 ——セーレン・キェルケゴール『反復』

「反復が可能かどうか」[53]を身をもって知るために、コンスタンティン・コンスタンティウス、すなわちセーレン・キェルケゴールによる一八四三年のエッセイ『反復』における語り手は、彼がかつて滞在したことがある街ベルリンへと旅をする。現地に到着するとすぐに、彼は前に滞在していた頃に使っていたジャンダルメンマルクト広場に面するアパートを訪れる。そして、彼がそこで目の当たりにしたことを以下のように描写する。

二つの部屋がある。全く同じ造りで全く同じ家具が備えつけてあるので、まるで鏡のなかに映った部屋を見るみたいである。いちばん奥の部屋は雅致のある照明がほどこされている。枝形燭台がテーブルの上にのっている。テーブルのそばには、赤ビロード張りの瀟洒な肘掛け椅子がおいてある。手前の部屋には燈火《あかり》がついてない。ここでは月の青白い光が、奥の部屋からさしこんでくるより強い光と交叉している。窓ぎわの椅子に腰をおろす、大きい広場を眺める、通りすがる人々の影がいそがしげに過ぎてゆくのが塀に映って見える。全てが舞台装置に変わってしまう。夢みる現実がこの情景の背後でほのぼのと明けそめる。オーバーをひっかけ、どんな物音ものがさじと聴き耳を立て、鋭く目を見張りながら、しのび足で壁に沿うて歩いてみたい気がする。しかしそうはしない、ただそうして若返ってみるだけである。[……]燈火《あかり》を消す、小さな豆ランプをともす。月の明りがさえぎるものなくあたりを支配する。一つ一つの物影がいっそう濃くなって見える。一つ一つの足音がだんだんゆるやかに消え去ってゆく。雲のない蒼穹は、まるでこの世の没落はすでに終わって天はもはや自己みずからに沈潜するほかないとでもいうふうに、いかにも物哀れげに、瞑想にふけっているような様子をしている。[54]

これが、コンスタンティン・コンスタンティウスがベルリンのアパートを再び訪れた際に目の前に広がっている情景だ、と読者は思うだろう。「ああ！　しかしここでは反復は可能でなかった」[55]とコンスタンティウスは数行とあけずに書いている。というのも、宿の主人は今では結婚しており、アパートの大部分のスペースを自分で使用していたからである。しかし、我々がベルリン再訪の際のものと捉えたばかりのこの情景は、いつ、どこに存在するものなのだろうか。それがあるのは現在でも過去でもなく、ましてや現実世界においてなどでは到底ない。この描写は、現実のものを多く捉えてはいるものの、その現実は「舞台装置」[56]として描写されながら、不気味な様相を呈している。この情景が帯びている「明暗法」、投影された部屋や、そこから逃れ去った人生や、語り手自身もとらわれてしまっている事物、影、身振りがそれぞれ見せる、まるで生きているような様子、それを観ている観察者のドッペルゲンガー的存在感、これら全てがこの情景の不気味さを醸し出している。この場面で流れる時間は、回顧的な文章と予見的文章がもつ筆致が出会う場である。予期された反復とそれが起こらなかったことへの失望で彩られた情景という枠組から、夜になるまでデジャヴや過去の経験の幻影とともに流れる一日の経過を経て、若返りと未来完了——すなわち、すでに過ぎ去ったものとしての世界滅亡——という互いに逆行する時間の動きに至るまで、ここでは様々な時間形象が場面化されているのである。これらの時間が現れる場とは、潜在的《ヴァーチャル》な場であり、ドゥルーズによれば現実の事物を取り巻いている潜在的《ヴァーチャル》な星雲である。反復の現場とは、ジャネット・カーディフとジョージ・ビュレス・ミラーが二〇〇五年にベルリン・ヘッベル劇場を変身させて実現した、あの『ゴースト・マシーン』[57]のようなものをいうのである。そこでは、非同時的なものの同時性や過去の現前性が織りなす潜在的《ヴァーチャル》な時空間によって、劇場内が満たされていた。

四　反復の演劇　——ネイチャー・シアター・オブ・オクラホマ『ライフ・アンド・タイムズ』

クリスティン・ウォラルはちょうど三四歳を迎えた自らの人生の物語を、一六時間も電話口で語った。そして今、彼女はフルートと木琴を携えて舞台の手前に座り、ウクレレやピアノやハーモニカの奏者たちとともに、舞台で自分の幼少時代の物語を反復している。『ライフ・アンド・タイムズ』というのが、このネイチャー・シアター・オブ・オクラホマのプロジェクトのタイトルだ。本プロジェクトは、この若い女性の人生における様々な局面を、これまでのところ六つのエピソードにわたる構成で舞台にかけるものである。ニューヨーク発のネイチャー・シアター・オブ・オクラホマは、今では、世界中の演劇界で最も名の知られたグループの一つとなっている。そのグループ名は、フランツ・カフカの長編小説『失踪者』（通称『アメリカ』）[58]に登場するオクラホマ自然劇場に由来している。こうしてカフカを引き合いに出すことには意味がある。というのも、ネイチャー・シアター・オブ・オクラホマの作品を見れば、それが脈々と受け継がれてきたドラマ演劇の束縛に抗っていること、すなわち役を身体化させることによってそこに不在のものを幻影《イリュージョン》として立ち現す、という手法に依拠していないことが一目瞭然だからである。そうした手法とは対照的にネイチャー・シアターの取り扱う素材は、『ライフ・アンド・タイムズ』におけるクリスティン・ウォラルのライフストーリーのように、非ドラマ的、叙事的に構築されている。その本質は歴史であり、その歴史が今ここで舞台に上がる際には、反復という形態をとる。

クリスティン・ウォラルが過ごしてきた人生は平均的アメリカ人に特有なもの、すなわち白人で、中産階級の普通とされているものである。それが伝える内容はあまりにありきたりで平凡であり、なぜこのようなものが舞台にかけられるのか疑問に思うほどである。それに対する答えを得るためには、さらにこう問わねばならないだろう。電話口で語られた物語が編集されることなく行き当たりばったりの様子のまま、テープ録音から再生される「ええと」や「まぁ」、言葉に詰まる様子や間断に至るまで全てそのまま、舞台上で再現されるのはどうしてなのだろうか、と。その答えは簡単だ。電話口で語られた物語は再び認識することがほとんどできないからである。クリスティンのライフストーリーの一言一句に至るまで忠実な再現は、舞台上ではミュージカル、ジャズ、スウィングやポップの要素を組み合わせたポップ・オペラへと変容を遂げている。それは三人の若い女性、そして後には三人の男性によって歌われる。彼らは白い背景の前に配置された白い台座の上に立っている。ウォラルが子供時代を過ごした一九七〇年代のハイスクール・ミュージカルのような様式で、彼らは舞台上から直接観客に向かってクリスティンの人生の最初の六年間の思い出を、声を限りに歌い上げる。

その効果は驚くべきものである。このポップ・オペラは陽気な作品になっている。そこで用いられている音楽は、それを聞く者の耳をすぐさまくすぐるが、そうした後、忘れられてしまうのも早いのである。それゆえ観客は拠り所を失ったような居心地の悪さも感じるだろう。というのも、オリジナルとされるもの、すなわち誰も実際には聞いていない電話口での語りと、一種の現代版『三文オペラ』として舞台上でメディアを通じて展開されるその再現／反復の間の齟齬は、情動《パトス》、滑稽さ、扱いにくさが独特な形で混在したものを醸し出しているからである。観客は、ありがちな内容と大仰な表現形式のミスマッチを笑うが、それと同時に、この人生をその平凡さから救い出し、意義深いものにしようとする歌い手たちの真剣さと努力に心打たれる。しかし、それでも否応なく経験させられるのは、この物語が扱いづらいということであり、情感あふれる反復と滑稽な反復という両極の間で揺らぐなかでクリスティン・ウォラルの物語が我々から遠ざかってゆくが、だからといって彼女の物語が我々にとってどうでもよいものになりはしない、ということである。上演における反復に特有のわざとらしさとよそよそしさの混合は、この幼少時代の物語を我々にとって異他的なものにする。それはまたあらゆる幼少時代の物語を異他的なものにするが、まずもって、そして特に異他的なものにするのは、自分自身の物語である。我々は自らの子供時代がもつ物語へと引き戻される。クリスティン・ウォラルの物語は演劇的場面の繰り返しによってもはや物語の筋道の糸が途切れて、扱いに困るから、代わりに自分の幼少時代を思い浮かべざるをえないのである。そして、結果的に自分自身の物語の糸までもが途切れてしまい、自身の子供時代を構成するもののうち、もはや自明なものなどなくなってしまう。

人生の連続性を中断し、距離化による空疎な舞台を生み出すこの断絶は臍帯の切断に等しく、これがこの舞台の実現に欠かせない要素なのである。この舞台の特徴は、表現手段のメディア的なあり方をあらわにしているところにあり、ベンヤミンの言を借りれば、その媒介可能性《ミットタイルバールカイト》にある。何かが伝えられる《ミットゲタイルト》という「出来事」そのものではなく、それが伝えられる「あり方」、どのような方法で伝えられるかということが、この舞台において示されている。そこでは報告《ミットタイルング》という行為がその対象、すなわち報告される内容から離れ、報告するという行為それ自身、またその行為の可能性と向き合っている。これが、『ライフ・アンド・タイムズ』がもたらす経験だ。すなわち、クリスティン・ウォラルの物語は、演劇的に演出されることでポップ・オペラという媒介《メディウム》の重大な役割をあらわにするのである。ただし、前述のような形で我々の心をつかみ、そして我々を我々自身の外部へと向き合わせるためには、電話というメディアからまた別のメディア、すなわちオペラの舞台へ転換するだけでは十分ではない。そこでは、メディアの媒介性《メディアリテート》がさらけ出されることも必要となってくる。すなわち、メディアがそれ自身の能力やアポリアを伴って現れることが必要なのであり、さらにはクリスティン・ウォラルの幼少期の生活を正確に再現すること、復元すること、報告という形で我々の前に提示することの究極的な不可能性、これら全てのものを伴って、メディアはその身をさらけ出さなければならないということだ。メディアの媒介性《メディアリテート》はこのように、伝えることと不在の間で引き裂かれているというあり方において露呈する。「記号とは裂け目であり、それを開いても、別の記号の顔が見えるだけである」[59]とロラン・バルトは『記号の国』で書いている。あるメディアが自らの媒介性をあらわにするのは、他のメディアの限界領域においてのみなのである。この上演では、他のメディアというのは電話口での語りの書き起こし[iii]のことであるが[60]、とはいえそれが伝える過去の幼少時代に近づくことはやはりできない。幼少時代は不在のままである。しかしそれは伝染させるような伝達効果も発揮する。書き起こしとポップ・オペラの間で起こるメディア横断的な相互作用において、上演場面の媒介性は不在のものの伝達として現れる。上演場面の媒介性にはメディア横断的な性質が内在しているのである。

『ライフ・アンド・タイムズ』では、場面とは切っても切れない媒介性、あるいはより厳密にはメディア横断的な性質が、さらに個別のエピソードによってそのつど遊戯的に示される。クリスティン・ウォラルの幼少時代がポップ・オペラの様相を呈しているとすれば、第二部の小学校時代はカラフルな体操服と『コーラス・ライン』風の振付を使って上演される。エピソード三とエピソード四が描く高校時代の場面では、アガサ・クリスティー原作の『ねずみとり』の衣装が用いられ、その使用人役が登場する。アニメ映画や中世の飾り文字などの表現手段を使ったエピソード四・五とエピソード五は、クリスティンがはじめて男子と恋仲になったときのことを伝える内容だ。エピソード六ではそのメディアとしてショーを選び、それはこの上演自身のパフォーマンス作品としてのあり方について反省的に捉えている。

このようなメディアを介した複製やヴァリエーションは、遊戯的に行われる空しい《レーア》試みではない。こうした手法は反復の核にある空虚《レーレ》に由来するのだが、それが誘因となって、メディアによる変装の試みが繰り広げられる。

iii　「書き起こし〔Transkript〕」という言葉は、ここでは録音したインタビューや講演などの内容を一言一句変えずに記録したテクストを意味している（一般には「文字起こし」や「テープ起こし」とも）。ここで紹介されている『ライフ・アンド・タイムズ』で歌われる歌は、クリスティンが電話口で話したとおりの文章を（「ああ」や「ええと」などの間投詞も残して）書き起こしたテクストをそのまま使っている。

反復とはすなわち、それが依拠できる本来的なものや根源的なものを我が物とすることができないので、ひたすら変装するほかないのである。クリスティンの人生を素材としたこのポップ・オペラの根底にあるのはクリスティンの語りを書き起こしたテクストであり、電話口での会話であるのだが、それ以外には何があるのだろうか。例えば、それは日記なのか、自伝なのか、チャット・ルームでの会話なのか、などとその起源を探しても、無駄になってしまうのである。ジル・ドゥルーズであればそう答えるだろう。というのも、

反復とは、まことに、構成されながら偽装されるもの、偽装されながらでなければ構成されないものである。反復は、諸々の仮面の下にある［……］わけではなく、まさに一つの仮面から他の仮面に向かって形成されるのである。どの仮面も、他の仮面以外には、何ものも覆い隠していない。反復されることになる最初の項などは、ありはしないのだ。[61]

ドゥルーズが起源やオリジナルをもたない反復を分析するうえで、演劇を引き合いに出しているのは偶然ではない。ここでは演劇は単なる隠喩として取り上げられているのではなく、副次的なものであり、本来的なものではないという性質、そしてそれ自身がメディアであることを省みる思考モデルの役割を担っている。演劇はまた、反復の中核にある空所として機能している。つまり演劇は反復が展開される様々な場面の一つではなく、反復の場面そのものである。反復は自らの演劇を立ち上げ、実際に場面を作り上げてゆくのである。このような説明から連想されるようなもの、例えば芝居がかった印象、大仰で本当らしくないという印象は、反復の場面が内に抱え込む空虚から生じるのである。空虚であることこそが、あらゆるメディア横断的なヴァリエーション、変装や

仮装の要因である。遡れる起源はなくとも、それが提示する歴史によって特徴づけられている反復の場面は、演劇という遊戯舞台なのである。まさにこれを示すのがクリスティン・ウォラルの物語である。舞台上で彼女の子供時代は、あらゆる悩み、願望、挫折、不安、困惑や恥辱とともに生き続けているが、それと同時に、きわめて真摯な姿で純粋な子供の遊戯へと変貌しているのである。

第四章　カリブの革命 ——越境文化的な屈折の実践

共産主義者で作家のユダヤ人、アンナ・ゼーガースはその小説『第七の十字架』によって世界中にその名を知られることになったが、一九四七年に亡命先のメキシコからベルリンに——厳密には、まず西ベルリンに——帰還したとき、すぐに社会主義の建設に参画したわけではなかった。一九四八年、彼女はハンガリーの思想家ジェルジュ・ルカーチに宛ててこう書いている。「私は氷河期に迷い込んだような気分です。全てがそれほど冷たく感じられるのです」[62]。アンナ・ゼーガースが冷たい異質さを感じ取ったのはドイツに対してだけではなく、一九二〇年代の終わりから彼女がその政策、歴史観、道徳的要求を共有してきた共産主義的運動それ自体に対してでもあった。彼女がドイツに帰還した前後の数年は、東西の両側において、ドイツそしてヨーロッパのその後の進路にとって決定的な方向転換がなされた時期であり、アンナ・ゼーガースにとっては自己了解が完全に崩壊しかねない深刻な危機の時代となった。執筆し、出版し、文化政策的な活動をしながら、この危機とどのように向き合ったのかという点において、彼女はまさに典型的な存在である。

ドイツ民主共和国が誕生した一九四九年に、革命の挫折というテーマに取り組む二つの小説が刊行された。ドイツでもヨーロッパでもなく、遠く離れたカリブが舞台であった。『ハイチの最盛期』〔邦訳では『ハイチの宴』〕と『グアドループの奴隷制再導入』と題された最初の二つの物語は、同じく一九四九年に構想されたものの、十年以上経って刊行された三つ目の『絞首台にさす光』もまたそうであるように、カリブでの革命というテーマを取り上げている。[63]同地では、解放奴隷であるトゥサン＝ルーヴェルチュールの参加のもとで一七九一年に奴隷蜂起が起きた結果、幾多の戦闘を重ねた後に奴隷制が廃止され、ハイチがフランスから独立し、一八〇一年の憲法制定後には、黒人とムラートによる世界初の共和政体が実現していた。一八〇二年にナポレオン・ボナパルトが二万五千の兵をハイチに送ると、彼らは消耗戦の末にトゥサン＝ルーヴェルチュールを捕らえ、フランスへ移送し、彼はそこで一八〇三年に獄死した。一八〇二年にハイチでは奴隷制が再導入された。ナポレオン・ボナパルトの勝利が決定打となったわけではないのだが――デサリーヌを司令官とするさらなる蜂起で、一八〇四年に再び独立に至った――アンナ・ゼーガースの『カリブ海の物語』は、ナポレオンによるハイチ革命の鎮圧という呪縛に絡め取られている。一作目の『ハイチの最盛期』では、ハイチのユダヤ系宝石商の息子で、史実上のトゥサン＝ルーヴェルチュールが秘書として雇ったミシェル・ナータンの運命を軸として、自由を謳歌した短い最盛期とフランス軍への抵抗という長い苦難が描かれる。二つ目の小説『グアドループの奴隷制再導入』は、すでにその題名が敗北を予告している。三つ目の『絞首台にさす光』にいたっては革命の裏切りをほとんど公然と主題化している。ナポレオンの戴冠によって裏切られるのは、フランスの国民公会が派遣した三人の密使ドゥビソン、ガルデック、サスポルタスであり、彼らは英国領ジャマイカで、ハイチを模範とした奴隷蜂起の手筈を整えることになっていた。「我々は見捨てられた。我々を頼みの綱としていた人間たちによって」。[64]たとえこの認識が、なぜ三人の革命家のうちの一人ドゥビソンが拘束後に犯す裏切りによってカムフラージュされているとしても、なぜカムフラージュが必要だったのかを読者はすぐに理解する。すなわち、この三つの小説はいずれも革命の裏切り者であるナポレオンとあまりにも明白に結びつけられているため、その顔の後ろに、ロシア革命の裏切り者の顔、つまりスターリンの顔が威圧的にせり出してくるのである。「『絞首台にさす光』はゼーガースのスターリニズムとの対決です、ナポレオン／スターリン、革命の清算者」[65]と、ハイナー・ミュラーは自伝『闘いなき戦い』に記している。スターリンによって裏切られた革命こそが、アンナ・ゼーガースが『カリブ海の物語』で扱おうとした危機的な経験である。この物語の背景をなしているのは、革命の歴史に付随するあらゆる約束、希望、確信の断絶という体験である。この断絶体験とともに、共産主義運動それ自体との断絶もまた立ち現れるのである。

アンナ・ゼーガースはこの体験をどのように扱っているのだろうか。まず注意を引くのは、体験が時間的および空間的に置換されていることである。それは、アンナ・ゼーガースがメキシコへ向かう途中で数週間滞在した、はるか遠く離れたアンティル諸島、一八〇〇年頃のはるか昔の時代に移されているのである。この空間的・時間的な置換と移行が検閲を意識して行われたのも確かではあるが、単に検閲官に批判的なまなざしで見られるのを避けるためだけに行われたわけではない。むしろこれは異化という行為であり、ブレヒトの言うところの、日常的な知覚と慣習的な行動を疑うことを意味する。

日常的なものや習慣的なものの歴史化による異化は、意識的な美的戦略であり、かつまた、どちらかといえば無意識のうちに遂行される文化実践である。そうした実践としての歴史化は、従来の文化的な思考と知覚のパターンの危機ないし崩壊、すなわちトラウマ体験に対する反応なのである。さしあたりアンナ・ゼーガースの視点に立ってこの経験を言葉にしようと試みるならば、次のように表現できるだろう。すなわち、私は筋金入りの共産主義者であるが、共産主義の倒錯と、それによる何百万もの犠牲者に直面している。私は自分が属する運動によって理想も信念も倫理も汚された。それらはもしかしたら汚されたのでも倒錯されたのでもなく、本来の姿を現したということなのかもしれない。これは耐えがたい経験だ、と。

このトラウマ体験を無意識のうちに歴史化することを一文で表現すれば、これはかつてのハイチとナポレオンと同じだ、ということになろう。これによって、日常的な体験や行動の束縛から距離を置き、自らを新たに位置づけることが可能になった。ある者にとって異質になった人々や態度や行動様式から自らを切り離し、自らの歴史に、その断絶と分離も含めて、現在の（中での）もう一つ別の幸福な「転換」[66]を与えるという可能性が開かれたのである。

過去への遡行ならびに／あるいは別の空間への指向によって引き起こされる現在の転換は、文化的屈折と呼ぶことができる。これは非連続性と連続性の独特の結合によって特徴づけられ、それにより、絶対的な断絶と持続的な発展という抽象的な対立を回避する。文化的屈折が別の時間や空間と関連するときには、明らかに相違が生じている。断絶および非連続性は、相違したもの（時間や空間）への遡行や指向の必要条件なのだ。それと同時に、過去という異なるものへの回想もしくは空間的な異他への想像力が、文化的屈折の中に保持されているのである。

決定的な断絶経験が表れたものとしてのナポレオン／スターリンの歴史化は、ゼーガースに現在の（中での）政治的、文化的転換のための機会を開いたことだろう。しかしアンナ・ゼーガースがこの体験に対処するために用いる方法では、この機会が生かされていない。それだけではない。つまり、『カリブ海の物語』はまさに、共産主義者としての自らの危機と共産主義の危機に直面したゼーガースにつきまとっていたナポレオン／スターリンの無意識的な歴史化に対する拒否として理解できるのだ。彼女は断絶を見えなくして、分離という思考をなかったことにしたのである。ナポレオン／スターリンによる革命の抹殺は、革命の歴史の悲劇へと読み替えられる。その中では、『ハイチの最盛期』のミシェル・ナータン、『グアドループの奴隷制再導入』のボーヴェ、『絞首台にさす光』のスペイン系ユダヤ人サスポルタスという、ほとんど超人的な男性英雄が個人的な幸福の追求や特に女性による誘惑に抗いながら、先行きの見えない、しかし革命という善き行いに自らを捧げる。だが過剰な英雄主義、英雄たちの「栄光と過剰な称揚」[67]は、ドイツ文学研究者ヘルベルト・エーリングスによれば、トラウマ体験に対する拒絶のしるしである。エーリングス曰く、『カリブ海の物語』によって、

それが賢明な選択ではないと分かっていたにもかかわらず、アンナ・ゼーガースは存在を脅かす危機にさらされて望みのない期待と絶望への不安を覚えたがゆえに、自らのその後の全人生と作品に関わる決断を下した。[68]

一九五二年の創設から一九七八年の辞任まで、アンナ・ゼーガースはドイツ民主共和国の作家協会の会長を務め、国際会議や集会でドイツ民主共和国を代表した。彼女は在任中に、一九五六年のハンガリー動乱の間にアウフバウ出版社の編集顧問であったヴァルター・ヤンカへの有罪判決、チェコスロヴァキア侵攻、詩人で歌手のヴォルフ・ビーアマンの市民権剥奪を公式に承認することになる。しかも、周知のように、内面では引き裂かれていた彼女は、水面下であれこれ駆け引きを試みながらも辻褄の合わないことを行った。例えば彼女は〔ヤンカやビーアマンの場合とは異なり〕ハイナー・ミュラーの作家協会からの除名に反対票を投じた。こうしたことを述べたのは、アンナ・ゼーガースを倫理的に貶めるためではない。あの状況下でそれ以外の行動を取れると誰が断言できようか。そうではなく、歴史を語ることがどのようにして生まれて、作用するのか、それがいかなる力を持っている

のかを説明するためであり、そうすることによって、彼女や彼女以外の多くの人々はあの時代にあの体制の中でその時を生きることができたのである。作家として、また文化政治家としてのアンナ・ゼーガースにとって重要だったのは、「革命の記憶」を風化させないことであった。詳細な資料研究に基づいた自らのテクストを、いかにフィクション化されているとしても、史実に忠実な歴史小説として彼女は理解していた。革命の記憶は、革命のために犠牲になった者たちの記憶である。小説『絞首台にさす光』の終わりには次のように書かれている。

今になって私にも分かったのは、彼［ガルデック］がつねづね口にしていた光というものが何であったのか、ということである。それは単にサスポルタスの人生を遡って照らすだけではなく、サスポルタスと関わった人間全てを照らすのだ。それがなければ、その人間たちは深い水底あるいは原生林の中で跡形もなく消え去ってしまっていただろう。彼らの名は本に書かれてもいないし、記念碑に刻まれてもいない。［……］彼らと私の記憶は礼砲ではない、しかしそれは彼を讃え、彼を抱き、彼をしっかりと引き留めておく。[69]

犠牲者の宗教的な意味づけと救済史的な期待とが、この作家の記憶の作業の中で同時に表現されている。ゼーガースの記憶には――モーリス・アルブヴァクスのいう「集合的記憶」においてそうであるように――過去のものとの断絶が認められない。過去のものは過ぎ去ってもいなければ忘れられてもいない。というのも、この作家は過去をしっかりと心の中に引き留め、苦しみの光が救済の光へと移行するその日までずっと抱き続けているからである。革命史が信用をことごとく失ってしまった後には、犠牲者の救済史を革命の救済史の代わりにしようとするのだ。社会主義の正当性は犠牲者たちによってもたらされる――これがドイツ民主共和国における公式の文化政策上の方針であり、アンナ・ゼーガースもそこから決定的な影響を受けている。しかも、共産主義の犠牲者ではなく、ファシズムの犠牲者の上に社会主義は築かれるべきだとされた。犠牲者は自分たちの側の人々ではなく、常にそれとは別の人々の中からやって来る。革命の記憶には、冷戦期に特有の党派的精神性、すなわち、敵と味方を対置し、敵を排除しようとする政治路線が刻み込まれている。明らかなのは、異他との関わりが不十分だということである。すなわち、自らの欲動という異他、社会主義の陣営内部の「逸脱者」や「裏切り者」とされた異他、第一世界、第三世界、そしてそれ以外のありとあらゆる世界という異他が欠落しているのである。「それにもかかわらず！」や「その日は来るだろう！」という言葉を信じる共産主義のあり方を典型的に示すアンナ・ゼーガースの歴史物語は暴力性を帯びている。そしてそれが表れるのは、彼女がまさに自らの、ヨーロッパ文化という空間を越え出ようとするときなのだ。

フランス革命とロシア革命との間に、アンナ・ゼーガースは区別をつけない。彼女は共産主義的な人民戦線の戦略を、一八世紀および一九世紀初頭の政治闘争との対決にいともたやすく投影する。その時代は彼女にとって消え去ったものではなく、自らそこに入り込み、同様に読者に身近なものとして伝えることができるものであった。それができたのは、過去の我意があらかじめ壊され、当時と今日の溝が強制的に閉じられ、歴史という意志を持たない材料に自分自身のイメージが投影されたからであるに過ぎない、ということは考慮されないままである。歴史の連続性とアクチュアリティを示唆するゼーガースの手法は美的歴史主義と理解しうる。とりわけ視覚的イメージによって、過去と現在の空隙を埋めようとするのである。一九世紀の歴史画や、歴史主義における視覚的イメージを役者やエキストラの扮装によって醸し出したマイニンゲン一座を思い起こしてみるとよいだろう。このようにして、現在の中に黒くぽっかり開いた穴を絵画的かつ演劇的に埋めているのである。

美的歴史主義が時間という次元で生み出すものを、異国趣味は異文化空間との関係の中で生み出す。美的歴史主義は歴史を投影的に取り込むが、異国趣味はその方法を、現在に同時的に存在する様々な異文化的空間に対して応用する。アンナ・ゼーガースの『カリブ海の物語』では、一体となった美的歴史主義と異国趣味が、社会主義における革命モデルを攻撃的に拡張するための空間的・時間的な媒体になっている。小説の主人公たちはみな、革命を輸出する白人たちである。黒人たちは、自分たちが革命を主導できるようになるために、まず白人たちから学ばなければならない。例えばハイチ革命の指導者トゥサン＝ルーヴェルチュールについては、次のように書かれている。

トゥサンにとって白人文化は輝かしい果てしなく大きな城のように思われた。悲惨な少年時代にその文化の影響を受けたことが、トゥサンに生きる価値を教えてくれた。［……］より良い人生を送るために、全ての人間をその文化に参加させねばならない。その文化の反射光は全ての人間の生活を照らさねばならないのだ。[70]

黒人たちはゼーガースの作品では革命を起こさない。しかるべき同盟戦略と白人の主導なしには、彼らの散発的な運動は個々に鎮圧されてしまう、とゼーガースは言う。ハイチにおける革命はゼーガースにとって、フランス革命の理念が転化したものなのだ。ハイチでの出来事に対して常にアンビヴァレントな態度をとっていたフランスの権力政治のことは語られていない。奴隷制の廃止をせいぜい事後承認することしかできなかったフランスの政府委員たちを、蜂起の真の首謀者とゼーガースはみなす。彼女の視点から見れば、山地でパルチザン的な存在として生きていた逃亡奴隷マルーンたちの人生は「ギャングにして無法者」[71]のそれでしかなかった。彼らの指導者クフェーは『絞首台にさす光』の中で作者によって断罪される。彼が「白人を嫌悪し、ムラートに不信の念を抱いていた」[72]からである。文学を通じたこうした断罪は、実際の政治においては死を意味しかねない。例えばスペイン市民戦争では、スペインの無政府主義者たちは「ギャングにして無法者」であるとしてスターリンのスパイによって殺害されたのである。ゼーガースの『カリブ海の物語』では、「黒人と革命に対するパターナリズム的な態度」が露呈する。エーリングスの言葉を借りれば「意図せずして作られた、解放という形をとった植民地化の寓話」[73]としてこの作品を印象づける箇所が、それ以外にもいくつも挙げられる。結局のところ、この物語は様々な空間や時間を言説的に区別することなく黙殺し、それらを「画一化」し、均質化し、自らの支配に服従させるヨーロッパ普遍主義の表明なのである。

こうして、裏切られた革命というトラウマ体験とその歴史化が予告していた文化的屈折は注目すべき方向転換をする。過去と現在のラディカルな非連続性を経験すれば、それが前提となって、過去となったものを現代に新たに持ち込み、再び取り上げ、十分に検討し、再構成することもできるはずだが、そうした経験はゼーガースの社会主義的な歴史物語の中で無効化され抹消される。これにより、歴史性を帯びた文化的な自己了解が思いがけない革新的転換を遂げるチャンスが失われてしまう。ここに見られるのは、別の開かれた形で歴史や時間を扱うために連続性の中断を要する文化的屈折ではなく、非連続性がもたらすショックへの反動形成である。この反動形成は、美的歴史主義と異国趣味という媒体を通して、共産主義の犠牲者と救済にまつわる物語という暴力に満ちた言説を復元するという形をとって現れる。

アンナ・ゼーガース自身の／によって書かれた歴史が、なぜこのような方向転換をしたのかは興味深い問題である。ゼーガースは革命に対する裏切りを自覚していた。彼女は、願い求めていた新たな世界秩序の喪失を経験した。しかし、愛する対象を喪失したことに対するゼーガースの反応は、革命と共産主義に対する関係の徹底的な考究を経て、悲嘆しながらも最後にはそのいずれからも自らを解放する者の反応ではなく、メランコリカーのそれである。『喪とメランコリー』においてフロイトはメランコリーを一つの態度として説明しており、そこでは〔失われてしまった愛の〕対象へのリビドーの備給は放棄されるが、備給エネルギーは別の新しい対象に移されるのではなく、「断念された〔愛の〕対象との自我の同一化を打ち立てるために」自我へと引き戻されるという。「対象の影」は、フロイト曰く、「自我の上に落ちて、自我はいまや〔……〕見捨てられた対象のように〔……〕判定」されうるものになる。[74] このようにして、対象喪失は自我喪失へと変容し、失われたものとの批判的な対決は、失われた対象の側からの自我批判へと変容する。放棄されるのではなく内面化された革命を通じたこの批判に対して、果たすことのできなかった共産主義との離別に対して、ゼーガースの物語は犠牲と自己犠牲を弁護および礼賛することによる自己正当化で応える。このようにして、離別に失敗し、誤った方向へ屈折することで、主体と客体との関係が逆転し、歴史の経過が逆流する。すなわち、共産主義にその没落の要因があるのではなく、自我にあるのだと。そして失われたのは革命ではなく自我なのだと。革命と共産主義は失われたのではなく、私の中に生きている。しかしそれらは、その両方の存続に必要な英雄的態度を私が表明せず、犠牲になる覚悟がなければ、私を見捨て、追放するであろう。そして失われた対象の声、内面化された侵犯者の声に従わない者はみな息の根を止められるがよい、というのである。フロイトはメランコリーとの関連の中で、自己愛《ナルシシズム》的な退行について述べている。ここで個人心理学の概念を濫用するまでもなく明白なのは、フロイトのこの説明がゼーガースの物語構成と非常に呼応していることである。すなわちセーガースが普遍文化的な空間を物語るとき、その外側にあるものを知ろうとも認めようともしないようにするのだが、この物語構成が自己愛的《ナルシシズム》な退行に関するフロイトの説明と符合するのである。ゼーガースがもう一度、文学的に空想する共産主義の文化という空間は、自己愛的なものとして完結した犠牲崇拝の空間なのである。

「国家という神話」のタイトルで刊行された、ロシア出身の思想家ボリス・グロイスおよびドイツの文芸論者リューディガー・ザフランスキーとの鼎談のなかで、ハイナー・ミュラーは死の直前、そして東欧ブロックの崩壊から何年も経って、メランコリカーにはなしえない分離《トレンヌング》という作業の政治的文化的な意味を強調している。

> 私がとても重要だと考えているのは、差異を生き、そして差異を認める能力の向上が今は求められているということであり、分離《トレンヌング》することを学ばなければならないということなのです、統一するものではなく、分離《トレンネン》するものを。そして、差異と他者への尊重も同様に学ばなければなりません。[75]

分離《トレンネン》することにかけては、ミュラーは共産主義の作家であった時代に十分に鍛錬してきた。社会主義の人間共同体から何度も追放された彼は、自分が書いた作品の中で、社会主義の神話に対する批判と、その神話からの別離《トレンヌング》という課題を、歴史の別の可能性を拾い上げることと結びつけている。このもう一つの別の可能性が前提としているのは、ミュラー曰く、個人の自己愛的《ナルシシズム》な形態ならびに自己愛的なものとして完結した文化とその歴史叙述を突き崩すことである。ミュラーの一九七九年の作品『指令——ある革命への追憶』が刊行されたのは、ゼーガースの『カリブ海の物語』の最初の二作品が執筆されてから三〇年後であり、偶然にも必然的にドイツ民主共和国の三〇周年記念日であるのだが、それは革命の挫折に対する喪の作業の作品として、共産主義からの別離《トレンヌング》の作業として、そして同時にそれとは別の歴史の可能性、および異他とのもう一つ別の向き合い方を救い出すものとして読むことができる。

『指令――ある革命への追憶』は、アンナ・ゼーガースの『絞首台にさす光』の物語を取り上げている。しかしそれは、ゼーガースの描いた任務遂行の運動を裏返しにしている。（『任務《ミッション》』がこの作品のフランス語版のタイトルである。）設定の要となったのは、ジャマイカにおけるフランスの密使という異他性、「白人」と「黒人」の革命の超えがたい差異という経験である。ミュラーは、ゼーガースの作品に登場するスペイン系ユダヤ人サスポルタスを黒人に設定した。この人物は、ガルデックが医者であり奴隷所有者の息子であるドュビソンに対して社会的差異をなしているのと同じように、革命家集団のなかに人種的・民族的な差異を持ち込み、革命家集団を最初から分裂させている。ヨーロッパの革命史が、併合も占有もされることのない、いわゆる第三世界において別の形で行われる革命として経験されることで、色あせたものになる。[76]

フランス革命における英雄主義の宣伝と視覚化は、古代の共和制ローマの衣装とポーズに立ち戻ることによってなされる。英雄主義の理論的産物はルソーが理想とした、利己主義的な「ブルジョワ」である自分自身を乗り越えて生まれる市民「シトワイヤン」である。フランス革命期の画家ジャック＝ルイ・ダヴィッドの絵画はそれに相応しい歴史的な原図を提供している。「ホラティウス兄弟の誓い」や「ブルートゥス邸に息子たちの遺骸を運ぶ警吏たち」などの絵画に見られる古代の共和制ローマのストイシズムが、革命家たちの英雄的なポーズおよび態度の手本となったのである。それらが仕立て上げたのは、個々の差異をことごとく捨象して個人を抑圧することによってのみ命脈を保つ、平等性の演劇である。革命家たちの英雄的な衣装をまとって、こうして差異が抹消されることに対する応答として、ブレヒト[77]とミュラーは、捨象という演劇的な抽象化を前面に押し出し、平等性の演出を死に至る仮装として提示している。これについて、『指令』では「革命は死の仮面」[78]という結論を導き出している。ブレヒトが『処置』の中で、均質化することによって差異を抹消するという仮面の役割を際立たせているのに対して、『指令』では、奴隷所有者の息子、ブルターニュの農夫、黒人の逃亡奴隷という三人の密使の社会的出自の差異が、革命家たちが〔それぞれ異なる〕仮面をつけているように思わせるのである。社会的、人種的、民族的な〔差異を示す〕仮面は皮膚に刻み込まれ、それが肉と癒合しているために、〔差異は克服されず〕計画は失敗に終わる。

したがって、仮面を剥ぎ取ったからといって、それで終わりというわけではない。仮面を外せばその下には本来のもの、抑圧された者の身体が姿を現すのだと考えるのは間違っている。ミュラーは、黒人のサスポルタスの身体を白人革命家たちの仮面と闘わせているのではない。前者は原始的でも動物的でも野生的でもなく、支配の鞭が刻み込まれている――そしてまた、ミュラーが書き記したものが刻み込まれている。サスポルタスの身体もまた彼の仮面である。身体という仮面に社会的、文化的、政治的秩序が刻印されることは避けがたい。「本質的」なのは仮面そのものなのだ。仮面の向こう側に探し求められるべきもの、そこから逸脱するもの、それを挑発するもの、それに抗うものは、ただ仮面に書き記されたものの中にしか見つけられない。そこに書き記されたものは紛争の場を作り出す。したがって重要なのは、仮面を引き剥がすことではなく、そこに書き記されているものを読み取り、身体と文字〔として刻まれたもの〕の、象徴的な秩序と我意の表出の、死滅と蘇生の、拒絶と拒絶されたものの亡霊的な再来の間に隠されている争いを解読することなのだ。

ミュラーは白人の革命を演劇的な仮装として提示してみせたが、単に仮面を剥いだだけではなかった。ミュラーのテクストは、共産主義や革命の歴史から自己を分離する。断絶は不可逆的である。しかし白人の革命を記述するという仮面は取り外せない。ミュラーの記述は、死滅した共産主義と生命を失った革命が刻印されていることを自覚している。そこから自らを分離するということは、書くという行為の仮面によって刻まれた記号を紛争の痕跡として読み解くことである。したがって、革命史からの断絶はまさに、今や失われてしまったものであるその歴史への回帰とつながっている。ゼーガースとは異なり、ミュラーの歴史との向き合い方において特徴的なのは、連続性と非連続性が特有の方法で結合していることである。これによって、過去から自らを引き離しながらも過去の潜在性を活かす可能性が生まれる。このことを、ドイツの詩人フリードリヒ・ヘルダーリンは、可能なるものを開くことだと言う。「現実性の中に入ってくる可能なもの」は「過ぎ去ったものの中での生成」であるという特筆すべき文章の一節によれば、「解体することの感覚をも、また解体されたものの回想をも現実的に引き起こす」のである。[79]

第五章　越境文化演劇の演者としての身振り

越境文化演劇には起源も基盤もないために、それが潜在的にどのような可能性をもっていて、何をなしうるのかということは、能動的な行為《ハンドルング》や行為化／行為すること《ハンデルン》といった概念では把握できない。なぜなら行為化《ハンデルン》が含意しているのは、アリストテレスがすでに指摘しているように、始めと中間と終わりをもつ筋／劇行為《ハンドルング》全体において、一つの行動が目的指向性をもっていることだからである[80]。例えばオイディプスの行為の目的は、ライオスを殺害した犯人を探し出すことであった。その罪が贖われていないために、テーバイの街が疫病に襲われることになったのである。彼の目的は達成され、最後には犯人が見つけ出されて街は疫病から解放される。オイディプスが事の真相を解明するうちに、罪を犯したのが自分であると悟ることは、行為者が自らの過去に対していかに盲目であるかを暴きはするが、行為《ハンデルン》の帰結や、筋《ハンドルング》の連関の完結性には何ら変化を与えない。神話、物語、筋／劇行為の完結性と完全な一貫性が主たる要素となって、文化的アイデンティティというまやかしが構成される。自らの行動を自律的に意のままにする、筋／劇行為の担い手としての主体という概念は、グローバル化の時代には廃れてしまった。さらに言えば、越境文化演劇という視点から見ると、ソフォクレスの悲劇も含めてギリシア悲劇全般の主たる要素となっているのは、アリストテレスが称揚した筋ではないように思われてくる。というのも、エピソードと合唱の挿入が交互に現れる悲劇のブロック状の構成によって筋／劇行為は絶えず断ち切られるため、オイディプスの行為のうちで記憶に残るのは、個々の身振りのみ――盲目の預言者テイレシアースへの中傷、自らの罪を思い知る認知の瞬間、自ら目を潰したことについての報告――だからである。

むしろ、身振りこそが越境文化演劇に相応しい行動形態である。というのも身振りは、中断と分離の実践から生じるものであり、こうした実践が、越境文化演劇における行動領域、運動形態、時空間のダイナミズム、行為の潜在的な情動を一様に決定づけているからだ。周知のように、ヴァルター・ベンヤミンはブレヒトの叙事演劇における身振りについて「行為《ハンデルン》している者のその行為を我々が何度も中断させればさせるほど、それだけいっそう多くの身振りを我々は手に入れるようになる」[81]と述べた。ここでは、身振りについてのベンヤミンとブレヒトの概念を出発点に、中断を手がかりとして、越境文化演劇における身振り的な行為《ハンデルン》について詳述しよう。

身振りは様々な時間と空間の間を動く。身振りのこの時空間のダイナミズムについて注目を促したのは、ヴァルター・ベンヤミンと、その衣鉢を継いだアメリカの思想家サミュエル・ウェーバーである。ベンヤミンによれば、身振りの特徴は、固定も引用もされうる点にある。固定可能なものとしての身振りは、時間の連続性の中から特異な身体運動を切り取る。引用可能なものとして、固定された身振りは自らを中断する。したがって身振りが指し示すのは――ウェーバーの表現を借りれば――「遡った過去でもあり、先の未来でもある。身振りの固定可能性は、その引用可能性によって［……］突破される」[82]。突破されることによって、身振りは異他なる地域や環境へと連れてゆかれる。控えめに言っても、身振りは特に抜きん出た移民なのだ[83]。絶えず異他の中にありながら、身振りは様々な時間と空間の間に関係を作り出す。自らの由来である筋の連関から切り取られた身振りはしかし、引用によって持ち出したり提示したりしながら、過ぎ去ったものの残余や痕跡を担う。そのことが意味しているのは同時にまた、身振りは任意に脱文脈化したり再文脈化したりできるものではない、ということである。身振りは常に歴史を負っている。歴史は身振りに付着し、死後の生《ナーハレーベン》に凝集された状態で身振りを取り巻いている。[84] 歴史は身振りという形で戻ってきたり、亡霊のような形や無意識的な回想の破片という形で反復されたり複製されたりする。こうして連続性と非連続性が独特な方法で関連し合うなかで、身振りは、異質なものとなった自らの過去と未知なる場所での不確定な未来とを結び合わせる。それゆえ身振りは、越境文化的なコミュニケーションの模範的な媒体なのだ。身振り的なコミュニケーションとは、文化的な伝統や共同体との結びつきを放棄した異他なるものの間でなされるコミュニケーションである。しかし同時に、これらの異他なるものは、引用する過去の痕跡がそれぞれ違うために互いに異なっており、いわば散り散りの状態で取り残されている。それゆえ、身振りは放棄された歴史である。一方、身振りはそれぞれ異なっているからこそ未来に開かれており、別の時間や空間とともに織りなす布置の中で生じる新たな歴史と繋がることができる。そしてブレヒトによれば、身振り的なコミュニケーションとは演劇性によってなされる一つの過程なのだ。というのも、特異なものを引用することは固定されたものを動かし、それを副次的なものや非本来的なものの仮想《ヴァーチャル》空間へ、様々な仮装や変装を伴った反復の空間へ、時間の遊戯空間へと移行させるからである。[85]

身振りには時空間のダイナミズムが備わっているが、それに加えて、身振りは生と死の間で特別な位置を占める。中断によって生じる身振りは、完全なる行為の断片である。その換喩的な特性は、特異なもの、物質的なもの、身体的なものを固持し、偉大なものや全体的なものを嫌う。こうして身振りは、いかなる文化的な幻想《ファンタスマ》や原理主義的な秩序を構築することにも抵抗し、個々の限りある生を示唆する。不完全であるがゆえに、身振りは有限性を担っている。その有限性があらわになるのは、身振りが行為の文脈から切り取られて硬直する際の瞬間である。運動の流れの中で身振りが示す瞬間的な静止状態、その固定可能性は、死の写し絵であり、硬直の徴候である。しかし、硬直させられたものとしての身振りは、動き出して別の場所で振る舞うだけではなく、疾走の運動――死への逃走に抵抗する。希望も絶望もせずに、身振りは死の刻印を呈示し、まさにそれによって死に対して断固たる異議を申し立てる。身振りは限りある生の擁護者であり、この生こそが越境文化演劇の本質であり目的なのである。

つまるところ、身振りには超越という特別な力が備わっている。身振りは神聖な領域に由来する。本来はその領域に包み込まれていて、そこから発生したのである。身振りは宗教的儀式や典礼の一部であった。その中で身振りは超越的な不在者の存在を指し示し、その顕現を反復という行為によって喚起していた。身振りは、信仰の崩壊と衰退の時代において、こうした神への奉仕から自らを解放した。しかし世俗的な身振りの中でも、超越への力は非宗教的な時代まで生き続けてきた。この力は、身振りなき時代[86]に身振りは場違いであるという、ある種の滑稽さのうちに保持されているのだが、こうした滑稽さゆえに、身振りはそれを取り巻く環境の中で異物となる。しかしだからこそ、身振りは奇妙なやり方でその環境を越え出る。もっとも、天は身振りに対して閉ざされている。かつての神聖な勤行や秩序に戻ることはもはやできないのだ。ただ未来だけが身振りに対して開かれている。既存のものを超越しようとする全エネルギーはそこへと向かう。身振りは来たるべきものへと向かってゆくのである。

一　様々な時間と空間の間における身振りの動き

宗教行列　――グレゴリオ・フェルナンデスによる《十字架を担うキリスト》

セマナ・サンタという、イェルサレム入城の日から復活祭までの聖週間に、スペインの街ではいわゆるパソを担いだ宗教行列が催される。パソとは、聖人や受難物語の登場人物の像が取り付けられた御輿のことである。この催しを実施するのは、この像の制作を委託し、パソを担ぐ贖罪者の兄弟団であり、聖人の像の行列は音楽隊や太鼓奏者を伴い、厳密に定められた順路に沿って街を練り歩く。この宗教行列の最盛期は、多色彩の木像がパソのためにはじめて作られた一七世紀であった。この時代の最も美しく有名なパソは、一六一四年にバリャドリッドでキリスト聖受難の兄弟団の委託で制作され、今日に至るまで聖週間に街路で担がれてきた、グレゴリオ・フェルナンデスによる《十字架を担うキリスト》である[87]（図版９）。

《十字架を担うキリスト》に造形されているのは、イエスがヴェロニカに付き添われ、キレネのシモンに手助けされながら、兵士たちによってゴルゴダの丘へと連行される場面である。この彫刻は五人の人物で構成される。それは十字架の重みに跪くイエス[88]、十字架を運ぶのを手伝うキレネのシモン、身を起こして、イエスの汗を拭うために自らが差し出したヴェールに彼の顔が浮かび上がっているのを見つけるヴェロニカ、そして二人の拷問者であり、そのうちの一人は真っ直ぐに立ち、勝ち誇った様子でラッパを吹き[89]、もう一人は前屈みの姿勢で、キリストの首に繋がれた綱を引いている。それぞれの人物が関連し合い、受難物語の立体的な群像《タブロー》を形成しているにもかかわらず、個々の身振りがこの連関から浮かび上がってくる。懸命に手伝おうとするキレネのシモンの

9
グレゴリオ・フェルナンデス《十字架を担うキリスト》
1610年、国立彫刻美術館、バリャドリッド
© Javier Muñoz/Paz Pastor

10
グレゴリオ・フェルナンデス《ヴェロニカ》
(《十字架を担うキリスト》部分)
© Javier Muñoz/Paz Pastor

姿勢、従容として苦しみを受け入れるキリストの態度、奇跡に驚くヴェロニカの身振りと表情（図版10）、拷問者の身体に見て取れる邪悪な愉悦は、一見したところキリスト教の美徳と悪徳を例示しているかに思われるかもしれない。しかし同時に、それらはキリスト教的な救済史の世界を超越している。その世界では、苦悩も悪の勝利も含めた全てが暫定的なものに過ぎず、救済という出来事の中で決まった位置と役割を与えられている。これらの身振りがこうした世界を超越する理由は、行列の特異性とそれが横断する空間にある。街を行進することで、聖書の人物たちは神聖な領域を後にして世俗の空間へと歩み入る。街路を通って運ばれるパソはその空間を神聖化し、世俗的な街を救済史的な場所へと変容させる。神聖な彫像、宗教的な衣装に身を包んだ兄弟団の人々、演奏者たちの行列は、この街の通りにも、そこに立ち並ぶ家々にも別の時間と歴史の儀式的象徴をまとわせる。一時的にスペインの首都だったことがあり、セルバンテスの暮らした地でもある一七世紀のバリャドリッドという街と、二一世紀の観光都市バリャドリッドが、行列の時期には古くて新しいイェルサレムと化す。街の世俗的空間に神聖な空間が交わり、現世における歴史上の出来事が時系列的に連なる時間に、救済史における意味に満たされた時間性が重なる。

都市空間に神聖な空間が交わり重なるとはいえ、都市空間がその中で消し去られるわけではない。それは維持されて神聖な空間と層をなす。両方の層が相互に対する新たな視角を与える。ここに行列の空間の深い両義性の本質がある。神聖な行列は都市の日常生活との接触を避けられない。世俗的な暮らしの場所、手工業の営み、商店、飲食店や遊興施設、道端や公共広場でひしめく群衆が強く印象づけるのは、聖なる行列は都市の祝賀パレード（の行列）でもあり、群れをなす信者たちはスペクタクルの見物人でもあり、キリスト教の救済史の時代は経済的交換の時代でもあるということである。[90] こうして都市空間は、文化的な分散と多層化した時間の空間となるのである。

行列における時空間の両義性がとりわけ当てはまるのは、パソに載せられた、救済史の人物たちである。彼らが時間の進行にさらされることによって、その知覚のされ方は決定的に変化する。観客は人物たちの配置を関連する出来事の全体像として一目で捉えるのではなく、行列の中にいるのか、あるいは行列の周辺にいるのかによって異なった視線を彫刻に向けることになる。彫像は決して立体的な群像《タブロー》としては知覚されえない。というのも、そのための確固とした場所や固定された視点が——祭壇や画板に描かれた絵の場合とは違って——欠けているからである。ヴェロニカの顔に視線を向けることができる場所にいる者には、綱を引く拷問者の表情は見えない。キレネのシモンを正面から見る者には、ヴェロニカの姿勢と身振りは横からしか見えない、といったように。このようにして、相互に関係づけられた一つのイメージではなく、目に飛び込んでくる一つ一つの身振りが行列に対する知覚を決定づけるのである。さらには、それが通過してゆくために、視点は絶え間なく変化する。個々の身振りは瞬間の中に繋ぎとめられるが、同時に、過ぎ去ってゆく時間にさらされる。こうして、十字架を担うキリストという救済史的なイメージの中に、複数の視点と、世俗的な都市空間を移ろい過ぎ去ってゆく時間が刻まれる。

グレゴリオ・フェルナンデスによる《十字架を担うキリスト》では瞬間がしっかり捉えられつつも、その瞬間の中で身振りが超時間的な意味象徴の秩序から生じ、時間の流動性に自らを委ねるのである。何より、その結果生じた両義性が、人物像に与えられた姿勢の中にあらわになる。キリスト教的な振る舞いを典型的に示すものとして考案されたこれらの人物像は、同時にそれとは正反対の、禁じられてはいるが、密かに親しみを抱かせる魅力を放つ。それはすなわち、いかなる救済の約束も奪われた物質的で剥き出しの身振りであり、その作用と意

11
ジェフ・ウォール《立ち退き闘争》1988/2004年、ライトボックスに収められた大判写真スライド、229×414cm
© Jeff Wall

味は、時間と空間の一時的かつ世俗的な布置の中でのみ、そのつど新たに観客に開かれてくるのである。

移住——ジェフ・ウォール《立ち退き闘争》

カナダの写真芸術家ジェフ・ウォールの一九八八年の写真《立ち退き闘争》(図版11)は、幅四・三四メートル、高さ二・四八メートルのライトボックスに入れられた大判写真スライドである。前景には郊外の道路が見える。そこは小市民的な住宅地であり、前庭付きの家々が立ち並び、両側の道路沿いに車がまっすぐ停められている。例外は、斜めに停められた黄色い警察車両である。写真スライド中央に見える前庭の芝生の上では二人の警察官が一人の男性を捕えて連行するところであり、その傍らで若い女性が両手を広げて彼を助けようと家から駆け出してくる。この退去——住居からであれ国からであれ——というほぼ日常的な出来事を、隣人や通行人は適当な距離を置いて傍観している。

しかしもう一度よく見ると、日常的という印象は消え去る。退去に関与する人々の姿勢や動きが、出来事をまさにそれが起こっている瞬間に写実的に記録するスナップショットには全くそぐわないのである。その代わりに我々が目の当たりにするのは、一八世紀の舞台やその時代の歴史画で目にしたことがあるような極端で激しい身振りである。この身振りは撮影当時の出来事をあるがままに伝えるというよりはむしろ、ぎこちなく誇張しているように見える。つまり、実際の出来事をはっきりと捉えられないがために、誇張によってその欠陥を補おうと調整したかのようなのだ。このあからさまな所作は素人俳優を想起させ、この光景は絵画における情動のありきたりな表現、あるいはメロドラマ的なポーズの再演《リエナクトメント》[iv]のように見える。しかしそれはどの時代とどの場所に関わっているのだろうか。明らかなのは、この場所が具体的な場面を越えているということである。具体的な場面は、際限なく拡張する街の風景の中に埋没してしまっている。鉄道線路の敷設予定地によって分断され、建物が見境なく混交するこの都市空間には、都会性のいかなる徴候も欠如している。退去の場面とそこに巻き込まれた者たちの闘いは、共同体の「非-場所《ノン・リュー》」[91]の中に埋め込まれている。

ウォールの空間は、最初の印象では人物たちの場違いな身振りに対して写実的で記録的な背景をなしているかに思われるが、一見するだけではどの視点から見ても錯覚を引き起こす。距離を置いて上から見ると、斜め上から走る道路に沿って降りてくる視線は、横に走る道路と交差することになるが、それによって人物たちの場面は周辺へと追いやられる。この場面は、とりわけ街の風景を登り勾配のものとして捉えようとするとき、見る者を吸い込むかのようなその下からのアングルによって曖昧化される。上から全体を見渡しながら同時に下から見上

iv　第一部第三章第二節「原理主義の幻想-演劇——ペギーダ（PEGIDA）」を参照。

げ、一時的に中心にいながら再びそこから離れるといった具合に、距離を保って出来事を判断できるような確固たる位置が見る者には与えられない。ウォールは、写真のもつドキュメンテーションとしてのアピール力を操作している。つまり、様々な角度から撮ったいくつもの記録を機械的に繋ぎ合わせ、そして／あるいはデジタル加工することによって、モンタージュであることをもはや見えなくしているのだ。目に見えない編集がここでもたらすのは、写真メディア自体が現実の代替になることではなく、写真に収められた現実内容に対する根本的な懐疑と、写真のドキュメンテーションの政治的課題である。

というのも、単に政治的な目的での追放を写真に収め、苦悩する様子をあるがままに写しただけでは、ブレヒトの言うように、出来事も苦しみも「明らかにしえない」[92]からである。だからこそ、日常の光景を演劇化すること、見慣れた代理表象の境界を越えることが必要なのだ。都市生活の名に相応しい（滞在）場所を、それを見る者にも住人にも提供することのない住宅の寄せ集めが醸す味気なさは、生きるか死ぬかに関わる身振り的な相互作用によって遮断される。海のように広がる家並みはどこまでも灰色で、その中ではすでに完結した現在という空虚な時間が気だるく波打っているが、その灰色は過去の時間に由来する身振りの情動によって突き破られる。この時代錯誤《アナクロニズム》だけでも奇異に感じられるが、身振りの中に刻み込まれた過去の反復によって異他の経験は絶対的なものとなる。この場面の基礎となる再演《リエナクトメント》――現にジェフ・ウォールは、絵画における情動の身振りの紋切り型を自らの写真作品の中でしばしば俳優や素人たちに演じさせている――は身振りを分割し、二重化する。反復された（取り戻された）ものの身振り――一八世紀的な絵画を思わせる、激しい相互作用のイメージ――と、反復の身振り――歴史的な身振りを誇張した模倣――は互いに区別される。この区別によって、身振りが引用する時間と空間はともに一つの布置を形成する。それを示しているのがウォールの《立ち退き闘争》である。今日の郊外における歴史も顔もない光景には、身振り的な引用によって歴史的な奥行きが与えられている。共同体の（中での）正当な生をめぐる熾烈な闘いがそこにあったのだと。しかし、過ぎ去ったものや廃れたものは、現在の状況を文化ペシミズム的に捉えるための尺度にはならない。かつての身振りが時代からこぼれ落ち、時代の罠にはまって〔漂泊状態に陥って〕いることは、あまりにも明白である。情動は郊外の住宅団地の中で空転する。確固たる（滞在）場所なく漂泊する人々が、定住をめぐって闘う。それはすなわち、拠り所も枠組もない歴史の再現である。ライトボックスの中のスライドは、宗教的な視覚的事物への崇拝を、だがそれだけでなく広告の掲示板もほのめかしている。拘束力をもつような政治的戦略も共同体も正義もない。ここで経験されるのは主として、足元にはどこにも基盤がないということ、非―場所の中の人物、浮遊する存在であるということだ。

しかし郊外の果てしない連続性の中で、身振りが周縁的なもの、時代錯誤的なもの、非本来的に誇張されたものとしてその姿を現すとき、それは同時代的な身振りになる。それによって表現されているのは、拠り所も希望もなく錯綜した都会のジャングルを漂泊し、過去の身振りの集積の中から現在をこじ開けるための道具を獲得する都市居住者の振る舞いである。彼らが取る身振りに備わる底なしの情動の中に、過ぎ去ったものが生き続ける姿が現れる。それを身振り的に引用することは、現在を歴史化し、日常の形而上学に過ぎゆくものとしての特徴を刻み込む[93]。ジェフ・ウォールの《立ち退き闘争》は見る者に向けて、都市の錯綜のただなかに置かれた移民の身振りを伝えているのである。

二　生と死の間にある情動の身振り

逃走のさなかに ――ムルテンの戦いの後のシャルル突進公

ブレヒトのテクスト『中国の演技術における異化効果』（一九三六年）は叙事的演劇の理念と実践に関する最も重要な論考の一つである。それが重要なのは、彼が自らのコンセプトを一貫して異なるメディア、異なる文化、異なる芸術を媒介として確かめる態度ゆえである。ブレヒトは一九三五年にモスクワでの演劇祭で、近代の京劇の演者であり、ハリウッドの映画人、ロシアの映画監督エイゼンシュテインやヨーロッパ演劇の前衛にインスピレーションを与えた梅蘭芳の上演を目にした。ブレヒトの論考は、異なる文化的伝統にルーツを持ちながら、同一の事柄、つまり身振り的なコミュニケーションという問題に取り組む専門家たちの意見交換のように読める。ブレヒトが異化《フェアフレムドゥング》効果と名づけたアイデアがもともと誰に由来するのかは――およそ新しいアイデアというものは、何かを参照して生み出されるのが常なのだから――さして重要なことではない。論考ではブレヒトは梅蘭芳の劇を描写することなく、自らの文化に埋没したもののことから筆を起こす。つまり、サーカスの道化師、歳の市、パノラマ、絵画、なかでも彼を特に魅了したのが〔一五世紀のブルゴーニュ戦争に際して起きた〕《ムルテンの戦いの後に逃走するシャルル突進公〔ブルゴーニュ公〕》（図版12）である。

例えばドイツのあちこちの歳の市で見られる《ムルテンの戦いの後に逃走するシャルル突進公》の複製がそれだ。[v] これは未熟にはちがいないが、そこで狙われている（そして原作では狙われていない）異化的効果

12
ウジェーヌ・ビュルナン《ムルテンの戦いの後に逃走するシャルル突進公》1894年、ウジェーヌ・ビュルナン美術館、ムードン

は、決して複製者の未熟さのために生じたものではない。逃走中の将軍やその馬や従者や風景が、ある特別の出来事、異常な《ベフレムデント》災厄という印象を与えるように、きわめて意識的に描かれている。[94]

留意しておきたいのは、ブレヒトが、中国人の俳優の演技方法を詳細に述べるよりも先にまず、彼独自の演劇のルーツとなる経験を絵画に置いている点だ。しかしここでもまたルーツは明確でない。原画も複製も、ブレヒトは様々な理由から不完全であると捉えている。重要なのは、異化《フェアフレムドゥング》的効果そのもの、あるいは異化の身振りである。それらは何を意味しているのだろうか。歳の市で展示された絵は消失してしまったが、その原画は（現

v
当時のドイツでは歳の市に様々な見世物小屋があり、そこには物見遊山の客たちの興味を引きつける展示物が置かれていたが、《ムルテンの戦いの後に逃走するシャルル突進公》もその一つであった。この画は複製でありながらリアルさを演出し、不気味な印象を醸し出すことから、ブレヒトだけでなく、ドイツの詩人リルケなどの想像力を掻き立てた。

存しており」、スイスの歴史画家ウジェーヌ・ビュルナン（一八五〇―一九二一年）によるものである。この絵画には、疾駆する馬に乗って逃走する一軍と、その絵を見る者にほとんど飛びかかってこんばかりに、宙を飛ぶように体を伸ばして右から左へ遁走する二頭の犬が描かれている。この水平の動きを中断するのは、二つの垂直的な障害物である。すなわち、前脚を上げた前景の馬と、ショックに固まり、まるで逃走から身を引き、動きから切り取られたように、硬直したまま棒立ちの姿勢で馬に跨るブルゴーニュ公自身である。「パニックに慄いて観る者の方へ驀進してくるかのような馬に、顔面蒼白の大公は蝋燭のように垂直に跨っていた」[95]と、ブレヒトは一九二〇年代初期にこの絵についての記述の中で回想している。当時彼はこの題材に大いに興味を抱き、ブルゴーニュ公の逃走と死についてまずは戯曲を、その後に小説を書くことを決意した。こうした動きの中断、逃走進路における異物こそが「異化的効果」を発揮して、「ある特別の出来事、異常な災厄という印象」[96]を喚起するのである。戦いで敗北を喫した大公は死から逃走しているのであるが、それが実は死への逃走であることが明らかになる。つまり、シャルル突進公は村にある池の泥土の中で最期を遂げたのである。この絵の中で逃走の動きのさなかにある大公が身体を硬くこわばらせている様子は、身振りの構成要素である硬直を表している。それは戦慄を呼び起こす。戦慄とは、生命を与えられたものと生命をもたないものが混交することによって、それを見る者に襲いかかってくる情動である。

身振りに情動的な力が内在することは、演劇学の側からも、演劇実践の側からもこれまで顧みられてこなかった。その原因は、基本的身振りをもっぱら社会状況の身振り的な指示と関連づけるという、一面的ではあるが、広範に流布してきたブレヒト受容のあり方にある[97]。そのため演劇でも演劇学でも長い間、身振りがどのような（社会的）意味を持つのかという問いが、身振りにいかなる情動的な作用があるのかという問いよりも優勢であった。[98] 一方で、後者の問いは美術史において重要視されてきた。アビ・ヴァールブルクによる情念定型《パトスフォルメル》に関する構想では、絵画における身振り表現を「身振り言語の最上級」[99]、「内面が最高度の感情に襲われていることを示す表現形態」あるいは「熱狂的経験を伝える記憶痕跡《エングラム》」[100]として捉える。身振りのもつ意味と情動について、演劇や美術といった分野間、メディア間の区別を論じるのはこの程度にとどめたい。身振りの意味と情動はブレヒトに即して模索することができる。彼の演劇論で言及される分離、分割、露出の実践はブレヒトおよび彼以降の演劇における身振りに情動のエネルギーを取り戻すことを可能にするのだ。

歳の市でシャルル突進公の絵を見たときに若きブレヒトが経験した、生と死の間にある身振りの情念《パトス》を、彼はヘレーネ・ヴァイゲルの身振り的演技のなかに再発見した。これについて彼は、ベルリン州立劇場での『オイディプス王』（一九二九年）のレオポルト・イェスナーによる演出[101]を機に執筆した『俳優術についての対話』に記している。イオカステの侍女として、イオカステの死とオイディプスの目つぶしを伝える使者役を担うヴァイゲルの演技を、ブレヒトは以下のように描写する。

> この新しいタイプの俳優が『オイディプス王』において侍女を演じたとき、彼女は女主人の死を伝えながら、全く無感情だがよく通る声で「死んだ、死んだ」と叫び、その「イオカステ妃がお亡くなりになった」という台詞は嘆きとは無縁で、しかしきっぱりと確信に満ちており、その死というありのままの事実がまさにこの瞬間に、自分自身のいかなる苦痛を表現したところでなしえなかったくらい強烈に作用した。つまりヴァイゲルはこの戦慄の出来事を声ではなく顔に託したのであろう。というのも、彼女は顔の白化粧を通じて、そこにいる者たちに死がいかなる作用を及ぼすかを示したからである。自殺した女主人がまるで衝動に駆り

立てられるようにしてくずおれた、という侍女の報告は、仆《たお》れた妃への同情よりも、〔妃を駆り立てた〕衝動の力強さを伝えんばかりだった。そのため、どれほど感傷的な観客にも、侍女が自らの決然たる態度に対して同意するようにと迫っていたことは明らかだった。すなわち、侍女役のヴァイゲルは感嘆しつつ、妃の激しい動揺と、見かけ上は無分別に陥っていた姿を簡明な一文で描写し、きっぱりした口調で「そして妃がどのような最期を遂げたのかは、私たちには分からないのです」と言ったきり、死についてそれ以上語るのを拒否することで、わずかばかりの、しかし揺るぎない敬意を表したのだった。だがヴァイゲルが階段を数歩ばかり降りてゆくと、この小柄な俳優が誰もいなくなった忌まわしい場所から、舞台下の空間にいる人々のもとへ行くまでの間には、とてつもない隔たりがあるように見えた。そして彼女は機械的ながらも嘆くようにして両腕を高く上げながら、〔イオカステよりも〕この不幸な出来事を目の当たりにした自分自身に同情を求めて、大声で「さあ今から、嘆くのです」と呼びかけた。こうして侍女役のヴァイゲルは〔イオカステに向けられる〕それ以前の、より根拠に乏しいあらゆる悲嘆の正当性を否認したのだろう。102

ブレヒトの描写の中で明らかになるのは、個々の身振りを鋭く際立たせる、人物の抑制である。その身振りは、生命あるものと生命を失ったもの、機械的なものと有機的なものの間の断絶と転換の中に現れる。声が隠しているものを、白塗りの顔が明かす。生き残った者の勝利を声がさらけ出すとき、同時に身体は控えめに、さらけ出す者の疑わしさを指し示す。声が嘆きながら同情を乞うとき、身振りは機械的で空虚になる。ヴァイゲルの演技では、個々の身振りによって、〔形が歪むようにして変わる〕脱形態化の戦慄が増してゆくのである。揺り動かされるようなエネルギーによって、彼女の個々の身振りは情動の身振りに変換される。ヴァイゲルが「誰もいなくなった忌まわしい場所から舞台下の空間にいる人々」のもとに行くまでの間にあるように見えた「とてつもない隔たり」——不在のものを媒介する空間——は、情動の身振りが〔個々の身振りによって〕互いに組み合わされた空間である。その空間では、出来事に対する視点が複数化し、遠さと近さ、距離と同一化が縦横に交差する。身振りの情動空間では、異他と自己が相互に作用し合うのである。

黒い墓と虚空の間 ——カラヴァッジョ《キリストの埋葬》

バロック期のイタリアの画家カラヴァッジョは昇天を描かなかった。彼の最も有名な作品は《キリストの埋葬》である（図版13）。この作品を見た者が一目見て気づくように、ここに描かれたキリストが復活することはないであろう。マリアたちのうちの一人の高く上げた腕と懇願するような眼差しの先に、天は開かれていない。逆である。この場所から斜め下に向かう構図の線は、亡骸と、空間に入り込んできて静止したかのような石の有限性が作り出す二重の水平線によって切断されている。その下に墓の奈落があり、この場面はそこから見たものである。この絵にはいかなる超越もない。ニコデモとヨハネという男性二人には、嘆き悲しむ暇はない。彼らにはしなければならない仕事があるのだから。そのうち一方の男には、仏頂面にその労苦が描かれている。しかし、手を貸す代わりに傍観するだけの野次馬に対する怒りも滲み出る。彼にとっては、もう一方の男の、残酷さと官能性の混じった指使いによって槍の刺し傷が再び開こうとも構わない。死んだ者には、もはや痛みなどないのだから。絵の狭いフレーミングはいかなる形而上学的な関連にも介入する余地を与えず、それぞれの人物に彼ら自身を委ねている。自分自身に押し戻された彼らは、その剥き出しの身体性で我々を圧倒せんばかりである。こうした印象に抗っているように見えるのが、この作品の身振りの構成である。カラヴァッジョは視点を二〇度右にず

13
ミケランジェロ・メリージ・ダ・カラヴァッジョ《キリストの埋葬》1602–1604年、油彩、カンヴァス、ヴァチカン美術館

らしているため、この絵を見る者は出来事に正面から向き合うのではなく、横に（そして時間的にも）ずらされた位置から、一つの彫刻を吟味しているかのような錯覚を覚える。この彫刻の中では、画家が細部まで取り入れている懇願や悲嘆、ピエタと慰めなどの伝統的な情念定型が石化している。ほぼ全ての姿勢に、数多くの情念定型のうちから相応しい模範を見つけることができる。カラヴァッジョの場合、身振りが引用としての性格を持っていることは明らかだ。彼が描いているのは、悲嘆する女性というよりはむしろ、片手で支えられた俯いた頭であり、光の注ぐ半分露出した肩は何か別のことを回想しているかのようだ。聖母マリアは抱きかかえるような動作をしているが、見えているのはその両手だけである。個別的な姿勢と身体部位に限定された人物たちに、他の人物の身体部位が覆いかぶさっているのである。これによって、様々な引用が混在する一つの構成が生まれる。古典的な人物像の肉体が断ち切られることで、手足の力感が増すのである。引用された身振りは、意味の区切りとの再生の間で、絵の内部にだけ見出すことのできる来たるべきものを指示する力を発揮する。

静止した身振りとともに、そして静止した身振りに対抗するように、この絵のいたるところに落下運動が働いている。重く垂れ下がった死者の身体の上方に、様々な角度で前屈みになる者たちが連なる。これによってこの一群は右上の最も高い点から左下に傾き、転落の危険にさらされる。それに対する支えになっているのが身振りである。落下運動はカラヴァッジョの発明ではない。それは、ピエタの表現には「落下依存症」があるのではないかと思われるほど頻繁に見られるもので、エルンスト・ブロッホが「直立歩行」と呼んだルネサンスの特徴とは対照的である。[103] 手足のほとんど官能的なまでの弛緩は意識的・無意識的に宗教的な要求の裏をかいて、なされるがまま、落ちるがままになるという、強い願望を表出している。（自己）犠牲と解体に向かう（死の）欲動に対して、カラヴァッジョの作品では逆説的に、死が描写に介入することで抵抗している。キリストの力強い、生々しいほどの身体には死の暴力が刻まれているため、それを目の当たりにする者は衰弱への欲求と遺体の硬直への抵抗との間で揺れ動く。身振りと動き、他者への帰依と自己主張、時間の流れと硬直化はもはや対立関係にはない。それらは相互に作用を及ぼす、つまり互いに阻害したり結合したりするのである。それらは、黒い墓と虚空の間で「実際に起きていること／落下とは何であるか〔was der Fall ist〕」[104]の全てを表出している。

有限の今を生きる！　――ウォン・カーウァイ『堕天使』〔邦題『天使の涙』〕

難民や新来者のための一時的な滞在場所、文化と移住者が通過《トランジット》してゆく空間といえば香港であり、この街がウォン・カーウァイ（王家衛）による一九九五年の映画『天使の涙』の真の主役を演じている。プロの殺し屋とその相棒の女性の物語、そして軽犯罪を犯す者たちと彼らの様々な関係の物語という二つの筋は、絶えず低速度撮影でひっきりなしにかすめ過ぎてゆく車や列車の映像によって断ち切られ、細切れにされる。人物たちがどこにいようと、彼らが落ち着くことはない。ある映画評によれば、「カメラが狭い廊下や空間の中をせわしなく動き、傾き、揺れながら、極度の広角レンズで顔に近づき、その顔を身体や物と同様に歪める」[105]。特に歪められるのは、空間そのものである。つまりカメラの遠近法によって引き伸ばされることで、空間は住宅よりもむしろ避難通路のように見えるのである。香港の忙しなさは唐突な方向転換やカットによってさらに増幅され、その中で人物たちは硬直してしまっているかのようである。長いショット、スローモーション、モンタージュ、オーバーラップ、様々なスピード感が、彼らの存在を時代錯誤的なものに感じさせる。彼らは自分の居場所にいながらにして、この街を疾走する時間から逃れようとしているのだが、この時間はその住人たちに刻み込まれている。彼らはこの街では束の間の存在なのである。映画で何度も述べられるように、彼らにはみな期限切れの日が来る。ウォン・カーウァイは時間を映画の動きの動機として主題化し、個々のコマや具体的な身体の身振りと接続させる。逃走するシャルル突進公の絵画と同様に、映画の人物たちの身体や身振りは異質であり、逃走の動きから切り取られたような印象を与える。しかし死に対して彼らが示す特徴的な態度は、ただ単に人生の有限性を冷静に受け入れるということにとどまらない。登場人物たちが手にする火のついた煙草から落ちない灰のように、彼らは連続するイメージの中に埋もれていくことに抗い、踏みとどまる。ウォン・カーウァイの映画の身振りは常に死に対する異議申し立てでもあり、それが伝えようとしているのは、香港という通過と移動の空間の中で「有限の今を生きる」ということなのである。

三　身振りの未来性　――フランツ・カフカ『オクラホマの野外劇場』

本日早朝六時より真夜中までクレイトンの競馬場においてオクラホマの劇場要員を募集！　オクラホマ大劇場は諸君を呼んでいる！　募集は本日限り、一回のみ！　今このチャンスを逃す者には永遠にチャンスは巡ってこない！　自分の前途を思う者は来れ！　誰でも歓迎！　芸術家たらんと欲するものは申し出よ！　我が劇場は各人を適材適所に採用！　決意をする者にはこの場ですぐに祝辞を！　とはいえ、夜中までに間に合うよう急げ！　十二時にはドアというドアが閉され、もう開くことはない！　我らを信ぜぬ者はくたばるがいい！　クレイトンへ行こう！[106]

カフカの小説『アメリカ』におけるオクラホマの野外劇場の場面は、最初から境界が取り除かれている。この劇場の舞台となるのは、ニューヨークの街角のポスターから、クレイトンの競馬場を経て、電車で二昼夜かかる遠いオクラホマの地へと積み重ねられた空間である。そして、読者がオクラホマの大劇場の中で場面として見るのはただ一度きりの公演に過ぎない。すなわち、クレイトンの競争路の前で宣伝する一座の公演であり、馬券売り場でオクラホマへ旅する応募者の登録が行われているのである。これがおぼろげに思い起こさせるのは古代ギリシアの「スケーネ」、つまり舞台上には見えないが、使者の報告の中で、不在でありながらにして現れる撲殺、目つぶし、殺人、破滅などの出来事との境界となる劇場の背壁である。カフカの舞台装置も同様である。つまり、オクラホマの野外劇場に採用された者たちの行動について知りうるのは、競争路の前の場面で経験されることだけなのである。不在のものがまさに不在として現在化されることが、野外劇場の本質なのである。それは、誰もがただ自分自身を演じるだけの世界劇場である。だが同時に、役割を与えたり運命を操ったりする神的な作者《アウクトル》が失われた世界劇場である。そしてそのような存在の、地上における代理人の座も空席であるかに見える。すなわち、ある場面に登場するアメリカ大統領の桟敷席もまた、巨大で華やかに装備された劇場同様であり、その奥は「暗い、赤みがかった光のただよう虚空のように見えた」[107]のである。

これは、クレイトンの競争路という「スケーネ」で可能になる不可能な劇場である。現実と仮想の境界で空間と時間が一体化してできる、不可能で可能な劇場である。(不)可能なものを恣意性に委ねるのではなく、経験が成立するような状況に置くことが、オクラホマ劇場での身振りの課題である。身振りとは場面を組織する要素であり、クレイトンの競争路の前にある長く低い舞台の上の天使たちである。カフカの小説を長らく読んでいない人も、オクラホマの野外劇場についてほとんど全て忘れてしまった人も、この天使たちのことなら、つまり「何百という女がまるで天使のように背中に大きな翼をつけ、白いスカーフをまとい」、金色に輝く長いラッパを「勝手に」吹き鳴らして、「お互いに合わせるなんてことはしてな」いために「めちゃくちゃな騒音」を生み出していたことなら思い出すことができるだろう[108]。天使たちは様々な高さの台座の上に立っている。描写は次のように続く。「かなり低いところにいて、実際の背丈とあまり変わらないくらいの女の人もいれば、その脇にはちょっとした風が吹けば危険に思えるほど高く上っている女の人たちもいた。これらの女たちはみんなが吹き鳴らしていた」[109]。

天使に扮した女性たちが宣伝目的で騒々しくラッパを吹き鳴らすのは、「黙示録」でラッパを吹く七人の天使やエリコのラッパを茶番風に引用したものであるが、その騒音の中に、宗教的な時代の身振りが持っていた超越の力の記憶が滑稽な形で再来する。この再来の過程で場面に含まれる複数の時空間が凝縮し、世俗的なものと宗教的なもの、未来への期待と経済的な打算、パトスと滑稽さが接触する。聖書に書かれた太古の時代の予言的な響きは広告の誇大宣伝的な響きと共鳴し、誰もが包摂され承認される共同体という近代的なユートピアは、二〇世紀の抑圧的な雇用政策、労働や戦争への奉仕といった暗い影を払い除けることができない。遊戯的な存在を約束したところで、現代における官僚主義的秩序という脅威がその反面としてつきまとう。変装してラッパを吹く天使たちの身振りは、現実と仮想を対置するのではなく、現実のうちに仮想があり、仮想のうちに現実があることを示している。このようにして身振りは、過去を反復することで未来に向かって現在を越えてゆくことができる。オクラホマの大劇場に鳴り響く、滑稽なまでに調子外れで入り乱れたラッパの音は、アドルノがマーラー論で述べた「突破のファンファーレ」[110]でもあるのだ。

14
ネイチャー・シアター・オブ・オクラホマ『ライフ&タイムズ』

オクラホマの野外劇場から、もう一度、アメリカ出身のパフォーマンス集団ネイチャー・シアター・オブ・オクラホマ、そして『ライフ&タイムズ』に話題を戻そう。クリスティン・ウォラルの子供時代を歌いながら反復するエリザベス・コナー、アンヌ・グリッドレイ、ジュリー・ラメンドーラは天使ではない。しかしカフカの作品同様に、彼女たちは壇上に立っている。翼を背負う代わりに明るい灰色のワンピースと赤いスカーフを身につけているが、これはマレーヴィチの「黒の正方形」を思わせる胸元の小さな赤い四角とともに、社会主義の過去の名残りであることを示唆している。彼女たちの歌には身振りが伴うが、その身振りに意味は与えられていない。それはスポーツ系のリズム体操や体操大会の集団演技やスパルタキアード〔ソ連で行われた大衆スポーツイベント〕を彷彿させる運動から借用されたものである(図版14)。こうした歴史的な身振りの引用は、悲劇の形をとって現れる世界史的な出来事は茶番として繰り返されるのだという、『ルイ・ボナパルトのブリュメール一八日』におけるマルクスの洞察に通じるものである。このコミカルで時代遅れの身振りは、一九八〇年代アメリカの平凡な少女の生活史と相まって、初めは奇妙に、それどころか滑稽に感じられる。滑稽で茶番と化したものとして、この政治的に廃れた身振りは演劇の場という時間の遊戯空間へと入ってゆく。そこから身振りは越境文化的な共同体という野外劇場を指し示す。それが未来のどの場所にあろうとも。

第六章　感情の発電所としての越境文化演劇

一　感情の力

「感情の発電所」――アレクサンダー・クルーゲは一九世紀のオペラ劇場をこう名づけた[111]。まず、この言葉には歴史的な意味合いがある。つまり、オペラという発電所は、市民階級の時代の担い手たちに、市民生活の日常の中で彼らが失った情熱を提供したのである。市民的な職業生活につきものの損得勘定の中で、アイーダ、蝶々夫人、イゾルデ、そして彼女らと同じ苦悩を共有するヒロインたちが、明けても暮れても仕事に勤しむための原動力となる感情を確かに供給してくれた。ところが、アレクサンダー・クルーゲの意図するところは、芸術という保護区での感情のこうした埋め合わせ的な機能とは無関係だ。むしろ「感情の発電所」という彼の発言は、歴史への追憶にとどまらず、一つの主張と一つの問いを含んでいる。その主張とは、社会が徹底的に合理化された現代においても、あるいは現代だからこそ、感情がある特別な力を持つということである。感情は周縁的なものでも個人的なものでもなく、（権）力《マハト》とそれへの対抗力《ゲーゲンマハト》という磁場の中で動いている。例えば政治運動では、自らの利益追求のために感情が動員される。感情は職場であろうと余暇であろうと、社会的コミュニケーションを促進したり妨げたりする。感情は共同生活におけるあらゆる決定の基盤となる。つまり感情は政治的な事柄なのである。この主張から出発すると、次の問いが生じる。つまり、どのような感情が諸芸術の政治性という枠組の中で効力を持ちうるのか、あるいは持つべきなのか、そしてそれにはどのような芸術的態度で臨むのが相応しいのか、という問いである。

越境文化演劇は、感情の力に対して主張と問いを投げかける。その批判の出発点は、これまでに詳述してきたように、自らのものという文化的な幻想、黄金時代という集合的な空想、国家的、人種的、宗教的、「民族主義的《フェルキッシュ》」といったアイデンティティの構築である。こうして構築されたものがいずれも情動に支配され、感情的に極度に敏感であることは現在でも経験されるところであろう。これらは、個々の要素を空想上の全体と同一視したり投影的に融合したりすることで力を蓄える。このプロセスをブレヒトは「感情移入」と呼んだ。感情移入への批判はかつてないほど政治的に重要な意味をもち、その対象は演劇の観客の態度などといったものにとどまることなく、はるかに広範にわたっている。つまり、公共体との同一化という包括的な文化的実践にまで関わるのである。ただし、この実践を批判するだけでは、情動的な同一化の誘惑を打破するのに十分ではない。こうした批判にとどまるなら、それはイリュージョンを破壊するだけのものでしかないだろう。ともすれば、このような批判は多様な情動全体を否認しかねず、それによって分別と感情の間の溝は深まってしまう。イリュージョンの破壊だけを目的とする批判に対して、マルクスは、フォイエルバッハの宗教批判に対する批判の中で警鐘を鳴らしている。「批判は鎖にまつわる想像上の花をむしりとってしまったが、それは、人間が夢も慰めもない鎖を背負うためではなく、鎖を振り捨てて生きた花を摘み取るためであった」[112]。マルクスのいう生きた花とは——越境文化演劇における感情移入への批判に関連づけるならば——情動的な経験を意味するものであり、この経験は感情移入という呪縛を断ち切り、嫌悪や賛嘆や一体化とは別の形で、異他なるものと情動的に接触する。内面の感情的表出とは異なり、情動的な接触とは異他なるものによって触発されることであり、異他なるものを触発することでもある[113]。越境文化的な接触における情動は、個人の内部を横断して、その統一的形態をこじ開けるという意味において超主体的である。以下でさらに一般化して述べる感情の力とは、この相互的に行われる超主体的触発を意味する。しかし、その力とはどこから来るのだろうか。越境文化演劇を「感情の発電所」と呼ぶことを可能にする情動的エネルギーはどこから来るのだろうか。この問いに答えるためには、もう一度ブレヒトに立ち返る必要がある。

啓蒙主義者で合理主義者のブレヒトは理性を重視して演劇から感情を排除しようとした、という固定観念が根強く残っている。そこでいつも引き合いに出される例が、『オペラ《マハゴニー市の興亡》への注釈』[114]における、演劇のドラマ的形式と叙事的形式という有名で悪名高い対置である。事実、この長々と対置が記されたリストの最後では、感情と理性がはっきりと対立させられている。ブレヒトは後にこれを修正したが、この図式が彼の意図に反して、一面的に理解されてしまうのを止めることはできなかった。それに対してブレヒト擁護者は決まって、彼の批判は感情移入にのみ向けられているのであって感情一般には当てはまらないと異議を唱え、その際に『真鍮買い』に登場する哲学者の発言を援用する。

観客の感情的な参加も俳優のそれも妨げられてはならないし、感情の表現が妨げられたり、俳優による感情の使用が無駄にされたりしてもいけない。ただ、多くの可能な感情の源泉の一つである感情同化だけは利用しないようにするか、少なくとも副次的なものにする方がいい。[115]

これは奇妙に弁解じみた印象を与える言い回しで、ブレヒト演劇における感情、その現出と構造について何も言っていないに等しい。これに関してより興味深いのは、『実験的演劇について』という一九三九年の論考の一節である。

今日の人間は、自分たちの生活を支配している法則についてわずかしか知らない。その社会的生物としての反応は大抵の場合感情的であり、しかもこの感情的反応は曖昧かつ不明瞭で、非効果的である。その感情や情熱の源は、その認識の源と同じように、泥まみれで汚《けが》れている。[116]

この箇所は、『感情について』という一九三〇年の短いテクストの冒頭に対応している。「人は感情を好都合なものとみなす。そうして、あわよくば現実を欺こうと望んでいる。現実は弱みをさらけ出し、人はそれを利用する」[117]。

この二つの引用を合わせると、いかなる政治的傾向であれポピュリストたちが泥まみれの感情を通じて、今日的な言い方をすれば「ポスト・ファクト的」に現実を乗り越えようとする戦略を簡潔に説明したものとなる。ブレヒトは、こうした試みがどのようにして可能になるのかということも、同一のテクストの中で説明している。つまり、感情が「動機から分離」されて、それがもはや「実際に起きている現実の局面に合意」しなくなれば、ブレヒト曰く、感情は「独自に発達」し、「際限なく［……］増幅」して、その結果、具体的な状態や態度や身振りではなく、「ただ幻想のみ」[118]を糧にして一人歩きするようになる。この感情の集塊はたやすく操作され、アイデンティティの確保のプロセスや、異他的な者たちに対する投影的な迫害というプロセスに組み込まれかねない。それはあらゆる原理主義的な運動の情動的かつ根拠なき基盤なのである。

際限なく増幅した感情についてのブレヒトの記述は、オスカー・ネクトとアレクサンダー・クルーゲが一九八二年の著書『歴史と我意』で展開した感情の概念に酷似している。ネクトとクルーゲは、感情とは具体的な要因や行動と結びついたものであるという考え方から出発する。〔一般的に〕これらの感情は、自己を制御する際のサイバネティクス的なプロセスの中で互いに調整し合う。しかしトラウマ的な体験に圧迫されて自己制御が効かなくなると、ただ一つの支配的な感情の優位のもとで様々な感情が集塊となり、身体と精神を完全に占有してしまう。ネクトとクルーゲによれば、巨大な集塊となった感情は破局を招き寄せてしまうのである。それを回避するためには、様々な特異性を持った感情の我意に注意を向け、その我意を追い求め、強固なものにし、正当に扱うことが重要なのだと彼らは主張する。彼らの感情の歴史人類学が目指すのは、様々な感情を形態として捉えられた個人という統一体のうちにまとめ上げることではなく、分離、分割、差異化、脱形態化することである。こうした実践によってこそ、我意を持った感情に特別な力が宿る。感情の力の作用によって、たとえいかに近くにあろうと「おのれと遠く離れ、相違したもの」[119]である他者のものが自己のものを触発し、こじ開け、それによって多様な情動の表現と経験をもたらす情動空間が生じる。この感情の力はブレヒトとも関わる。しかしその力が発揮されるのは、文化的な全体性や感情の統一性などという幻想《ファンタスマ》を解体し、分離する作業を継続することによってのみである。その際には破壊と解放の実践が等しく重要になる。ブレヒトの三つの基本的な構想を手がかりに、越境文化演劇の理念における分離と解体の意味について以下に述べる。すなわち、自分自身から距離を置くという要求、要素の分離という定理、身振りの情動である。

二　分離、解体、触発

脱形態化

一九二九年の『演劇術についての対話』の中で、ブレヒトは次のように書いている。

観客と俳優は近づくべきではない、そうではなく彼らは互いに距離を置くべきである。誰もが自分自身から距離を取るべきなのだ。さもなければ、認識に必要な戦慄が欠落してしまう。[120]

これは一見したところ、よりよい省察のためには距離が必要だという周知の主張であるかに思われるが、あらゆるものが自分自身や他の全てのものから距離を置くことで戦慄を引き起こすのだという予想外の主張に転ずる。しかしブレヒトによれば、自分自身から距離を取ることによる戦慄は、認識に至るための条件だというのである。ブレヒトはここで分離、それどころかあらゆるものの分裂——「誰もが自分自身から距離を取るべきなのだ」という言葉の通り——を、戦慄という深い感情および理性的な洞察にきわどいところで結びつけている。それは、異化を省察という行為に限定するような、毒にも薬にもならないあらゆる解釈に対する拒否である。その代わりにブレヒトによるこの結びつけは、アリストテレスのカタルシスとその中での恐怖の重視、そしてそれ以上に、想像力の崩壊を引き起こし、茫然自失させるような戦慄が核となる崇高の美学をおぼろげに想起させる。ただし両者の間には決定的な違いがある。すなわち、カタルシスが否定的な感情からの浄化を目指すのに対して、崇高の美学における茫然自失の戦慄は、昇華されてより次元の高い道徳性へと変化する。とはいえ、いずれの場合でも戦慄の感情的な激しさが失われる点は同じである。ところが、ブレヒトの場合は戦慄の激しさが変容した形で維持されるのである。これはいかにしてそうなるのだろうか。

自分自身から距離を置くという行為は、一八世紀の終わりにヨーロッパで形成された、完結した形態をもつ個人を分裂させたり分割したりする。こうした形態は、感情移入という演劇術のモデルとなり、個々の芸術の融合を原則とする総合芸術のモデルとなり、そして首尾一貫したアリストテレス的な筋《ハンドルング》のモデルとなった。このモデルの中では「関連づけという暴力」[121]が作用している。ブレヒトはこの暴力性を無力化しようとしたのだが、その方法は〔既存の〕形態を継続的に分割し、分割されたものをさらに分離するという歴史的-人類学的および芸術的-実践的な政治戦略であった。様々なものを塊として集めるのではなく分割・分離してゆくことが、何かを転換させる感情の動機なのであり、このような感情が認識へと至るのである。

分割や分離という作業は、完結した形態の肉塊にメスを入れることで、それが統一性だとかアイデンティティを有するなどという幻想《ファンタスマ》を打ち破ろうとする[122]。そのとき戦慄の感情が、つまり脱措定の戦慄が引き起こされるのである。そして戦慄を伴う脱措定は同時に、形態という連関の中に無理矢理に繋ぎ止められていたあらゆる特異性を、すなわちあらゆる感覚や感情の我意、個々の芸術、身振りや状態を解放する。特異性が解放されると、分離によって引き起こされる戦慄は震撼のエネルギーへと転化する。このエネルギーによって個々の要素は情動で満たされ、増強され、「戦慄の／恐るべき」《エアシュレッケント》強さを持った感情の力を発揮するのである。

要素の分離

ブレヒトが総合芸術における個々の芸術の弱体化を批判し、その代わりに「要素の分離」を要請するのは、この情動的な強さに力点を置いているからである。ここでもう一度『オペラ《マハゴニー市の興亡》への注釈』に着目してみると、そこには次のように書かれている。

言葉と音楽と演技とが互いに優位を争う事態(この場合常に提起される問題は、どちらがどちらの動機であるべきかである――例えば音楽を舞台の進行の動機とするか、あるいはその逆か、等々)は、諸要素のラディカルな分離によって容易に調整できる。しかし〈総合芸術〉が十把一絡げにすることを総合だと言わんばかりに、諸芸術を〈溶解〉させようとするなら、個々の要素は他の要素の引き立て役にしかならず、おしなべて貶められてしまう。[123]

このようにブレヒトが要請した直接のきっかけは、『マハゴニー』の制作に際して作家と作曲家の間で生じた「優位争い」に辟易させられたことにあったのかもしれない。だが彼の要請は、それをはるかに超えるものをもたらした。彼の要請が反発しているのは、圧倒的な感情の効果を実現して意義ある全体を演出するために、相互的な補完という原理のもとに個々の芸術を足し加えたり掛け合わせたりする総合芸術という理念に対してなのだ。[124] この総合芸術は、幻想的な文化形成物としての総合芸術と対をなすと同時にそれを映す鏡なのであるが、自らの媒体性《メディアリテート》を覆い隠し、意味の全体性などというありもしないものに取って代わろうと目論んでいる。それに対して、要素、すなわち総合芸術を構成する個々の要素を分離すると、それぞれの要素の媒体性がさらけ出される。これは弱体化ではなくむしろ強化を意味する。というのも、媒体性を自己言及的に提示するということは、個々の芸術がどのように働いて全体に寄与しているのかに注目するのではなく、伝達可能なものを生み出す際のそれぞれの方法論的特徴に焦点を当てるからである。[125]

文楽[v]と、要素の分離というブレヒトの定理は、日本の演劇集団である地点による『ファッツァー』上演とその演出家である三浦基にインスピレーションを与えたようである。[126] 地点は『ファッツァー』(二〇一三年に京都で初演)を、ミュールハイム・アン・デア・ルールにおける演劇祭「ファッツァーターゲ二〇一六」の枠内で上演したが、フランクフルター・アルゲマイネ紙の劇評者による報告は核心を突いている。

響き、動き、空間、声という四つの要素が、ブレヒトの『マハゴニー』への注釈に倣ってラディカルに分離されている。演出家の三浦基は登場人物を無数の靴跡で汚れた白い壁の前に配置し、その前には銀のフォイルが敷かれ、ネオンライトの明滅する溝があるため、演技のためのスペースは細い帯状になっている。継ぎ布を縫い合わせた服を着た、三人の女性と三人の男性からなる俳優たちが正面から観客に攻めかかり、さながらターボ付き人形のように、アクロバティックに動きながら話し、叫び、擬態語を発する。

「空間現代」という名のバンド(ギター、ベース、ドラム)は断続的な集中砲火を思わせる激しいリズムを生み出し、それが人物たちの身体に命中すると、彼らはじたばたもがき、硬直し、飛び跳ね、ひっくり返り、足踏みし、ぶつかり、身をよじらせ、もつれ合う。心理の説明も登場人物との同一化もなく、パンチの効いた振付とともにラディカルな現前化が行われるさまは、狂暴で戦慄的である。[127]

地点の俳優は長年の共同作業を通じて巧みに息を合わせ、調整し合う。このことが、各人が対自的でありつつ、しかし常に他者との関連を維持するアンサンブル的な発話の前提条件である。それは、「果物をしぼるように」[128]して台詞を押し出す発話であり、あたかも自分を裏返しにして中身をすっかり観客の前にさらけ出すかのように、俳優たちは基本的に外に向かって話しかける。発話のヴァリエーションは台本の意味によってではなく、音の高さや声の音量の変化、そしてリズム化によって生じる。

しかし声は、空間現代が放つ容赦ないリズムに対抗して自己主張しなければならない。地点の俳優たちと演奏家集団は競争関係に置かれる。つまり、演奏者による大音量の響きが規則的に話者を遮るのである。この中断によって、話すという行為は身振り的になる。ブレヒトは『不規則なリズムをもつ無韻詩について』の中で、身振り的な発話の効果を分析している。それが目指しているのは「人間の間の出来事を矛盾に満ちたもの、とことんまで闘争するもの、暴力的なものとして」[129]経験可能にすることである。地点の身振り的な発話は言葉によるロゴスの意味生成を中断し、観客の身体の奥深くに入り込んでくる[130]。

身振り的な発話に加えて、言葉と音楽から分離されながらも関連づけられる身体的身振りがある。(図版15)『ファッツァー』の脱走兵と同様に、地点の俳優たちは文字通り背を壁にした状態で窮地に立たされ、もはや八方塞がりとなる。彼らが演じる身振りは、死の不安によるショックの硬直が引き起こす身悶え、極端な突発的動作、そして自制の効いた振る舞いが歪められたものである。壁に押しつけられ固定された彼らの姿は、(『ファッツァー』の冒頭場面に示唆されるような)戦場の死者さながらである。この『ファッツァー』が呼び起こす戦争体験は、

v　第一部第四章第二節「相互文化演劇批判」を参照。

15
地点『ファッツァー』　© 松本久木

パニックという情動以外の何物でもない。その情動は描写されるのではなく、身振り的な発話および動作という技法を通じて伝えられる。地点は諸要素を徹底的に分離することによって『ファッツァー』に、そしてブレヒトに、感情の力を取り戻すのである。

身振りの接触

身振りの情動的エネルギーはその時間的・空間的な脱配置《ディス・ポジション》によって増幅される。筋や生活世界の全体から身振りを切り離すと、身振りは遠い時間や異他なる場所へと移し換えられる。このとき脱配置《ディス・ポジション》が引き起こす戦慄は、いくつもの時間と空間の間で生じる情動の振動へと変容する。身振りは、異なる時間と空間の間での共振を引き起こし、言葉の意味では汲み尽くせない確固たる感覚をもたらす。逆説的ではあるが、身振りはその不完全さをさらけ出すことによって情動的な力の最も深い層に到達するのだ。この点で身振りは、それぞれの場面の基本的身振りの強制の下で一九五〇年代のブレヒト演劇の実践に定着した、社会的な関連を身振りによって指摘する方法とは根本的に異なる。完璧に、かつ分かったように何かを指し示す身振りに隠されているのは、そうして指し示しながらも、もはや自分の行為を意のままに支配することができない者の不完全で無自覚な身振りである。中断によって生じる身振りからは、目的指向性と行為の主権性が失われている。それが身振りに、未完成で不十分という特性をもたらす。羞恥は、これらの露出に伴って現れる著しい情動である。恥じる者は、羞恥を抱きながら他者の視線にさらされていると感じる。羞恥に満ちた露出は、中断として特徴づけられる露出の分身《ドゥーブル》である[131]。それゆえ羞恥は二重の意味でさらされた身振りの情動である。一方、身振り自体は羞恥にとらわれることなく、つまり人間の欠陥[132]を恥じて覆い隠そうとすることなく、ありのままに、接触へと開かれた状態で異他なるものの前に現れる[133]。羞恥の身振りの中で、さらすことの戦慄／脱措定《エント・ゼッツェン》は、我々自身に触れる情動的な力へと変容する。羞恥の身振りは接触の身振りでもあるのだ[134]。

三　越境文化的な開かれの場

身振りは動いているだけでなく、様々な状態に結晶化するものでもある。アリストテレスの言うような筋の模倣ではなく、状態の発見がブレヒトの演劇の狙いなのだとベンヤミンは指摘する。ただし状態の発見は、ベンヤミンによれば「出来事の流れを中断することによってなされる」[135]、すなわち身振りの運動を通じて行われるのである。身振りはその動きの過程で静止し、状態というものの中に空間を獲得する。状態とは空虚な言葉であり、あらゆるものを意味しうるし、何も意味しないかもしれない。こうした状態にベンヤミンとブレヒトは未来の演劇の形式を見出したが、何がそれほどまでに彼らを引きつけたのだろうか。状態の中では、筋／劇《ハンドルング》行為の進行としての時間が停滞し、静止する。他方また、この静止の中で停滞した時間が空間化し、時空間が現出する。この静止という時空間において、分割されたものや分離されたものが互いに動的な位置関係に置かれる。分離された要素、様々な身振りや身振り的に引用されたものは、あらゆる形の分離エネルギーによって静止という状態を情動で満たす。ブレヒト演劇における状態、この情動的で動的な静止状態こそが、アレクサンダー・クルーゲのいう「感情の発電所」なのである。

オペラはブレヒト演劇の模範でありモデルである。いくらか先鋭化して言えば次のようになる。古典のオペラ・セリアにおいてレツィタティーヴォとアリアが、すなわち筋／劇《ハンドルング》行為と感情の提示が交互に現れるように、ブレヒト演劇では情動的な静止の提示によって筋が中断される。その顕著な例がオペラ『マハゴニー市の興亡』である。というのも、ブレヒトだけでなく、音楽を手がけたクルト・ヴァイルも、状態の提示にオペラと演劇の本来の課題を見出していたからである。『マハゴニー』は、資本主義が完成された時代における欲望、希望、衝動の操作を細かく分析している。食う、飲む、セックスする、殴り合う。これらが『マハゴニー』における資本主義的世界の娯楽興業を取り巻く欲望の残滓なのだ。第二幕では、売春宿の前で男たちが順番を待っているが、待ちきれずに言う。「早くしろ、ヘイ！　いつまでやってるんだよ／愛は時間に縛られない／早くしろ、ここじゃ秒単位だぞ。／夜もそのうち明けるぜ、マンダレー！」[136]

ここで言われている愛の無時間性は、皮肉なことに、資本主義的な労働時間によって秒単位で定められる性行為の継続時間／混雑時間へと引き下げられる。そこで視点が転換されると、マハゴニー市の上空が一気に開かれる。「ごらん、大空を飛ぶ二羽の鶴を！」[137]と。これは売春婦ジェニーの身振りである。彼女は鶴たちの動きを指し示し、自分が指し示しているということを示し、そのとき図らずも、無意識に自分自身を示している。近いものと遠いもの、自己と異他が、この「ごらん」という身振りの中で混じり合う。彼女が開くのは、この身振りによってもたらされる、様々な時代と空間のイメージと引用で満たされた一つの空間である。「ごらん」という最初の身振りはこのとき、それぞれ固定した身振りに分割され、その個々の身振りは相互に関連し合う。その身振りには感情が何重にも付随する。それはすなわち、一つには身振りが引用する感情であり、また他方では揺り動かすエネルギーであり、そして何より身振りから発せられる接触の力である。このようにして、情動的な静止空間が生まれる。ブレヒトによるジェニーと木こりのパウル・アッカーマンのデュエットは、この空間の中をくまなく行き来し、味わい尽くす。

ジェニー　ごらん、大空を飛ぶ二羽の鶴を！
パウル　鶴たちに連れ立つあの雲も
ジェニー　鶴たちの重ねた生の遍歴を
パウル　ともにしながら流れてきたのだ
ジェニー　同じ高さ同じ早さで
二人　鶴と雲はただ並んで飛んでゆくらしい。
ジェニー　ともに束の間に横切ってゆく

パウル　美しい大空を仮の宿りの場として分け合い
同じ時間だけそこにいられるように
ジェニー　そこでいま絡み合って飛んでゆく二羽の鶴は
風にたゆとうお互いの愛の形しか
目に入らない
パウル　愛するものが二人　ともにある限り
風が二人を無の世界に誘うこともない
ジェニー　その限り　二人を侵すものもない
パウル　その限り　たとえどこで雨に脅かされ銃声が轟くとも
二人はそこを離れて逃げてゆける。
ジェニー　こうしていつも変わらず丸く照る太陽や月の光を浴びて
絡み合ったまま飛んでゆく二人。
パウル　お前たちはどこへ飛んでゆく？
ジェニー　どこでもないところへ。
パウル　誰から離れて？
ジェニー　すべての人から離れて。
パウル　もうどのくらい一緒にいるの？
ジェニー　ついさっきから。

パウル　いつ別れることになるだろう？
ジェニー　じきに。
パウル　愛するものたちにとって愛とはたったそれだけの支えらしい。[138]

デュエットの冒頭で描写される鶴と雲の関係は、ひとえに隔たりと儚い通過によって生まれる親密な結びつきである。詩の中には次のように書かれている。「ともに束の間に横切ってゆく／美しい大空を仮の宿りの場として分け合い／同じ時間だけそこにいられるように／そこでいま絡み合って飛んでゆく二羽の鶴は／風にたゆとうお互いの愛の形しか／目に入らない」。さらに、詩は続く。「同じ高さ同じ早さで／鶴と雲はいつも並んで飛んでゆくらしい」。詩のこの一節で、ブレヒトが極東の思想や表象をいくつも取り入れていることは明らかである。鶴は中国思想において長命、長寿、叡智の象徴とされる。雲は過ぎゆくもの、移ろいゆくもの、付随的なものを表す。いずれも道教の陰陽の特徴を示すものである。「ただ並んで」いるだけの何もない空間は、日本の「間」の思想と相通ずるものがある。風は愛し合う者たちを無へと誘い、その無は禅仏教の悟りを想起させるかもしれない。だが、ここで身振り的に呼び起こされるのは連想であって、解釈によって意味づけしたり拘束したりするものではない。そうするいとまもなく、デュエットはさらに先へと向かい、別の時間と空間の中を移ろう。「愛するものが二人　ともにある限り／風が二人を無の世界に誘うこともない／その限り　二人を侵すものもない／その限り　たとえどこで雨に脅かされ銃声が轟くとも／二人はそこを離れて逃げてゆける」とあるように。これはもはや中国でも日本でもなく、一八〇〇年頃のヨーロッパおよびドイツなのだ。これはロマン的な愛という初期市民社会的な理念であり、この理念はあらゆる困難に立ち向かい、そしてまた、売春宿の前にいる男たちのソングに表現される、市民社会における愛の現実にも抵抗する。これは「愛は全てに打ち勝つ《アモル・ウィンキト・オムニア》」という理念、一組の男女がこの世の全てに逆らって固く結びついているという理念である。つまりこの詩が示しているのは、愛し合う二人が寄り添うということについての、二つの全く異なる観念および感情世界なのである。その二つのどちらかに決着するわけではない。むしろそれらはテルツィーネの技法によって相互に絡み合い、そのため行きずりの手軽な愛への憧れが、関係の定着と継続への憧れと呼応し合う。こうしてドイツ固有の感情史へのロマン的な回想は、遠い文化の中にある幸福の約束と出会うのである。

詩の情動的な身振りの中で、異なる時間と空間が引用されながら並べ置かれている。テクストの身振りに音楽の身振りが加わる。音楽の身振りは言葉の身振りをなぞりもしなければ、言葉を先導することもない。ヴァイルの音楽は、たとえブレヒトの手法と強い親和性を示しているとしても、自らの我意に従う。ヴァイルの音楽もまた身振り的に振る舞う。アドルノが書いているように、それは身振り的に喚起された「過去の音楽の残骸でできた」[139]音楽なのである。ジェニーとパウルの鶴のデュエットでは、音楽はバッハの一つのアリアの原理を引用している。木管楽器群による導入の後に男女の歌手が交互に歌うと、どちらが歌うときにも管楽器群がそれを中断し、その周りを戯れるように漂い、寄り添う。それはパロディではなく、寄り添うこと、ただそばにいるということを示そうとしているのである。バロック音楽特有の感情の雰囲気に包まれて、それは一つの約束のように響く。

個々の身振り、態度、要素、状態に結びついた多くの感情が、『マハゴニー』の情動的な静止状態の中で出会う。この「感情の発電所」の目的は何なのだろうか。ここで思い出しておきたいのは、ブレヒトによれば、自分自身からの隔たり、分割と分離がもたらす戦慄によって認識が得られるということである。それはいかなる認識な

16
鶴　© Elisabeth Kohlhaas

のか。確かなのは、それを生み出したショックのエネルギーを否定するものではないということである。自らの源泉であるショックと繋がりを持ち続けるような認識を経験という。この経験の中では、情動的な動揺と省察が互いに結びついている。

情動的な静止状態をもたらすのは次の三つの経験である。すなわち脱措定することの経験、置換することの経験、さらすことの経験である。これらは、拠り所なく移ろう人々の経験であり、現実的な経験である。だがその隠された重心は、自らの存在のみならず既存のあらゆる秩序は――『マハゴニー』の秩序であれそれ以外のいかなる秩序であれ――長続きしないのだという潜在的な了解である。このおぼろげな了解には二つ目の潜在的な経験が伴う。それはすなわち、静止の中に堰き止められた分裂、分解、分離の断片が、もう一つ別の和解した状態へと向かうが、その実現を静止が同時に断固として拒むという経験である。『マハゴニー』における静止という情動的な分離と分解には、〔アドルノとホルクハイマーが『啓蒙の弁証法』で述べた〕資本主義と文化産業という現実の超越を予告する潜在性がある。だからアドルノは『マハゴニー』を、「最初のシュールリアリズムのオペラ」[140]と呼んだのである。『マハゴニー』という名の「感情の発電所」においては、現実の彼岸に未来的なものの経験が潜んでいる。アドルノはそれを次のような一文にまとめた。「マハゴニー市は、真に解放された社会の視点から、我々が生活している現実社会を捉えた一つの俯瞰図である」[141]。彼の言う俯瞰的な視点とは、鶴たちと、それらと「連れ立つ」雲の視点である。それらは『マハゴニー』の中を移ろいながら、脱措定され、置換され、さらけ出された全ての者たちのために解放された社会へと向かってゆくのだ（図版16）。

「感情の発電所」という情動的にして動的な静止状態は、越境文化的に開かれた舞台である。そこでは、互いに対して閉鎖的な諸文化という霊廟が異他へと開かれ、それを超えて広がる空間の展望が可能になる。それは、未来の越境文化的な共同体という空間である。「感情の発電所」としての越境文化演劇はそれ自体にとどまることなく、否定しがたい遠大なものを提供する。越境文化演劇の静止とは熾火を宿した空間であり、そこでは個の形態がこじ開けられ、一群《シュヴァルム》の身振りが解き放たれる。まさにこうした意味において、芸術家ヤーナ・ゼーフーゼンによるグラフィック《群れ《シュヴァルム》》は理解することができよう。本書の表紙に描かれたこのグラフィックは、本書の展望を予告している。すなわち、静止状態の情動的な熱に焚きつけられて、群れが翔んでいる。それはさらけ出された身振りの群れであり、我々の方へやって来る。さらけ出された身振りは我々に直に触れる。そして、さらけ出すという身振りが我々から反響《こだま》してくるのを期待しているのである[142]。

原註

序章

1 Kafka, Franz: „Betrachtungen über Sünde, Leid, Hoffnung und den wahren Weg", in: ders.: *Beim Bau der Chinesischen Mauer. Prosa und Betrachtungen aus dem Nachlaß*, Leipzig/Weimar 1982, S. 154.

2 古地図には「未知の土地」もしくは「無主地」という意味で、このように書かれている。

3 Hegel, Georg W. F.: [*Phänomenologie des Geistes*], in: ders.: *Werke 3*, hrsg. von Eva Moldenhauer u. Karl Markus Michel, Frankfurt am Main 1986, S. 436; Marx, Karl/Engels, Friedrich: *Das kommunistische Manifest*, Jubiläumsausg. mit einem Vorw. v. Léon Blum, Singen 1948.〔G・W・F・ヘーゲル『精神現象学』熊野純彦訳、下巻、ちくま学芸文庫、二〇一八年、二五四頁。カール・マルクス、フリードリヒ・エンゲルス「共産党宣言」村田陽一訳、『マルクス＝エンゲルス全集』第四巻、大月書店、一九六〇年。〕

4 「所有物としての古典作家」という概念については、下記におけるヘルベルト・イェーリングの発言を参照のこと。Brecht, Bertolt: [*Gespräch über Klassiker*], in: ders.: *Werke. Große kommentierte Berliner und Frankfurter Ausgabe*, Bd. 21, hrsg. v. Werner Hecht, Jan Knopf, Werner Mittenzwei u. Klaus-Detlef Müller, Berlin u. Frankfurt am Main 1992, S. 309–315. 以下、同全集から引用する際にはGBAと略記する。

5 パフォーマンス・アートや、それ以外の芸術分野——絵画、音楽、文学など——は本書において、それらに共通の演劇性が内在しているかどうか、内在しているとすれば、どの程度まで内在しているのか、という観点のもとに考察される。それらが本書における検討にとって興味深いのは、反復の実践、観客／聴衆／観察者との間であからさまに行われる相互作用、表現における身振り的な性質をそれらから読み取ることができる限りにおいてである。

6 以下を参照。Kierkegaard, Søren: [*Die Wiederholung*], in: ders.: *Werke II*, aus dem Dänischen von Liselotte Richter, Reinbek 1961, S. 5–83.〔キルケゴール『反復』桝田啓三郎訳、岩波文庫、一九八三年。〕反復とは、前方へと向かう想起である。

7 Benjamin, Walter: [*Über den Begriff der Geschichte*], in: ders.: *Gesammelte Schriften*, Bd. I.2, hrsg. von Rolf Tiedemann u. Hermann Schweppenhäuser, Frankfurt am Main 1991, S. 704.〔ヴァルター・ベンヤミン「歴史の概念について」、『ベンヤミン・コレクション』第一巻、浅井健二郎訳、ちくま学芸文庫、第二版、二〇一三年、六六四―六六五頁。〕

第一部

1 生成という概念については以下を参照。Deleuze, Gilles: „1. Serie der Paradoxa. Vom reinen Werden", in: ders.: *Logik des Sinns*, Frankfurt am Main 1993, S. 15–18.〔ジル・ドゥルーズ「第一セリー　純粋生成のパラドックス」、同『意味の論理学』小泉義之訳、上巻、河出文庫、二〇〇七年、一五―二〇頁。〕

2 Pavis, Patrice (Hrsg.): *The intercultural performance reader*, London 1996; Marranca, Bonnie (Hrsg.): *Interculturalism and performance: writings from PAJ*, New York 1991; Schechner, Richard: *Theater-Anthropologie. Spiel und Ritual im Kulturvergleich*, Reinbek 1990; Regus, Christine: *Interkulturelles Theater zu Beginn des 21. Jahrhunderts. Ästhetik — Politik — Postkolonialismus*, Bielefeld 2009.

3 Aischylos: *Die Orestie*, übers. v. Emil Staiger, Stuttgart 1997; Sophokles: *Elektra*, übers. v. Wolfgang Schadewaldt, Frankfurt am Main 1994; Hofmannsthal, Hugo von: *Elektra: Tragödie in einem Aufzug*, hrsg. v. Andreas Thomasberger, Stuttgart 2001.

4 Regus: *Interkulturelles Theater*, S. 11. Vgl.: Fischer-Lichte, Erika: „Theatre, own and foreign. The intercultural trend in Contemporary theatre", in: dies./Gissenwehrer, Michael/ Riley, Josephine (Hrsg.): *The Dramatic Touch of Difference. Theatre, Own and Foreign*, Tübingen 1990, S. 11–19.

5 ここでは「構成」という語を、ベンヤミンが下記において述べている意味で用いている。Benjamin: *Über den Begriff der Geschichte*, S. 701.〔ベンヤミン「歴史の概念について」、『ベンヤミン・コレクション』第一巻、六五九―六六〇頁。〕

6 Ferraris, Maurizio: *Manifest des neuen Realismus*, Frankfurt am Main 2014; außerdem Gabriel, Markus (Hrsg.): *Der neue Realismus*, Berlin 2014; Stegemann, Bernd: *Lob des Realismus*, Berlin 2015.

7 これに対抗する見解については以下を参照。Blackbourn, David: *Die Eroberung der Natur. Eine Geschichte der deutschen*

Landschaft, München 2007.

8 Adorno, Theodor W.: *Negative Dialektik*, Frankfurt am Main 1990, S. 193.〔テオドール・W・アドルノ『否定弁証法』木田元、徳永恂、渡辺祐邦、三島憲一、須田朗、宮武昭訳、作品社、一九九六年、二三五頁。〕

9 Vgl. Waldenfels, Bernhard: *Bruchlinien der Erfahrung. Phänomenologie, Psychoanalyse, Phänomenotechnik*, Frankfurt am Main 2002, S. 9 f.〔ベルンハルト・ヴァルデンフェルス『経験の裂け目』山口一郎監訳、三村尚彦、稲垣諭、村田憲郎、吉川孝、中山純一訳、知泉書館、二〇〇九年、四頁。〕

10 Goeze, Johann Melchior: „Etwas Vorläufiges gegen des Herrn Hofrats Lessings mittelbare und unmittelbare feindselige Angriffe [...]“, in: Lessing, Gotthold Ephraim: *Werke*, Bd. 8, hrsg. v. Herbert G. Göpfert, München 1979, S. 167–192.

11 Ebd., S. 168 f.

12 Goeze nach Fick, Monika: *Lessing Handbuch. Leben — Werk — Wirkung*, Stuttgart 2016, S. 398.

13 自分の流儀の演劇論理を用いて異他なる衣装に身を包みながら、筆者はここで、レッシング自身が展開したイメージの比喩を書き継いでいる。これについては以下を参照。Heeg, Günther: „Herkules und Omphale“, in: ders.: *Das Phantasma der natürlichen Gestalt. Körper, Sprache und Bild im Theater des 18. Jahrhunderts*, Frankfurt am Main 2000, S. 225.

14 以下を参照。Derrida, Jacques: *Die unbedingte Universität*, aus dem Franz. von Stefan Lorenzer, Frankfurt am Main 2002; Nancy, Jean-Luc: *Die Erschaffung der Welt oder Die Globalisierung*, aus dem Franz. von Anette Hoffmann, Zürich u. Berlin 2003.〔ジャック・デリダ『条件なき大学』西山雄二訳、月曜社、二〇〇八年。ジャン゠リュック・ナンシー『世界の創造——あるいは世界化』大西雅一郎、松下彩子、吉田はるみ訳、現代企画室、二〇〇三年。〕

15 Schlegel, Friedrich: *Kritische Schriften und Fragmente* [1794–1797], hrsg. von Ernst Behler, Hans Eichner, Paderborn 1988, S. 239.

16 Vgl. Agamben, Giorgio: „Noten zur Geste“, in: ders.: *Mittel ohne Zweck. Noten zur Politik*, aus dem Ital. von Sabine Schulz, Freiburg u. Berlin 2001; Benjamin: [Über Sprache überhaupt und über die Sprache des Menschen], in: ders.: *Gesammelte Schriften*, Bd. II.1, S. 140–157.〔ジョルジョ・アガンベン「身振りについての覚え書き」、同『人権の彼方に——政治哲学ノート』高桑和巳訳、以文社、二〇〇二年、五三—六六頁。ヴァルター・ベンヤミン「言語一般および人間の言語について」浅井健二郎訳、『ベンヤミン・コレクション』第一巻、七—三六頁。〕

17 「これまではいつも、天体は落ちないように、透明な天の殻にくっついているのだと言われてきた。我々は今、勇気をもって、天体を何の支えもなしに、空中に漂わせることにした。そして天体は、我々の船と同じように、全く何にもひきとめられずに、大航海を始めている、停まることのない大航海に乗り出したのだ」。Brecht, Bertolt: [*Leben des Galilei*] (1938/39), in: GBA, Bd. 5, hier S. 11〔ベルトルト・ブレヒト「ガリレイの生涯」、『ベルトルト・ブレヒト戯曲全集』

岩淵達治訳、第四巻、未來社、一九九八年、二〇九頁。〕

18 これについては以下を参照。Lehmann, Hans-Thies: *Brecht lesen* (= Recherchen 123), Berlin 2016.

19 Waldenfels, Bernhard: *Der Stachel des Fremden*, Frankfurt am Main 1990.

20 Lehmann, Hans-Thies: *Postdramatisches Theater*, Frankfurt am Main 1999, S. 47.〔ハンス＝ティース・レーマン『ポストドラマ演劇』谷川道子、新野守広、本田雅也、三輪玲子、四ツ谷亮子、平田栄一朗訳、同学社、二〇〇二年、四一頁。〕

21 Brecht: [*Dialog über Schauspielkunst*], in: GBA, Bd. 21, S. 279–282, hier S. 280.

22 Brecht: [*Verfremdungseffekte in der chinesischen Schauspielkunst*], in: GBA, Bd. 22.1, S. 202.〔ベルトルト・ブレヒト「真鍮買い」、『ベルトルト・ブレヒト演劇論集』千田是也訳、第一巻、河出書房新社、一九七三年、一四三頁。〕

23 演劇が自分の外にあることについては、以下を参照。Müller-Schöll, Nikolaus: „Theater außer sich", in: Kurzenberger, Hajo/Matzke, Annemarie (Hrsg.): *TheorieTheaterPraxis* (= Recherchen 17), Berlin 2004, S. 342–352.

24 Rincón, Carlos: *La no simultaneidad de lo simultáneo: postmodernidad, globalización y culturas en América Latina*, Bogotá 1995.

25 Hegel, Georg W. F.: [*Phänomenologie des Geistes*], in: ders.: *Werke 3*, hrsg. von Eva Moldenhauer u. Karl Markus Michel, Frankfurt am Main 1986, S. 435 f.〔ヘーゲル『精神現象学』下巻、二五四頁。〕ヘーゲルによれば、フランス革命の恐怖政治は〔個々の事情に伴う具象的な自由ではなく〕抽象的な自由を盾にしたが、これが原因となって、歴史的な差異が消失した。マルクスとエンゲルスは、交換価値の抽象化のうちに、ヘーゲルのいう「消失の暴威」が吹き荒れているのを認めている。「ブルジョワジーは、支配を握るにいたったところではどこでも、封建的、家父長的制的、牧歌的な諸関係を、残らず破壊した。人々をその生まれながらの長上に結びつけていた、色とりどりの封建的絆を容赦なくひきちぎって、人と人の間の赤裸々な利害、無情な「現金勘定」のほかには、どんな絆をも残さなかった。信仰の熱狂、騎士の感激、町人の感傷という聖なる恍惚感を、氷のように冷たい利己的な打算の水におぼらせた。人格の品位を交換価値に解消させてしまい、特許状で認められた、既得権としての無数の自由を、ただ一つの、はばかるところのない商業の自由と置き換えた。一言でいえば、ブルジョワジーは、宗教的および政治的な幻影で包まれた搾取を、あからさまな、恥しらずの、露骨な、あけすけな搾取と置き換えたのであった。」(Marx/Engels: *Das kommunistische Manifest*, S. 39.〔マルクス、エンゲルス「共産党宣言」、『マルクス＝エンゲルス全集』第四巻、四七八頁。〕)

26 Sennett, Richard: *Der flexible Mensch. Die Kultur des neuen Kapitalismus*, aus dem Engl. von Martin Richter, Berlin 1998.〔リチャード・セネット『それでも新資本主義についていくか――アメリカ型経営と個人の衝突』斎藤秀正訳、ダイヤモンド社、一九九九年。〕

27 Habermas, Jürgen: *Die Moderne. Ein unvollendetes Projekt*, Leipzig 1994, S. 39.〔ユルゲン・ハーバーマス『近代――未完の

プロジェクト』三島憲一訳、岩波現代文庫、二〇〇〇年。〕

28 ドゥーデンのドイツ語辞典では、リアルタイム〔Echtzeit〕という語をとりわけ、「現実と同時的に経過する時間」と定義している。URL: http://www.duden.de/rechtschreibung/Echtzeit, 二〇一七年二月九日閲覧。

29 Butler, Judith: *Körper von Gewicht. Die diskursiven Grenzen des Geschlechts*, Berlin 1995.〔ジュディス・バトラー『問題＝物質《マター》となる身体――「セックス」の言説的境界について』佐藤嘉幸監訳、竹村和子、越智博美訳、以文社、二〇二一年。〕

30 街頭運動に決まって見られる展開は、それが活発化する一定期間の後、運動の制度化に陥る、ということである。例えば、ドイツの極右政党「ドイツのための選択肢（AfD）」は、ペギーダのデモ参加者と比べて支持基盤を増やしていった結果、ペギーダのデモ参加者たちをさらに右への方向に向かわせることになった。さらに右傾化した彼らは「ドイツのための選択肢」の中で過激な派閥に属する者たちによって、都合のいいように利用されている。党の路線をめぐる議論において、過激な派閥がペギーダを引き合いに出すようになったのである。

31 ssu/dpa/Reuters: „OECD-Bericht. Kluft zwischen Arm und Reich lähmt deutsches Wachstum", in: *Spiegel Online*, 9.12.2014, URL: http://www.spiegel.de/wirtschaft/soziales/oecd-moniert-wachsende-ungleichheit-zwischen-arm-und-reich-a-1007329.html, 二〇一七年五月三一日閲覧。

32 Heiner Müller zur Zeitmauer; „Zeitmauer zwischen zwei Geschwindigkeiten: Beschleunigung im Westen, im Osten Verlangsamung", in: Herzogenrath, Wulf (Hrsg.): *Die Endlichkeit der Freiheit*, Berlin 1990; ein Ausstellungsprojekt in Ost und West [Handbuch zur Ausstellung *Die Endlichkeit der Freiheit*], Berlin 1990.

33 これについては以下における記述を参照。Sennett: *Der flexible Mensch*, S. 57 f.

34 Marx: [*Der achtzehnte Brumaire des Louis Bonaparte*], in: ders./Engels: *Ausgewählte Schriften in zwei Bänden*, Bd. 1, Berlin 1971.〔カール・マルクス「ルイ・ボナパルトのブリュメール一八日」村田陽一訳、『マルクス＝エンゲルス全集』第八巻、大月書店、一九六二年。〕

35 これについては以下を参照。Heeg: „Reenacting History: Das Theater der Wiederholung", in: Heeg, Günther/Braun, Micha/Krüger, Lars/Schäfer, Helmut (Hrsg.): *Reenacting History. Theater & Geschichte* (= Recherchen 109), Berlin 2014.

36 そこでよく見られるのはヴィルマー旗であり、それを用いることによって、デモ参加者たちはヒトラーに対する抵抗運動を引き合いに出している。ヒトラー暗殺を企図した七月二〇日事件の参加者の一人であるヨーゼフ・ヴィルマーによる図案は、帝国戦争旗の十字形に由来し、さらにはスカンディナヴィア十字旗に遡る。十字形はすでに、テンプル騎士団の最初の旗にも見られる。

37 Zit. nach Köhler, Berthold: „Ein Anschlag auf die Freiheit", in: *Frankfurter Allgemeine Zeitung* v. 8.1.2015, S. 1. URL: http://www.

faz.net/aktuell/politik/kommentar-zum-an- schlag-auf-satiremagazin-charlie-hebdo-1335826.html, 二〇一七年一月六日閲覧。

38 Lacan, Jacques: *Der individuelle Mythos des Neurotikers: oder Dichtung und Wahrheit der Neurose*, aus dem Franz. von Hans-Dieter Gondek, Wien 2008.

39 二〇一四年一一月に、ニューヨーク・タイムズ、南ドイツ新聞、シュピーゲルなどの報道によると、プーチンは歴史家たちと会談し、その際に攻撃的な口調で、ヒトラー・スターリン間で締結された独ソ不可侵条約を擁護した。Snyder, Timothy: „Putin's New Nostalgia", in: *The New York Times*, 10.11.2014, URL: http://www.nybooks.com/daily/2014/11/10/putin-nostalgia-stalin-hitler, 二〇一七年五月三一日閲覧：31.5.2017; Gupta, Oliver Das: „Putin verteidigt Stalins Pakt mit Hitler", in: *Süddeutsche Zeitung*, 7.11.2014, URL: http://www.sueddeutsche.de/politik/zweiter-weltkrieg-putin-verteidigt-stalins-pakt-mit-hitler-1.2209854#redirectedFromLandingpage, 二〇一七年五月三一日閲覧；cas: „Nichtangriffspakt: Putin verteidigt Hitler-Stalin-Pakt", in: *Spiegel Online*, 7.11.2014, URL: http://www.spiegel.de/politik/ausland/ putin-verteidigt-hitler-stalin-pakt-a-1001613.html, 二〇一七年五月三一日閲覧。

40 Hardt, Dietrich: „Antonin Artauds Suche nach einer ‚anderen' Ästhetik im hindu-balinesischen Orient", in: Düssel, Reinhard/Edel, Geert/Schödlbauer, Ulrich (Hrsg.): *Die Macht der Differenzen. Beiträge zur Hermeneutik der Kultur*, Heidelberg 2001, S. 315.

41 Ebd.

42 Ebd.

43 Ebd.

44 Žižek, Slavoj: „Genieße Deine Nation wie Dich selbst! Der Andere und das Böse — Vom Begehren des ethnischen ‚Dings'", in: Vogl, Joseph (Hrsg.): *Gemeinschaften. Positionen zu einer Philosophie des Politischen*, Frankfurt am Main 1994, S. 133–164.

45 Said, Edward W.: *Orientalismus*, Berlin u. Frankfurt am Main 1981.〔エドワード・W・サイード『オリエンタリズム』今沢紀子訳、平凡社ライブラリー、一九九三年。〕

46 Artaud: „Sur le Théâtre Balinais vu à l'Exposition Coloniale", in: *Nouvelle Revue Française 217* (1931), S. 655–658.

47 Artaud, Antonin: „Über das balinesische Theater" in: ders.: *Das Theater und sein Double*, Frankfurt am Main 1969, S. 57–72.〔アントナン・アルトー「バリ島の演劇について」、同『演劇とその分身』鈴木創士訳、河出文庫、二〇一九年、八四—一〇九頁。〕

48 Weber, Max: [*Die protestantische Ethik und der Geist des Kapitalismus*], in: ders.: *Gesammelte Aufsätze zur Religionssoziologie*, Bd. 1, Tübingen 1920, S. 203 f.〔マックス・ヴェーバー『プロテスタンティズムの倫理と資本主義の精神』中山元訳、日経BP社、二〇一〇年、四九二—四九三頁。〕

49 以下を参照。Artaud: *Das Theater und sein Double*, S. 13.「芸術のヨーロッパ的理想は、力から切り離された、その熱狂を見物しているだけの態度の中に精神を押しやることを目指している。」〔アルトー『演劇とその分身』一四頁。〕

50 以下を参照。Pranko, Leonard: *Theater East and West: Perspectives toward a Total Theater*, Berkeley 1967.

51 Prager, Michael: „Lebendige Hieroglyphen': Bali, Artaud und das Theater der Grausamkeit", in: Köpping, Klaus-Peter/Rao, Ursula (Hrsg.): *Im Rausch des Rituals. Gestaltung und Transformation der Wirklichkeit in körperlicher Performanz*, Hamburg 2000, S. 200.

52 François Jullien: *Der Umweg über China. Ein Ortswechsel des Denkens*, Berlin 2002.

53 Artaud: „Über das balinesische Theater", in: ders.: *Das Theater und sein Double*, S. 58 f.〔アルトー『演劇とその分身』八五―八七頁。〕

54 アルトーは、新たな形而上学と精神性のしるしとしての、声や身振りの文節を理解するすべを知ろうとしている。

55 以下を参照。Regus, Christine: *Interkulturelles Theater*, Bielefeld 2009.

56 Schechner, William: „The end of humanism", New York 1982. Zit. nach: Bharucha, Rustom: „Die Kollisionen der Kulturen", in: Pfaff, Walter/Keil, Erika/Schläpfer, Beat (Hrsg.): *Der sprechende Körper. Zur Theateranthropologie*, Zürich u. Berlin 1997, S. 217–246, hier S. 218.

57 Bharucha, Rustom: „Interculturalism and its discriminations", in: ders.: *The politics of cteittralpractice. Thinking through theatre in an age of globalization*, London 2000, S. 20–44, hier S. 20.

58 一九八五年にインドの叙事詩マハーバーラタを演出したピーター・ブルックに対するバルーシャの批判は、こうした方向を指し示している。そこで主に非難されているのは、ブルックがこの叙事詩におけるヒンドー哲学の文脈を全く知らなかったことである。Siehe: Bharucha: „Peter Brook's Mahabharata: a view from India", in: ders.: *Theatre and the World. Performance and the politics of culture*, London u. New York 1993, S. 68–87. ブルックを擁護するわけではないが、このようにして、歴史的観点から文化的形成物の本来的な意味に固執することは、演劇のもつ非本来性にはなじまないし、文化的伝統と生産的な関係を築くうえで有益とは言えない。

59 Regus: *Interkulturelles Theater*, S. 33.

60 Ebd.

61 Fichte, Johann Gottlieb: *Reden an die deutsche Nation*, hrsg. von Fritz Medicus, Hamburg 1955 [1808].〔ヨハン・ゴットリープ・フィヒテ『ドイツ国民に告ぐ』石原達二訳、玉川大学出版部、一九九九年。〕

62 これについては以下を参照。Eisenstadt, Shmuel Noah/Giesen, Bernhard: „The Construction of Collective Identity", in: *European Journal of Sociology 36 Nr. 1* (1995), S. 72–102.

63 Fischer-Lichte, Erika: *Das eigene und das fremde Theater*, Tübingen u. Basel 1999, S. 179 f.

64 Rogus: *Interkulturelles Theater*, S. 42.

65 Carlson, Marvin: „Peter Brook's ‚The Mahabaharata' and Ariane Minoukine's ‚L'lndiade' as Examples of Contemporary Cross-Cultural Theatre", in: Fischer-Lichte, Erika/Riley, Josephine/Gissenwehrer, Michael (Hrsg.): *The dramatic touch of difference. Theatre, Own and Foreign*, Tübingen 1990, S. 49–56.

66 Regus: *Interkulturelles Theater*, 5.41.

67 以下における分類も参照。Pavis, Patrice (Hrsg.): *Intercultural performance reader*, London 1996, S. 6 ff.

68 Montesquieu, Charles de: *Lettres Persanes*, Amsterdam 1721.〔シャルル・モンテスキュー『ペルシア人の手紙』大岩誠訳、齋藤書店、一九四八年。〕

69 Barthes: *Das Reich der Zeichen*, aus dem Franz. von Michael Bischoff, Frankfurt am Main 1981.〔『ロラン・バルト著作集7――記号の国』石井美子訳、みすず書房、二〇〇四年。〕

70 Julien, François: *Der Umweg über China. Ein Ortswechsel des Denkens*, Aus dem Franz. von Mira Köller, Berlin 2002.

71 典型的なものとして以下を参照。Billeter, Jean François: *Contre François Jullien*, Paris 2006.

72 Brecht: [*Anmerkungen zur Oper ‚Aufstieg und Fall der Stadt Mahagonny'*], in: *GBA*, Bd. 24, S. 74–86, hier S. 79.〔ベルトルト・ブレヒト「オペラ『マハゴニー』への注釈」野村修訳、『ベルトルト・ブレヒトの仕事』第三巻、河出書房新社、一九七二年、六〇頁。〕

73 Barthes: *Das Reich der Zeichen*, S. 13 ff.〔『ロラン・バルト著作集7――記号の国』八―九頁。〕

74 文化的実践のトポグラフィーを支持しているのが、以下におけるペトラ・ザビッシュの論考である。Brauneck, Manfred/ITI Zentrum Deutschland (Hrsg.): *Das freie Theater im Europa der Gegenwart. Strukturen — Ästhetik — Kulturpolitik*, Bielefeld 2016, S. 45–190.

75 Brecht: [*Verfremdungseffekte in der chinesischen Schauspielkunst*], in: *GBA*, Bd. 22.1, S.200.〔ブレヒト「中国の俳優術における異化効果」、『ベルトルト・ブレヒト演劇論集』第一巻、一四一頁。〕

76 Ebd., S. 201.〔同上、一四二頁。〕

77 Ebd.〔同上。〕

78 Andrade, Oswald de/Bary, Leslie: „Cannibalist Manifesto", in: *Latin American Literary Review* Vol. 19, No. 38 (Juli-Dezember 1991), S. 38–47.

79 Boal, Augusoto: *Theater der Unterdrückten. Übungen und Spiele für Schauspieler und Nicht-Schauspieler*, hrsg. und übers. von

Marina Spinu und Henry Thorau, Frankfurt am Main 1979.

80 Andrade/Bary: „Cannibalist Manifesto", S. 38.

81 Ebd.

82 Wangerin, Imke: *Anthropophagie als Metapher der kulturellen Einverleibung. Zur künstlerischen und politischen Bedeutung der anthropophagischen Bewegung am Beispiel der Arbeit des Teatro Oficina*, Stuttgart 2007.

83 これが起こらなければ、対象の影――効力を失ってはいるが、引き続き存続する文化的伝統――が主体に落ち、メランコリーの法則に従って、身体を害してしまうことになる。Siehe Freud, Sigmund: [*Trauer und Melancholie*], in: ders: *Gesammelte Werke*, Bd. 10, Frankfurt am Main 1999, S. 428-446, hier S. 435.〔ジークムント・フロイト「喪とメランコリー」伊藤正博訳、『フロイト全集』第一四巻、岩波書店、二〇一〇年、二八一頁。〕

84 Andrade/Bary: „Cannibalist Manifesto", S. 40.

85 以下を参照。Andrade, Mario de: *Macunaíma: o herói sem nenhum caráter*, hrsg. v. Telê Porto Ancona Lopez, Paris 1988.

86 『黒いオルフェ』はマルセル・カミュによる一九五九年の映画である。

87 Laotse: *Mensch, werde wesentlich! Laotse / Sprüche*, deutsch von Klabund, Berlin 1921.

88 異文化をエキゾチックなものとみなすことについては、以下を参照。Lin, Kuan-Wu: *Westlicher Geist im östlichen Körper? „Medea" im interkulturellen Theater Chinas und Taiwans. Zur Universalisierung der griechischen Antike*, Bielefeld 2010, besonders das Kapitel „Exotismus und Hybridiät", S. 50–84.

89 Schmitt, Carl: *Theorie des Partisanen. Zwischenbemerkung zum Begriff des Politischen*, Berlin 1963, S. 87.〔カール・シュミット『パルチザンの論理――政治的なものの概念についての中間所見』新田邦夫訳、ちくま学芸文庫、一九九五年、一七九頁。〕

90 Simmel, Georg: „Exkurs über den Fremden", in: ders.: *Soziologie. Untersuchung über die Formen der Vergesellschaftung*, Berlin 1908, Absatz 27.〔ゲオルク・ジンメル「異郷人についての補説」、同『社会学――社会化の諸形式についての研究』居安正訳、下巻、白水社、一九九四年、二八八頁。〕

91 以下を参照。Waldenfels: *Der Stachel des Fremden*, Frankfurt am Main 1990.

92 Welsch, Wolfgang: „Transkulturalität. Zwischen Globalisierung und Partikularisierung", in: *Interkulturalität – Grundprobleme der Kulturbegegnung*, Mainzer Universitätsgespräche Sommersemester 1998.

93 Herder, Johann Gottfried von: *[Auch eine Philosophie der Geschichte zur Bildung der Menschheit. Beytrag zu vielen Beyträgen des Jahrhunderts]*, in: ders.: *Sämtliche Werke*, Bd. 5, hrsg. v. Bernhard Suphan, Berlin 1891, S. 475–594.

94 ドイツ語訳の副題は「反論」となっている。Daoud, Kamel: Meursault, contre-enquete, Paris 2014; Der Fall Meursault. Eine

95 Gegendarstellung, aus dem Franz. von Claus Josten, Köln 2016.〔カメル・ダーウド『もうひとつの《異邦人》――ムルソー再捜査』鵜戸聡訳、水声社、二〇一九年。〕

96 Müller: [*Bildbeschreibung*], in: ders.: *Stücke*, hrsg. v. Joachim Fiebach, Berlin 1988, S. 477–484, hier S. 484.〔ハイナー・ミュラー「画の描写」、『ハイナー・ミュラー・テクスト集』第一巻、岩淵達治、谷川道子訳、未来社、一九九二年、二〇七頁。〕
木々のこずえがざわめき、戦慄が襲う／このときに／埋もれかけた壁のまわりで／古代の神々が輪になっているかのように／／ミルテの木々にかくれたこの場所で／ひっそりとたそがれゆく壮麗な夕日につつまれて／夢を見ているかのようにとりとめなく、お前は何を語っているのか／私にむかって。幻想的な夜よ。／／星々すべてが私にむかって瞬く／燃えるような愛のまなざしで／酔いしれて、彼方で語る声がする／大いなる幸運がおとずれるとでもいうかのように！(Eichendorff, Joseph von: *Werke in einem Band*, hrsg. v. Wolfdietrich Rasch, München 1995, S. 35 f.)

97 Adorno: *Negative Dialektik*, S. 192.〔アドルノ『否定弁証法』二三三頁。〕

98 Ebd.〔同上、二三三―二三四頁。〕

99 以下を参照。Appadurai, Arjun: *Modernity at Large. Cultural Dimensions of Globalization*, Minneapolis u. London 1996.

100 以下を参照。Safran, William: „Diasporas in Modern Societies. Myths of Homeland and Return", in: *Diaspora: A Journal of Transnational Studies* 1.1 (1991), S. 83–99.

101 Maalouf, Amin: *Mörderische Identitäten*, Frankfurt am Main 1998.〔アミン・マアルーフ『アイデンティティが人を殺す』小野正嗣訳、ちくま学芸文庫、二〇一九年。〕

102 Arendt, Hannah: „We Refugees", in: *The Menorah Journal* (1943), S. 69–77. („Wir Flüchtlinge", aus dem Engl. von Andreas Langenohl, in: Langenohl, Andreas / Poole, Ralphl Weinberg, Manfred (Hrsg.): *Transkulturalität. Klassische Texte*, Bielefeld 2015, S. 33–45.〔ハンナ・アレント「われら亡命者」、同『パーリアとしてのユダヤ人』寺島俊穂、藤原隆裕宜訳、未來社、一九八九年、九―三二頁。〕

103 ジョルジョ・アガンベンは、ハンナ・アーレントによって一九九三年に発表された、法的権利のないパーリアとしての亡命者の描写を、「死後の剥き出しの生」を「国民国家の法的・政治的秩序」にしか組み入れていない人権の問いと結びつけている。Giorgio Agamben: „Jenseits der Menschenrechte", in: *Jungle World*, Nr. 28, 4. Juli 2001.〔ジョルジョ・アガンベン「人権の彼方に」、同『人権の彼方に――政治哲学ノート』高桑和巳訳、以文社、二〇〇〇年、二三―四一頁。〕

104 Langenohl/Poole/Weinberg (Hrsg.): *Transkulturalität*, S. 38.〔アレント「われら亡命者」、同『パーリアとしてのユダヤ人』一九頁。〕

105 Ebd., S. 41.〔同上、二二―二四頁。〕

106 Ebd., S. 43.〔同上、二九頁。〕原著では引用箇所となっている。アーレントは、ベルナール・ラザールの概念を引き継いでいる。以下も参照。Arendt: „Bernard Lazare. Der bewußte Paria", in: dies.: *Die verborgene Tradition. Acht Essays*, Frankfurt am Main 1976.

107 Langenohl/Poole/Weinberg (Hrsg.): *Transkulturalität*, S. 43.〔アレント「われら亡命者」、同『パーリアとしてのユダヤ人』三〇頁。〕

108 Mayer, Ruth: *Diaspora. Eine kritische Begriffsbestimmung*, Bielefeld 2005, S. 12.

109 Langenohl/Poole/Weinberg (Hrsg.): *Transkulturalität*, S. 35.〔アレント「われら亡命者」、同『パーリアとしてのユダヤ人』一三頁。〕

110 同時代の報告を参照。Savigny, Jean-Baptiste/Correard, Alexandre: *Der Schiffbruch der Fregatte Medusa*, Berlin 2005.

111 以下を参照。Heinrich, Klaus: *Das Floß der Medusa (3 Studien zur Faszinationsgeschichte)*, Basel u. Frankfurt am Main 1995; Weiss, Peter: *Die Ästhetik des Widerstands*, Frankfurt am Main 1975;《メデューズ号の筏》は、ジャック＝ルイ・ダヴィッドの一七九一年のペン画《テニスコートの誓い》と対をなすものとして捉えられる。《テニスコートの誓い》では、議員たちという形象において、自分自身を乗り越えて、新しい時代に到達しようとして決起する人間集団が描かれている。

112 以下を参照。Benjamin: [*Über Sprache überhaupt und über die Sprache des Menschen*], in: ders.: *Gesammelte Schriften*, Bd. II.1, S. 140–157〔ベンヤミン「言語一般および人間の言語について」、『ベンヤミン・コレクション』第一巻、七—三六頁。〕und Weber, Samuel: „‚Mitteilbarkeit' und ‚Exponierung' — Zu Walter Benjamins Auffassung des ‚Medium'", in: *Zeitschrift der Gesellschaft für Theaterwissenschaft, Ausgabe 01/04 Intermedium Theater (2004)*, URL: http://www.theater-wissenschaft.de/mitteilbarkeit-und-exponierung-zu-walter-benjamins-auffassung-des-mediums, 二〇一七年二月八日閲覧。

113 Nancy, Jean-Luc: *Die undarstellbare Gemeinschaft*, Stuttgart 1988.〔ジャン＝リュック・ナンシー『無為の共同体——哲学を問い直す分有の思考』西谷修、安原伸一朗訳、以文社、二〇〇一年。〕

114 ここで問題になるのは長らく未解決の課題である。「そういう古い時期の企ては別として、とりわけ、今日まで保存されている企てに、天で投げ売りに出されていた財宝について、少なくとも理論上、人間の所有物として、返還要求を出そうという企てがある。しかし、一体、どんな時代が、このような権利を主張しつらぬき、この財産をわが手に握るだけの力を、持っているだろう」。Hegel: [*Die Positivität der christlichen Religion (1795/1796)*], in: ders.: *Werke 1. Frühe Schriften*, hrsg. von Eva Moldenhauer u. Karl Markus Michel, Frankfurt am Main 1986, S. 104–229, hier S. 209.〔ヘーゲル「既成宗教としてのキリスト教の性格」、『ヘーゲル初期神学論集』ヘルマン・ノール編、久野昭、水野建雄訳、第一巻、以文社、一九七三年、二四九頁。〕

115 例えば以下を参照。Hans-Werner Kroesinger: *Ruanda revisited* (2009), *FRONTex SECURITY* (2014), *Stolpersteine Staatstheater* (2015); Rimini Protokoll: *50 Aktenkilometer*; das begehbare Hörspiel von Maja Pelević und Milan Marković: *They live (in search of text zero)* (2012). ここで論じられていることについては以下を参照。Hensel, Andrea: „Die Freien Theater in den postsozialistischen Staaten Osteuropas. Neue Produktionsformen und theaterästhetische Kreativität", in: Brauneck/ITI Zentrum Berlin (Hrsg.): *Das freie Theater im Europa der Gegenwart*, S. 191–284, hier S. 258 f.

116 以下を参照。Weber, Samuel: „Die Virtualität der Medien", in: Schade, Sigrid/Tholen, Georg Christoph (Hrsg.): *Konfigurationen. Zwischen Kunst und Medien*, München 1999, S. 35–49.

117 Publius Ovidius Naso: *Metamorphosen. Epos in 15 Büchern*, hrsg. u. übers. von Hermann Breitenbach, Stuttgart 2003.〔オウィディウス『変身物語』中村善也訳、二巻、岩波文庫、一九八一―一九八四年。〕

118 以下を参照。Darian, Veronika: „Echo-Stimmen: Streik! Von Pro-Vokationen und Rede-Wendungen im mythischen Erzählen", in: Darian, Veronika/Braun, Micha/ Bindernagel, Jeanne/Kocur, Miroslav (Hrsg.): *Die Praxis der/des Echo. Zum Theater des Widerhalls*, Frankfurt am Main 2015.

119 これについては以下のきわめて示唆に富んだ論集を参照。Darian/Braun/Bindernagel/Kocur (Hrsg.): *Die Praxis der/des Echo. Zum Theater des Widerhalls*.

120 以下を参照。Menke, Bettine: *Respondance: das der Rede eingeschriebene Andere, die Echoräume der Erde (mit Ovids Echo)*, URL: http://konferenz.uni-leipzig.de/echo2013/wp-content/uploads/2013/07/Menke_Responda nce.pdf, 二〇一七年二月八日閲覧。

121 ウィーン芸術週間との共同制作による初演は、ローザ・ルクセンブルク広場前のベルリン・フォルクスビューネ劇場にて、一九九九年五月一九日に行われた。フランク・カストルフのテクスト解釈は、スヴェトラーナ・ガイアーの新訳『悪霊たち〔Böse Geister〕』と、アルベール・カミュの翻案戯曲『取りつかれた人々〔Die Besessenen〕』（ヒンリッヒ・シュミット＝ヘンケルの新訳による）に基づく。

122 Müller in: Herzogenrath (Hrsg.): *Die Endlichkeit der Freiheit*, Berlin 1990: ein Ausstellungsprojekt in Ost und West.

123 『ルカによる福音書』八章三二―三六節を参照。これによると悪魔が豚の群れに取り憑いたために、豚は自ら湖に転落して死んでしまう。

124 Büchner, Georg: *[Brief an die Braut vom 10. März 1834]*, in: ders.: *Sämtliche Werke, Briefe und Dokumente*, Bd. 2, hrsg. von Henri Poschmann, Frankfurt am Main 1999, S. 377.〔『ゲオルク・ビューヒナー全集』手塚富雄、千田是也、岩淵達治訳、河出書房新社、一九七〇年、三一六頁。〕

125 『ヨハネの黙示録』二一章四節。

126 Benjamin: *Über den Begriff der Geschichte*, S. 704.〔ベンヤミン「歴史の概念について」、『ベンヤミン・コレクション』第一巻、六六三頁。〕

127 Brecht: [*Buch der Wendungen*], in *GBA*, Bd. 18.〔ベルトルト・ブレヒト『転換の書——メ・ティ』石黒英男、内藤猛訳、積文堂、二〇〇四年。〕

128 Ebd., S. 487.

129 Bertolt-Brecht-Archiv: 1334/145.

130 Brecht: [*Buch der Wendungen*], in *GBA*, Bd. 18, S. 120.〔『転換の書——メ・ティ』一四二頁。〕

131 Ebd., S. 168.〔同上、二二八頁。〕

132 Ebd., S. 172 f.〔同上、二三五頁以下。〕

133 Ebd., S. 120.〔同上、一四二頁。〕

134 以下を参照。Certeau, Michel de: *Kunst des Handelns*, aus dem Franz. von Ronald Voullié, Berlin 1988.〔ミシェル・ド・セルトー『日常的実践のポイエティーク』山田登世子訳、ちくま学芸文庫、二〇二一年。〕

135 Vgl. Mo, Di: *Me Ti, des Sozialethikers und seiner Schüler philosophische Werke*, hrsg. u. übers. v. Alfred Forke, Berlin 1922.〔『墨子』森三樹三郎訳、ちくま学芸文庫、二〇一二年。〕

136 この時代、中国には七つの競合する王国が存在した。「戦国時代」は秦王朝による中原統一によって終わる。これについては以下を参照。Schmidt-Glintzer, Helwig: *China. Vielvölkerreich und Einheitsstaat. Von den Anfängen bis heute*, München 1997.

137 Mo, Di: *Me Ti, des Sozialethikers und seiner Schüler philosophische Werke*, S. 51.

138 以下を参照。Brecht: [*Buch der Wendungen*], in: *GBA*, Bd. 18.

139 Ebd., S. 152 ff.〔ブレヒト『転換の書——メ・ティ』一九七—二〇二頁。〕

140 Ebd., S. 55.〔同上、二三—二四頁。〕

141 Ebd., S. 152.〔同上、一九七頁。〕

142 Ebd., S. 51 ff.〔同上、一五—一九頁。〕

143 Brecht: [*Über die Malerei der Chinesen*], in: *GBA*, Bd. 22.1.

144 Ebd., S. 133 f.

145 Brecht: [*Buch der Wendungen*] , in: *GBA*, Bd. 18, S. 62.〔ブレヒト『転換の書——メ・ティ』三六頁。〕

146 Brecht: [*Schriften 3*], in: *GBA*, Bd. 23, S.9.

147 Vgl.: Brecht: [*Buch der Wendungen*], in: *GBA*, Bd. 18, S. 62, 120 f., 152, 154 u. 187.〔ブレヒト『転換の書――メ・ティ』二六、一四二―一四四、一九七、二〇一―二〇二、二六四頁。〕

148 Adorno: [*Noten zur Literatur*], in: ders.: *Gesammelte Schriften*, Bd. 11, hrsg. v. Rolf Tiedemann, S. 422.〔テオドール・W・アドルノ「アンガージュマン」竹峰義和訳、『アドルノ文学ノート』第二巻、みすず書房、二〇〇九年、一二八―一二九頁。〕

149 Marcuse, Herbert: „Der Kampf gegen den Liberalismus in der totalitären Staatsauffassung“, in: *Faschismus und Kapitalismus: Theorien über die sozialen Ursprünge und die Funktion des Faschismus*, Frankfurt am Main 1967, S. 39–74, hier S. 51.

150 Brecht: [*Buch der Wendungen*], in: *GBA*, Bd. 18, S. 175.〔ブレヒト『転換の書――メ・ティ』二四一―二四二頁。〕

151 Ebd., S. 193.〔同上、二七五頁。〕

152 Ebd.〔同上、二七六頁。〕

153 Ebd., S. 139.〔同上、一七六頁。〕

154 Ebd., S. 173.〔同上、二三八頁。〕

155 Ebd., S. 188.〔同上、二六六頁。〕

156 Ebd., S. 131.〔同上、一六二頁。〕

157 Ebd., S. 173.〔同上、二三八頁。〕

158 Brecht: [*Die Ballade vom Wasserrad*], in: *GBA*, Bd. 14, S. 207.

159 Brecht: [*Buch der Wendungen*], in: *GBA*, Bd. 18, S. 102 ff.〔ブレヒト『転換の書――メ・ティ』一〇九―一一四頁。〕

160 Ebd., S. 148 f.〔同上、一九二―一九四頁。〕

161 Ebd.〔同上。〕

162 以下を参照。Tatlow, Antony (Hrsg.): *Bertolt Brecht's Me-ti: Book of Interventions in the Flow of Things*, London u. New York 2016.

163 Brecht: [*Buch der Wendungen*], in: *GBA*, Bd. 18, S. 149.〔ブレヒト『転換の書――メ・ティ』一九三―一九四頁。〕

164 Ebd.〔同上、一九四頁。〕

165 以下を参照。Brecht: „Die Lehre von den eingreifenden Sätzen (Praktikable Definitionen)“ und „Eingreifendes Denken“, in: *GBA*, Bd. 21, S. 524 f.

166 Kluge, Alexander: *Die Macht der Gefühle*, Episodenfilm 1983; dazu die TV-Doku über Alexander Kluge: *Alle Gefühle glauben an einen guten Ausgang* von Angelika Wittlich 2002.

167 Deleuze, Gilles/Guattari, Felix: *Was ist Philosophie?*, aus dem Franz. von Bernd Schwibs u. Joseph Vogl, Frankfurt am Main 1996, S. 191.〔ジル・ドゥルーズ『哲学とは何か』財津理訳、河出書房新社、一九九七年、三三二頁。〕

168 Brecht: [*Buch der Wendungen*], in: *GBA*, Bd. 18, S. 127.〔ブレヒト『転換の書――メ・ティ』一五五頁。〕

第二部

1 Nancy: *Die Erschaffung der Welt* oder *Die Globalisierung*, aus dem Franz. von Anette Hoffmann, Zürich u. Berlin 2003.〔ジャン＝リュック・ナンシー『世界の創造あるいは世界化』大西雅一郎、松下彩子、吉田はるみ訳、現代企画室、二〇〇三年。〕

2 Ebd., S. 14.〔同上、一〇頁。〕

3 Vgl. Nancy: *Die Erschaffung der Welt* oder *Die Globalisierung*.〔同上。〕

4 Ebd.〔同上。〕

5 Marx/Engels: [*Über die Produktion des Bewußtseins*], in: dies.: *Werke*, Bd. 3, Berlin 1969, S. 37.〔マルクス、エンゲルス「意識の生産について」、『マルクス＝エンゲルス全集』大内兵衛、細川嘉六編訳、第三巻、大月書店、一九六三年、三二頁〕。

6 Ebd.〔同上、三三頁。〕

7 Nancy: *Die Erschaffung der Welt* oder *Die Globalisierung*, S. 30.〔ナンシー『世界の創造あるいは世界化』二四頁。〕

8 Ebd., S. 34.〔同上、二九頁。〕

9 Ebd., S. 32.〔同上、二七頁。〕

10 Waldenfels: *Bruchlinien der Erfahrung*, S. 188 f.〔ヴァルデンフェルス『経験の裂け目』二一〇頁。〕

11 Nancy: *Die Erschaffung der Welt* oder *Die Globalisierung*, S. 49.（フランス語では rien-de-raison）〔ナンシー『世界の創造あるいは世界化』四三頁。〕

12 加えて以下も参照。Barthes: *Die Lust am Text*, aus dem Franz. von Traugott König, Frankfurt am Main 1974.〔ロラン・バルト『テクストの楽しみ』鈴村和成訳、みすず書房、二〇一七年。〕

13 Müller, Heiner: *Krieg ohne Schlacht. Leben in zwei Diktaturen*, Köln 1992, S. 314.〔ハイナー・ミュラー『闘いなき戦い――ドイツにおける二つの独裁下での早すぎる自伝』谷川道子、石田雄一、本田雅也、一條亮子訳、未來社、一九九三年、二五四頁。〕

14 以下を参照。Brecht: [*Radiotheorie*] und [*Der Dreigroschenprozess*], in: *GBA*, Bd. 21, S. 448–514.〔ベルトルト・ブレヒト「三文裁判――ひとつの社会学的実験」石黒英男訳、『ベルトルト・ブレヒトの仕事』第六巻、河出書房新社、一九七三年、二〇九―二八五頁。〕

15 以下を参照。Certeau, Michel de: *Das Schreiben der Geschichte*, Frankfurt am Main u. a. 1991 [1980].〔ミシェル・ド・セルトー『歴史のエクリチュール』佐藤和生訳、法政大学出版局、一九九六年。〕

16 Schiller: [*Was kann eine gute stehende Schaubühne eigentlich wirken?*], in: ders.: *Werke in drei Bänden*, Bd. 1, hrsg. v. Herbert G. Göpfert, Frankfurt am Main u. Wien 1966, S.719–729.〔フリードリヒ・シラー「道徳的機関として見たる演劇舞台」杉山誠訳、『シラー選集』第二巻、冨山房、一九四一年、四五―五九頁。〕

17 Schiller: „Das Schiff“, in: ders.: *Friedrich Schiller Dramatischer Nachlass Band 10*, hrsg. v. Herbert Kraft und Mirjam Springer, Frankfurt am Main 2004, S. 283.

18 Schiller: „Seestück“, in: ders.: *Friedrich Schiller Dramatischer Nachlass Band 10*, S. 296.

19 Schiller: „Das Schiff“, S. 283.

20 Ebd., S. 284.

21 Schiller: „Seestück“, S. 295.

22 Schiller: „Die Flibustiers“, S. 291.

23 Calderón de la Barca, Pedro: *Das große Welttheater: Dramen/Pedro Calderón de la Barca*, aus dem Span. von Joseph von Eichendorff u. Johann Diederich Gries, Leipzig 1965.〔ペドロ・カルデロン・デ・ラ・バルカ『世界大劇場』岩根圀和訳、『スペイン中世・黄金世紀文学選集7――バロック演劇名作集』国書刊行会、一九九四年。〕

24 Brecht: [*Leben des Galilei (Fassung 1938/39)*], in: *GBA*, Bd. 5.〔版は異なるが、ブレヒト「ガリレイの生涯」、『ブレヒト戯曲全集』第四巻。〕

25 Ebd., S. 49.〔同上、二六四―二六五頁。〕

26 Heeg: „‚Theatromanie‘ oder Die Leiden der jungen Brüder“, in: ders.: *Das Phantasma der natürlichen Gestalt*, S. 191-207; und ders.: „Theater und Gottesdienst. Die Verflechtung von Religion und Schauspiel im 18. Jahrhundert“, in: Mildenberger, Irene/Raschzok, Klaus/Ratzmann, Wolfgang (Hrsg.): *Gottesdienst und Dramaturgie. Liturgiewissenschaft und Theaterwissenschaft im Gespräch*, Leipzig 2010, S. 47–60. を参照。

27 Heeg: *Das Phantasma der natürlichen Gestalt.* を参照。

28 Brecht: [*Leben des Galilei (Fassung 1938/39)*], in: *GBA*, Bd. 5, S. 11.〔ブレヒト「ガリレイの生涯」、『ブレヒト戯曲全集』第四巻、二〇九頁。〕

29 Blumenburg, Hans: *Die kopernikanische Wende*, Frankfurt am Main 1965.

30 Brecht: [*Leben des Galilei (Fassung 1938/39)*], in: *GBA*, Bd. 5, S. 64.〔ブレヒト「ガリレイの生涯」、『ブレヒト戯曲全集』第

四巻、二七八―二七九頁。〕

31 Dylan, Bob: „Like a Rolling stone", in: ders: *Highway 61 Revisited*, 1965.

32 Negt, Oskar/Kluge, Alexander: *Geschichte und Eigensinn: Geschichtliche Organisation der Arbeitsvermögen; Deutschland als Produktionsöffentlichkeit; Gewalt des Zusammenhangs*, Frankfurt am Main 1981, S. 154.

33 Ebd.

34 Ebd. あるいは、詩人は以下のように語る。「月というのは、人間が植民してはいけない何か、捉えてはいけない何かです。［……］月というのは、眠るために必要とする何かです。眠りにつく時間がいつなのかを知るために必要とされる何かなのです」。(Kluge/Müller: „*Ich schulde der Welt einen Toten*": Gespräche, Berlin 1996, S. 88 f.)

35 Brecht: [*Leben des Galilei (Fassung 1938/39)*], in: *GBA*, Bd. 5, S. 65.〔ブレヒト「ガリレイの生涯」、『ブレヒト戯曲全集』第四巻、二七九頁。〕

36 以下を参照。Waldenfels: *Bruchlinien der Erfahrung*.〔ヴァルデンフェルス『経験の裂け目』〕

37 Brecht: [*Fatzer*], in: *GBA*, Bd. 10.1, S. 388.〔邦訳はテクストに異同はあるが、ハイナー・ミュラー版がある。ベルトルト・ブレヒト「ファッツァー」津﨑正行訳、『舞台芸術』第一八号、角川学芸出版、二〇一四年、一三九―一四〇頁。〕

38 「経験の相場はすっかり下落してしまった。しかもそれは、一九一四年から一八年にかけて、世界史のなかでも最も恐ろしい出来事の一つ〔第一次世界大戦〕を経験することになった世代において起こっている。ひょっとするとこれは、目に映って見えるほどに不思議なことではないのかもしれない。当時私たちは、戦場から帰還してくる兵士らが押し黙ったままであることを、はっきりと確認できたのではなかったか？　伝達可能な経験が豊かになって、ではなく、それがいっそう乏しくなって、彼らは帰ってきたのだった」。(Benjamin: „Armut und Erfahrung", in: *Illuminationen. Ausgewählte Schriften*, hrsg. von Siegfried Unseld, Frankfurt am Main 1961, S. 313.)〔ヴァルター・ベンヤミン「経験と貧困」、『ベンヤミン・コレクション』第二巻、浅井健二郎編訳、ちくま学芸文庫、一九九六年、三七三頁。〕

39 Barthes: *Sade, Fourier, Loyola*, Paris 1971, S. 10.〔ロラン・バルト『サド、フーリエ、ロヨラ』篠田浩一訳、みすず書房、一九七五年、七頁。〕

40 引用した『了解についてのバーデン教育劇』は、フランク＝パトリック・シュテッケルが一九九八年のブレヒト生誕百周年にベルリナー・アンサンブルが計画した上演のために初稿『教育劇』（一九二九年）に強く依拠して作成した版である。Brecht: *Lehrstück, Fragment 1929*, Fassung des Berliner Ensembles 1997/1998, Ms., S. 4. あわせて以下も参照。Heeg: „Sterben und darüber hinaus. *Das Badener Lehrstück vom Einverständnis*", in: ders.: *Klopfzeichen aus dem Mausoleum. Brechtschulung am Berliner Ensemble*, hrsg. von Stefan Schnabel, Berlin 2000, S. 103–126.〔版は違うが、ベルトルト・ブレヒ

ト「了解についてのバーデン教育劇」、『ブレヒト戯曲全集』第八巻、未來社、一九九九年、一七三―一七四頁。〕

41 Ebd.〔同上、一七四頁。〕

42 Adorno: *Negative Dialektik*, S. 193.〔アドルノ『否定弁証法』木田元他訳、作品社、一九九六年、二三五頁。〕

43 Adorno: [„Hoffmanns Erzählungen in Offenbachs Motiven“], in: ders.: *Gesammelte Schriften*, Bd. 17, hrsg. von Rolf Tiedemann, Frankfurt am Main 1982, S. 42–46, hier S. 46.〔テオドール・W・アドルノ「ホフマン物語――オッフェンバックの動機による」、同『楽興の時』三光長治、川村二郎訳、白水社、一九九四年、六五―六六頁。〕

44 加えて以下も参照。Altmeyer, Martin: „Modern im Rampenlicht“, in: *Der Spiegel 31* (2016), S. 122–124.

45 Ebd., S. 122. 演出の加えられた全能幻想として勃発する暴力の新しい公共的かつ演劇的な形式についてアルトマイアーが記述していることは、「殺人のモティーフが、殺人犯の精神的病気、疎外された自己像や世界像、宗教的確信あるいは政治的イデオロギーのどれに起因するのか」にかかわらず有効なのだという。

46 Ebd.

47 Vgl. Benjamin, Walter: *Das Passagenwerk*, Bd. 1, Frankfurt am Main 1982, S. 53.〔ヴァルター・ベンヤミン『パサージュ論』第一巻、今村仁司他訳、岩波文庫、二〇二〇年、四三頁。〕

48 Müller, Heiner: [*Brief an den bulgarischen Regisseur der Erstaufführung von Philoktet am Dramatischen Theater Sofia*], in: ders.: Werke, Bd. 8, Frankfurt am Main 2005, S. 259–269, hier S. 261.〔ハイナー・ミュラー「ソフィア・ドラマ劇場での『ピロクテーテス』ブルガリア初演の演出家への書簡」、『ハイナー・ミュラー・テクスト集』第二巻、岩淵達治、越部暹、谷川道子訳、未來社、一九九三年、一〇五頁。〕

49 その他の人物は以下の通りである。戦場カメラマン、メキシコの薬物カルテルの管理者、参謀将校、兵器産業に反対する活動家、国際兵器コンツェルンのマネージャー、国境なき医師団の医師、シリアからの難民、インド空軍の退官した中尉、リビアのボート難民の一家、ロシアにある弾薬工場の食堂の女性支配人、ドイツ連邦議会議員、少年兵、ハッカー、兵器工場の労働者、元イスラエル軍兵士。

50 初演は一九二七年一一月にベルリンのノレンドルフ広場劇場で行われた。

51 以下を参照。Hirata, Eiichirô: „Der offene Theatertext bei japanischen Dramatikern“, in: ders./Lehmann (Hrsg.): *Theater in Japan* (=Recherchen 64), Berlin 2009, S. 100–108.

52 以下を参照。Runia, Eelco: „Presence“, in: *History and Theory 45* (2006), S. 1–29.

53 二〇一二年一二月の選挙以降の新しくも古い安倍晋三政権を指す。

54 Hölderlin, Friedrich: [*Antigonä. Die Trauerspiele des Sophokles*], in: ders.: Sämtliche Werke, Briefe und Dokumente, Bd. 10, hrsg.

von Dietrich E. Sattler, München 2004, S. 161–212, hier S. 171.

55 Madonna: „Material Girl", in dies.: *Like a Virgin*, 1984.

56 Warburg, Aby Moritz: [*Die Erneuerung der heidnischen Antike. Kulturwissenschaftliche Beiträge zur Geschichte der europäischen Renaissance*], in: ders.: *Gesammelte Schriften*, Bd. I.1 und I.2, hrsg. von Horst Bredekamp und Michael Diers, Berlin 1998; ders.: [*Der Bilderatlas Mnemosyne*], in: ders.: *Gesammelte Schriften*, Bd. II.1, hrsg. von Martin Warnke und Claudia Brink, Berlin 2000.〔アビ・ヴァールブルク『ムネモシュネ・アトラス』伊藤博明、加藤哲弘、田中純訳（『ヴァールブルク著作集』別巻1）ありな書房、二〇一二年。〕

57 Benjamin: [*Die Aufgabe des Übersetzers*], in: ders.: *Gesammelte Schriften*, Bd. 4.1, hrsg. von Rolf Tiedemann und Hermann Schweppenhäuser, Frankfurt am Main 1991, S. 9–21.〔ヴァルター・ベンヤミン「翻訳者の使命」、『ベンヤミン・コレクション』第二巻、浅井健二郎編訳、ちくま学芸文庫、一九九六年、三八七―四一一頁。〕

58 Deleuze: „*Das Aktuelle und das Virtuelle*", in: Deleuze und die Künste, hrsg. von Peter Gente und Peter Weibel, Frankfurt am Main 2007, S. 249-253, hier S. 249.〔ジル・ドゥルーズ、クレール・パルネ「現働的なものと潜在的なもの」、同『ディアローグ――ドゥルーズの思想』江川隆男、増田靖彦訳、河出文庫、二〇一一年、二五〇頁。〕

59 Kierkegaard: [Die Wiederholung], S. 7.〔キルケゴール『反復』八頁。〕

60 Hirata: „Der offene Theatertext bei japanischen Dramatikern", in: ders./Lehmann (Hrsg.): *Theater in Japan* (=Recherchen 64), S. 100–108, hier S. 106 を参照。

61 「オーケストラ・ボックスを埋めてなくしてしまうこと」をヴァルター・ベンヤミンは、祭儀以後の叙事演劇の前提条件と捉えていた。Benjamin: [*Was ist das epische Theater? (1)*], in: ders.: *Gesammelte Schriften*, Bd. 2.2, hrsg. von Rolf Tiedemann und Hermann Schweppenhäuser, Frankfurt am Main 1991, S. 519–531, hier S. 519.〔ヴァルター・ベンヤミン「叙事演劇とは何か〔初稿〕――ブレヒト論のための予備作業」、『ベンヤミン・コレクション』第五巻、浅井健二郎訳、ちくま学芸文庫、二〇一〇年、三三五頁。〕

第三部

1 「我々は我々の古き良きオーストリアを取り戻すのだ！」というのが、劣勢にある立候補者が二〇一六年にオーストリアの連邦大統領府を取り囲んで訴えた最初の要求であった。

2 Adorno: *Negative Dialektik*, S. 192.〔アドルノ『否定弁証法』二三三頁。〕

3 Foucault, Michel: [*Nietzsche, die Genealogie, die Historie*], in: ders.: *Von der Subversion des Wissens*, aus dem Franz. und Ital. von Walter Seitter, Frankfurt am Main 1991, S. 69–90, hier S. 74 u. 86.〔ミシェル・フーコー「ニーチェ、系譜学、歴史」伊藤晃訳、『ミシェル・フーコー思考集成４——規範　社会』蓮實重彥、渡辺守章監修、小林康夫、石田英敬、松浦寿輝編、筑摩書房、一九九九年、一一—三八頁、ここでは一八頁および三五頁。〕

4 Ebd., S. 69.〔同上、一二頁。〕

5 これについては以下を参照。Heeg, Günther: „Reenacting History: Das Theater der Wiederholung“, in: ders. Braun, Micha/Krüger, Lars/Schäfer, Helmut: *Reenacting History. Theater & Geschichte* (= Recherchen 109), Berlin 2014, S. 10–39.

6 Kierkegaard: [*Die Wiederholung*], S. 7.〔キルケゴール『反復』八頁。〕

7 以下を参照。Brecht: [*Gespräch über Klassiker*], in: *GBA*, Bd. 21, S. 309–315.

8 契機となったのは、ヘルベルト・イェーリングによって発表された以下の論文である。Jhering, Herbert: *Reinhardt, Jessner, Piscator oder Klassikertod?*, Berlin 1929.

9 美食的演劇に対してブレヒトが行っている批判は、芸術の所有物としての地位という考え方から派生している。

10 Brecht: [*Gespräch über Klassiker*], in: *GBA*, Bd. 21, S. 311. ブレヒトの「素材的価値」論については以下も参照。Brecht: [*Materialwert*], in: *GBA*, Bd. 21, S. 285 f.; und [*Der Materialwert*], ebd., S. 288 f.

11 Fichte: *Reden an die deutsche Nation*.〔フィヒテ『ドイツ国民に告ぐ』石原達二訳、玉川大学出版部、一九九九年。〕

12 Arndt, Ernst Moritz: „Über Volkshaß und über den Gebrauch einer fremden Sprache“, in: Michael Jeismann/Henning Ritter (Hrsg.): *Grenzfälle. Über neuen und alten Nationalismus*, Leipzig 1993. S. 332 u. 334.

13 Herder, Johann Gottfried von: [*Ideen zur Philosophie der Geschichte der Menschheit*], in: ders.: *Sämtliche Werke*, Bd. 4, hrsg. v. Bernhard Suphan, Berlin 1891.〔ヨハン・ゴットフリート・ヘルダー『人間史論４』鼓常良訳、白水社、一九四九年。〕

14 Fichte: „Achte Rede“, in: *Reden an die deutsche Nation*, S. 124–143, hier S. 129 f.〔フィヒテ「第八講　高い意味での国民とは何か、祖国愛とは何か」、同『ドイツ国民に告ぐ』一一七—一三三頁、ここでは一二一—一二二頁。〕

15 Petersen, Julius: *Das deutsche Nationaltheater*. Fünf Vorträge, gehalten im Februar und März 1917 im Freien Deutschen Hochstift zu Frankfurt am Main, Leipzig u. Berlin 1919.

16 以下を参照。Biccari, Gaetano: *Zuflucht des Geistes? Konservativ-revolutionäre, faschistische und nationalsozialistische Theaterdiskurse in Deutschland und Italien 1900–1944*, Tübingen 2001.

17 以下を参照。Heeg: „Die AufLösung des Stadttheaters. Die Zukunft des Stadttheaters liegt in einer transkulturellen Theater-

landschaft“, in: Schneider, Wolfgang (Hrsg.): *Theater entwickeln und planen. Kulturpolitische Konzeption zur Reform der darstellenden Künste*, Bielefeld 2013, S. 229–242.

18 Anderson, Benedict: *Imagined Communities. Reflections on the Origin and Spread of Nationalism*, London 1983. Dt.: *Die Erfindung der Nation. Zur Karriere eines folgenreichen Konzepts*, Frankfurt am Main 2005.〔ベネディクト・アンダーソン『定本 想像の共同体――ナショナリズムの起源と流行』白石隆、白石さや訳、書籍工房早山、二〇一二年。〕

19 Habermas, Jürgen: *Strukturwandel der Öffentlichkeit. Untersuchungen zu einer Kategorie der bürgerlichen Gesellschaft*, Neuwied u. Berlin 1971, S. 42.〔ユルゲン・ハーバーマス『公共性の構造転換――市民社会の一カテゴリーについての探究』細谷貞雄、山田正行訳、未来社、一九九四年、四六頁。〕

20 Artaud: *Schluss mit dem Gottesgericht. Das Theater der Grausamkeit*, aus dem Frz. von Elena Kapralik, München 1980.〔アントナン・アルトー『神の裁きと訣別するため』宇野邦一、鈴木創士訳、河出書房新社、二〇〇六年。〕

21 以下を参照。Heeg: *Das Phantasma der natürlichen Gestalt*.

22 このことについて、この上演の観劇後にシラーはイフラントに宛てて次のように書いている。「あなたは、あのきらびやかな入場行進の場面によって私の作品を押し潰してしまっているではありませんか」。(Schiller, Friedrich: „Schillers Gespräche“, in: ders.: *Schillers Werke*, Bd. 42, hrsg. von Lieselotte Blumenthal u. Benno von Wiese, Weimar 1967, S. 385.)

23 以下を参照。Heeg: „Das Theater der Wiederholung“, S. 10–39.

24 シラー、アレヴィやマイアベーアにおいては、復古への願いは、複雑な筋、ドラマトゥルギー、そして（言語による）音楽によって妨害されている。これについては出版予定の以下を参照。„Das Theater der Wiederholung und Überschreitung. Historismus & Reenactment“

25 「以前は過去から亡霊がやって来たが／今では未来からやって来る、同じように」(Brecht: [*Fatzer*], in: *GBA*, Bd. 10.1, S. 465.〔ブレヒト「ファッツァー」、『舞台芸術』第一八号、一六一頁。〕) これについては以下も参照。Müller: „Was wird aus dem größeren Deutschland? Ein Gespräch mit Alexander Weigel“, in: ders.: *Gesammelte Irrtümer*, Bd. 3, Frankfurt am Main 1994, S. 123–128.

26 以下を参照。Lehmann, Hans-Thies: „Müllers Gespenster“, in: ders.: *Das Politische Schreiben. Essays zu Theatertexten* (= Recherchen 12), Berlin 2000, S. 283–300.

27 「ドラマの一つの作用は死者を呼び覚ますことである。死者との対話は、その死者たちとともに葬り去られた未来のものを彼らが引き渡すまでは、途切れることがあってはならない」。(Heiner Müller im Gespräch mit Wolfgang Heise: „Vorwärts zurück zu Shakespeare in einer auch von Brechts Theater mit veränderten Welt“, in: *Theater der Zeit* (1988), H. 2,

S. 22–25, hier S. 25.) それは、どのような理由があるにせよ現実において挫折したような、当時の諸々の概念を掘り起こすという意味ではない。そうではなく、それらの諸概念がもつ「時代の核」（ベンヤミン、アドルノ）を発見するということである。概念は時代にさらされることで、崩壊してゆく。その崩壊において、諸概念のかつての姿がもつ個々の部分が常に新しい配置で現れることになる。

28 „Ich habe Bosnien und Großbritannien einfach zusammengelegt“. Notizen aus einem Gespräch mit Sarah Kane. In: Programmheft des Deutschen Schauspielhauses Hamburg zu *Zerbombt/Blasted* von Sarah Kane, Hamburg 1996.

29 Kane, Sarah: [*Zerbombt*], in: dies: *Sämtliche Stücke*, Reinbek 2001, S. 11.

30 Ebd., S. 12.

31 Kristeva, Julia: *Powers of horror. An essay on abjection* (Mächte des Grauens. Ein Versuch über die Abscheu), New York 1982.〔ジュリア・クリステヴァ『恐怖の権力――〈アブジェクシオン〉試論』枝川昌雄訳、法政大学出版局、一九八四年。〕

32 Vgl. Schmitt, Carl: „Der Feind ist unsere eigene Frage als Gestalt“, in ders.: *Theorie des Partisanen. Zwischenbemerkungen zum Begriff des Politischen*, Berlin 1963, S. 87.〔カール・シュミット『パルチザンの理論――政治的なるものの概念についての中間所見』一七九―一八〇頁。〕

33 Müller: „Die Faszination der Nibelungen. Klaus Heinrich und Heiner Müller im Gespräch mit Wolfgang Storch“, in: Heeg, Günther/Schnabel, Stefan (Hrsg.): *Kinder der Nibelungen*, Frankfurt am Main 2007, S. 19–68, hier S. 67.

34 以下を参照。„‚Die Nation beerdigen ...‘. Klaus Heinrich im Gespräch mit Peter Kammerer“, in: ebd., S. 71.

35 Ebd., S. 72.

36 Müller, Heiner: *Germania 3. Gespenster am toten Mann*, Köln 1996, S. 43.

37 Ebd.

38 Kluge, Alexander: *Schlachtbeschreibung*, Olten u. Freiburg im Breisgau 1964.

39 Freud, Sigmund: [*Notiz über den „Wunderblock“*], in: ders: *Gesammelte Werke*, Bd. 14, Frankfurt am Main 1999.〔ジークムント・フロイト「「不思議のメモ帳」についての覚え書き」太寿堂真訳、『フロイト全集』第一八巻、新宮一成他編、岩波書店、二〇〇七年、三一七―三二三頁。〕

40 Müller: *Germania 3. Gespenster am toten Mann*, S. 266.

41 Ebd., S. 267.

42 Girard, Rene: *Das Heilige und die Gewalt*, aus dem Franz. von Elisabeth Mainberger-Ruh, Zürich 1987, S. 458.〔ルネ・ジラール『暴力と聖なるもの』古田幸男訳、法政大学出版局、一九八二年、五〇一頁。〕

43 詳細は「美しき異郷」の項（第一部第四章第四節「自己の内なる異他の発見」八一―八二頁）を参照。

44 これについては以下を参照。Heeg: „Das Theater der Wiederholung", in: *Reenacting History*, S. 10–39.

45 Brecht: [*Die Straßenszene*], in: *GBA*, Bd. 22.1, S. 371.〔ブレヒト「真鍮買い」、『ベルトルト・ブレヒト演劇論集』第一巻、七一頁。〕

46 Ebd.〔同上。〕

47 Ebd., S. 372.〔同上、七二頁。〕

48 Ebd.〔同上。〕

49 Ebd., S. 373.〔同上、七三頁。〕

50 Barthes: „Diderot, Brecht, Eisenstein", S. 95.〔ロラン・バルト「ディドロ、ブレヒト、エイゼンシュテイン」、同『第三の意味――映像と演劇と音楽と』沢崎浩平訳、みすず書房、一九九八年、一四五頁。〕

51 Brecht: [*Fatzer*], in: *GBA*, Bd. 10.1, S. 477.〔ブレヒト「ファッツァー」、『舞台芸術』第一八号、一四九頁。〕

52 Höll, Wolfram: [*Und dann*], in: ders.: *Und dann / Vom Verschwinden vom Vater / Drei sind wir*, Berlin 2016, S. 23 f.

53 Kierkegaard: [*Die Wiederholung*], S. 7.〔キルケゴール『反復』七頁。〕

54 Ebd., S. 25.〔同上、四九―五〇頁。〕

55 Ebd.〔同上、五一頁。〕

56 Ebd.〔同上、五〇頁。〕

57 劇場内をめぐるビデオ・ウォークでは、訪問者が手渡されるビデオカメラで捉えた映像が、彼らが自らの目で捉えることができたものと重なる形で層をなしていた。同時に、ヘッドフォン越しには劇場の歴史のエピソードが聞こえてきた。それには、自分の周囲の環境でグロテスクに増幅された雑音が織りなすサウンドスケープが伴っている。ヘッベル劇場は、それ自身が反復の場へと変容したのである。

58 Kafka, Franz: *Der Verschollene (Amerika)*, Frankfurt am Main 1981.〔フランツ・カフカ「アメリカ」千野栄一訳、『決定版カフカ全集』第四巻、新潮社、一九九二年。〕

59 Barthes: *Das Reich der Zeichen*, S. 76.〔『ロラン・バルト著作集７――記号の国』七六頁。〕

60 我々の知らない電話口での会話それ自体には、それがいわば直行的志向《インテンティオ・レクタ》のままに会話の内容やその経験自体に焦点を合わせて行われ、メディアを使った（媒介的な）伝達というそれ自身のあり方を反映することのない限り、演劇的特性が認められることはない。書き起こしが歌として表現されるという演劇的場面が呈しているメディア横断的な関係性においてはじめて、電話口の会話のメディア性が表れるのである。

61 Deleuze: *Differenz und Wiederholung*, aus dem Frz. von Joseph Vogl, München 2007 (1968), S. 34 f.〔ジル・ドゥルーズ『差異と反復』財津理訳、河出書房新社、一九九二年、四一頁。〕

62 Seghers, Anna: „Brief an Georg Lukács v. 28.06.1948“, in: dies.: *Über Kunstwerk und Wirklichkeit*, Bd. IV, hrsg. v. Sigrid Bock, Berlin 1979.

63 三つの小説は全て以下に所収。Seghers, Anna: *Karibische Geschichten*, Berlin 1994.

64 Seghers, Anna: [*Das Licht auf dem Galgen*], in: dies.: *Die Hochzeit von Haiti. Karibische Geschichten*, Darmstadt u. Neuwied 1981, S. 123–245, hier S. 194.

65 Müller, Heiner: *Krieg ohne Schlacht. Leben in zwei Diktaturen*, Köln 1992, S. 297.〔ミュラー『闘いなき戦い――ドイツにおける二つの独裁下での早すぎる自伝』三三九頁。〕

66 以下を参照。Certeau, Michel de: „Die Zeit des Geschichtenerzählens“, in: ders.: *Kunst des Handelns*, aus dem Franz. von Ronald Voullié, Berlin 1998, S. 155-175.〔ミシェル・ド・セルトー『日常的実践のポイエティーク』二〇四―二三〇頁。〕

67 Uerlings, Herbert: *Poetiken der Interkulturalität. Haiti bei Kleist, Seghers, Müller, Buch und Fichte*, Tübingen 1997, S. 81.

68 Ebd., S. 82.

69 Seghers: *Das Licht auf dem Galgen*, S. 238.

70 Seghers: *Die Hochzeit von Haiti*, S. 34.〔アンナ・ゼーガース『ハイチの宴』初見昇訳、新泉社、一九七〇年、七七頁。〕

71 一九二〇年代から三〇年代には、レーニンの政党による指導のもとにない運動に対してこのような表現がよく使われていた。

72 Seghers: *Das Licht auf dem Galgen*, S. 228.

73 Uerlings: *Poetiken der Interkulturalität*, S. 80.

74 Freud, Sigmund: [*Trauer und Melancholie*], in: ders.: *Gesammelte Werke*, Bd. 10, hrsg. von Anna Freud, Marie Bonaparte, E. Bibring, W. Hoffer, E. Kris und O. Osakower, Frankfurt am Main 1999, S. 435.〔フロイト「喪とメランコリー」、『フロイト全集』第一四巻、四三六頁。〕

75 Müller, Heiner: „Mythos Nation“, in: *Theater der Zeit* (1996), H. 1, S. 18.

76 これはミュラー個人にも当てはまる。というのは、彼はゼーガーズの題材に長い間関心を抱いており、なかでも裏切りというテーマと、共産主義における裏切りの必然性に魅了されていた。これに関して、「汝が今日の裏切りを怠れば、明日は殺される身」と『指令』に書かれている。（この点については以下を参照。Müller, Heiner: [*Der Auftrag*], in: ders.: *Stücke*, hrsg. v. Joachim Fiebach, Berlin 1988.〔ハイナー・ミュラー『指令――ある革命への追憶』谷川道子訳、論創社、二〇〇六年、五〇頁。〕しかし、異他の経験を経てはじめてミュラーは、不可欠な距離、自らのものに対する異他的視点を見出すことができた。「この戯曲を書き始めることができたのは、メキシコとプエルト・リコに滞在した後です。それまでは、そのための作劇法《ドラマトゥルギー》が見つからなかった」とミュラーは自伝『闘いなき戦い』に記している。〔この点については以下を参照。Müller: *Krieg ohne Schlacht*, S. 297.〔ミュラー『闘いなき戦い——ドイツにおける二つの独裁下での早すぎる自伝』二三九頁。〕〕自らの政治的-文化的な立場を空間的に異化することではじめて、ヨーロッパの革命史の異化や革命劇のラディカルな歴史化がもたらされる。

77 以下を参照。Brecht: [*Die Maßnahme*], in: GBA, Bd. 3, S. 73–125.〔ブレヒト「処置」、『ブレヒト戯曲全集』第八巻、未來社、一九九九年、二二七—二七〇頁。〕

78 Müller: [*Der Auftrag*], S. 21.〔ミュラー『指令——ある革命への追憶』二四頁。〕

79 Hölderlin, Friedrich: [*Das untergehende Vaterland*], in: ders.: *Sämtliche Werke und Briefe*, Bd. 2, hrsg. von Jochen Schmidt, S. 446–451, hier S. 447.〔フリードリヒ・ヘルダーリン「亡びのなかで生まれるもの」氷上英廣訳、『ヘルダーリン全集』第四巻、河出書房新社、一九六九年、四二—四七頁、ここでは四三頁。〕

80 これについては以下を参照。Aristoteles: *Poetik*, aus dem Griech. v. Manfred Fuhrmann, München 1976, S. 55.〔アリストテレス「詩学」朴一功訳、『アリストテレス全集』第一八巻、岩波書店、二〇一七年、五〇四頁。〕

81 Benjamin: [*Was ist das epische Theater? (1)*], in: ders.: *Gesammelte Schriften*, Bd. II.2, hrsg. von Rolf Tiedemann u. Hermann Schweppenhäuser, Frankfurt am Main, S. 519–531, hier S. 521.〔ベンヤミン「叙事演劇とは何か〔初稿〕——ブレヒト論のための予備作業」、『ベンヤミン・コレクション』第五巻、三三九頁。〕

82 Weber, Samuel: „‚Mittelbarkeit' und ‚Exponierung'. Zu Walter Benjamins Auffassung des ‚Mediums'", in: *Zeitschrift der Gesellschaft für Theaterwissenschaft*, Ausgabe 01/04 Intermedium Theater (2004), URL: https://www.theater-wissenschaft.de/mitteilbarkeit-und-exponierung-zu-walter-benjamins-auffassung-des-mediums/, 二〇一七年二月八日閲覧。

83 これは隠喩ではなく——例えばブレヒトに関連づけるならば——苦悩に満ちた経験の帰結である。行動空間の中断は、一つの思考パターンであり芸術的手法でもある。それは移民として通過状態に置かれた人生という、絶え間ない脱措定の経験を咀嚼する試みの表れである。

84 アビ・ヴァールブルクに由来する「残存《ナーハレーベン》」の概念については、以下を参照。Didi-Huberman, Georges: *Das Nachleben der Bilder. Kunstgeschichte und Phantomzeit nach Aby Warburg*, Frankfurt am Main 2010.

85 Vgl. Deleuze: *Differenz und Wiederholung*. Uhlich, Ingo: *Poetologien des Ereignisses bei Gilles Deleuze*, Würzburg 2008.〔ドゥルーズ『差異と反復』財津理訳、河出書房新社、一九九二年。〕

86 アガンベンによれば「西洋ブルジョワジーは、一九世紀末には自らの身振りを決定的に失っていた」。Agamben in: „Noten zur Geste", in: ders.: *Mittel ohne Zweck. Noten zur Politik*, S. 53.〔アガンベン「身振りについての覚え書き」、同『人権の彼方に――政治哲学ノート』五三頁。〕

87 この彫刻は国立彫刻美術館のコレクションの一つで、聖週間の行列のために毎年使用が許可されている。

88 この彫刻はもともとこの群像には属しておらず、おそらくペドロ・デ・ラ・クアドゥラに由来する。本来のキリスト像は立位であった。現在の人物像構成は美術館で一八四二年になされたものである。これについては以下を参照。*Spaniens goldene Zeit. Die Ära Velázquez in Malerei und Skulptur.* Katalog zur Ausstellung „El Siglo de Oro. Die Ära Velázquez" in der Gemäldegalerie – Staatliche Museen zu Berlin (1.7.2016–30.10.2016), Berlin 2016.

89 本来この人物像は槍を持っていた。Ebd.

90 祝祭の神聖性と世俗性という二重化は、教会の聖別を祝う祭りの伝統に表れている。

91 以下を参照。Augé, Marc: *Non-lieux. Introduction à une anthropologie de la surmodernité*, Paris 1992.〔マルク・オジェ『非-場所――スーパーモダニティの人類学に向けて』中川真知子訳、水声社、二〇一七年。〕

92 「このように、状況は複雑化している。単純な〈事実の再現〉をもってしては、これまでにもまして現実の証言は得られなくなっていることに、それは起因する。クルップ工場やAEG電機の一枚の写真が、これら財団の機構を明らかにすることはほとんどない。本来のリアリティは関数に転落した。人間関係の物象化――つまり、例えば工場といったもの――は、もはや人間の相互関係を明らかにしえない。だから実際に〈何か〉が、何か〈技術的なもの〉が、〈構成的なもの〉が〈作り出され〉なくてはならない」。(Brecht: [*Der Dreigroschenprozeß*], in: *GBA*, Bd. 21, S. 469.〔ブレヒト「三文裁判――ひとつの社会学的実験」、『ベルトルト・ブレヒトの仕事』第六巻、二三五頁。〕)

93 「異化するというのは、だから、歴史化するということであり、つまり諸々の出来事や人物を、歴史的なものとして、移り変わるものとして表現することである」。(Brecht: [*Über experimentelles Theater*], in: *GBA*, Bd. 22, S. 540–557, hier S. 554.〔ブレヒト「実験的演劇について」、同『今日の世界は演劇によって再現できるか』千田是也編訳、白水社、一九六二年、一二三―一二四頁。〕) 興味深いのは、歴史化と儚さがブレヒトにおいては結びついていることである。それは、ブルジョワ的-資本主義的な社会秩序に代わって社会主義的な社会秩序が打ち立てられ、それに続いて共産主義的な社会秩序が打ち立てられるというマルクス・レーニン主義的な歴史哲学の枠内に位置づけることができる。それ以上に、儚いものという概念は、ヴァルター・ベンヤミンの『ドイツ悲劇の根源』において歴史的な時間が儚さとして構築されていることと照応している。この関連枠の両義性は、ブレヒトの記述の意識的／無意識的な戦略である。

94　Brecht: [*Verfremdungseffekte in der chinesischen Schauspielkunst*], in: *GBA*, Bd. 22.1, S. 200.〔ブレヒト「中国の俳優術の異化的効果」、同『今日の世界は演劇によって再現できるか』一四〇頁。〕

95　Brecht: [*Flucht Karls des Kühnen nach der Schlacht bei Murten*], in: *GBA*, Bd. 17, S. 415.

96　Brecht: [*Verfremdungseffekte in der chinesischen Schauspielkunst*], in: *GBA*, Bd. 22.1, S. 200.〔ブレヒト「中国の俳優術の異化的効果」、同『今日の世界は演劇によって再現できるか』一四〇頁。〕

97　ブレヒトは基本的身振りについて、一九五〇年代初頭には「様々な種類の個人的身振りの総体で、これは人間のそれぞれ違う出来事の根底にあって、この出来事に参加する全ての者の全体的な姿勢に関わっている」と理解している。（Brecht: [*Gestik*], in: *GBA*, Bd. 23, S. 188.〔ブレヒト「身振り」、『ベルトルト・ブレヒト演劇論集』第二巻、河出書房、一九七四年、三四七頁。〕）個々の仕草、身体部位、行為が組み合わされて生じる身振りの意味は、ディドロがその時代の風俗画や歴史画で研究し、それを演劇に転用しようとしたタブローのあり方に似ている。ディドロは、タブローとして認められる決定的な基準は構図にあると考えていた。すなわち彼の場合には（ブレヒトの基本的身振りと同様に）、舞台におけるタブローの構成は、ロラン・バルトが「意味の崇高な代替物」と表現した人物像の法則に従う。（Barthes: „Diderot, Brecht, Eisenstein“, in: ders.: *Der entgegenkommende und der stumpfe Sinn*, Frankfurt am Main 1990, S. 94–102, hier S. 96.〔ロラン・バルト『第三の意味――映像と演劇と音楽と』沢崎浩平訳、みすず書房、一九八四年、一四六頁。〕）このため、ディドロの考えるタブローは、ベンヤミンの「叙事演劇とは何か」にある、タブローについての有名な記述とは異なる。ベンヤミンは、視覚的イメージがショックを受けて静止するときに、日常生活の形而上学を中断する身振りが働いていると考える。それに対して、基本的身振りのタブローは、全体という観念に基づいて個々の身振りや姿勢を収斂させる。プロットに沿ったイメージの中で場面がもつ意味が連続的に展開されることによって、身振りの個々の部分が意義ある物語に転換され、語りの形而上学が新たに生み出される。場面を秩序立てる力としての基本的身振りは、ベルリーナー・アンサンブルの演劇だけでなく、ブレヒト以降の演劇を幅広く決定づけている。

98　ディドロや彼の同時代の一八世紀の人々が抱いていた、身振りが自然言語であるという幻想の中では、身振りの情動と意味の両者が同一のものとして考えられていた。幻想の分裂と分割については以下を参照。Heeg: „Die Berührung der Geste“, in: Veronika Darian (Hrsg.): *Verhaltene Beredsamkeit? Politik, Pathos und Philosophie der Geste*, Berlin, Frankfurt am Main u. a. 2009.

99　Warburg, Aby: „Einleitung zum Mnemosyne-Atlas“, in: ders.: *Gesammelte Schriften*, Bd. II, S. 1.〔アビ・ヴァールブルク「『ムネモシュネ・アトラス』序論」加藤哲弘訳、『ヴァールブルク著作集』別巻一〕

100 Ebd., S. 3.〔同上、六三五頁。〕

101 一九二九年一月四日初演。オイディプスはフリッツ・コルトナーが演じた。

102 Brecht: [*Dialog über Schauspielkunst*], in: *GBA*, Bd. 21, S. 281 f. ブレヒトのテクストでは、イオカステとオイディプスの運命が入り混じっている。

103 以下を参照。Bloch, Ernst: *Naturrecht und menschliche Würde*, Frankfurt am Main 1985.

104 Weber, Samuel: *Rückkehr zu Freud. Jacques Lacans Ent-stellung der Psychoanalyse*, Wien 2000.

105 Wunderlich, Dieter: *Wong Kar-Wai: Fallen Angels.* URL: https://www.dieterwunderlich.de/Wong_fallen_angels.htm#com, 二〇一七年二月一五日閲覧。

106 Kafka: Der Verschollene, S. 408.〔カフカ「アメリカ」、『決定版　カフカ全集』二〇七頁。〕

107 Ebd., S. 412 f.〔同上、二一二頁。〕

108 Ebd., S. 389.〔同上、二〇八頁。〕

109 Ebd., S. 390.〔同上。〕

110 Adorno, Theodor W.: [*Mahler. Eine musikalische Physiognomik*], in: ders.: *Gesammelte Schriften*, Bd. 13, hrsg. v. Rolf Tiedemann, Frankfurt am Main 1990, hier S. 159.〔テオドール・W・アドルノ『マーラー――音楽観相学』龍村あや子訳、法政大学出版局、一九九九年、一五頁。〕

111 この表現はクルーゲの映画『感情の力』（一九八三年）に登場する。アレクサンダー・クルーゲはヴェルナー・シュレーターからそれを引き継いでいる。

112 Marx/Engels: *Werke*, Bd. 1, Berlin 1976, S. 379.〔カール・マルクス「ヘーゲル法哲学批判」花田圭介訳、『マルクス＝エンゲルス全集』、第一巻、大月書店、一九五九年、四一六頁。〕

113 以下を参照。Siegmund, Gerald: „Affekt, Technik, Diskurs. Aktiv passiv sein im Angesicht der Geschichte", in: Thurner, Christiana/Wehren, Julia (Hrsg.): *Original und Revival. Geschichts-Schreibung im Tanz*, Zürich 2010, S. 15–26.

114 Brecht: [*Anmerkungen zur Oper ‚Aufstieg und Fall der Stadt Mahagonny'*], in: *GBA*, Bd. 24.〔ブレヒト「オペラ『マハゴニー』への注釈」、『ベルトルト・ブレヒトの仕事』第二巻、五五―六七頁。〕

115 Brecht: [*Die Messingkauf (1939-1941)*], *in: GBA, Bd. 22.2, S. 736.*〔「真鍮買い」、『ベルトルト・ブレヒト演劇論集』第一巻、一〇八頁。〕

116 Brecht: [*Über experimentelles Theater*], in: *GBA*, Bd. 22.2, S. 548.〔ブレヒト「実験的演劇について」、同『今日の世界は演劇によって再現できるか』一一八頁。〕

117 Brecht: [*Über Gefühle*], in: *GBA*, Bd. 21, S. 406.

118 Ebd.

119 Adorno: *Negative Dialektik*, S. 192.〔アドルノ『否定弁証法』木田元他訳、作品社、二三三頁。〕

120 Brecht: [*Dialog über Schauspielkunst*], in: *GBA*, Bd. 21, S. 280.

121 Negt/Kluge: *Geschichte und Eigensinn*.

122 本書の四二―四三頁を参照。

123 Brecht: [*Anmerkungen zur Oper ‚Aufstieg und Fall der Stadt Mahagonny'*], in: GBA, Bd. 24, S. 79.〔ブレヒト「オペラ『マハゴニー』への注釈」、『ベルトルト・ブレヒトの仕事』第二巻、七一頁。〕

124 これについては以下を参照。Heeg: „Familienbande. Ansichten der Gemeinschaft im Intermedium des (Gegenwarts)Theaters", in: Primavesi, Patrick/Schmit, Olaf (Hrsg.): *AufBrüche. Theaterarbeit zwischen Text und Situation* (=Recherchen 29), Berlin 2004, S. 302 ff.

125 要素の分離によるこうした強化について、ロラン・バルトは日本の人形劇である文楽についての描写の中で記している。文楽の「三つのエクリチュール」においては、目に見える形で人形を操る三人の人形遣いによる身振りの実行、人形の身振り、舞台の端に座って語る太夫の声が相互に分離する。(Bartes: „Die drei Schriften, Belebt/Unbelebt, Innen/Außen", in: ders.: *Das Reich der Zeichen*, S. 67–86.〔ロラン・バルト「三つのエクリチュール」、『ロラン・バルト著作集7――記号の国』七八―八九頁。〕

126 「地点」という名前は「場所」もしくは「位置」を意味する。この劇団はもともと東京出身だが、二〇〇五年から京都を拠点にしている。この劇団の作品と主宰者の三浦基は西洋演劇との取り組みと同様に日本演劇の伝統への省察をも特徴とする。この劇団の特色は強度に音楽化されリズム化された言語表現にある。「地点」は二〇〇一年にチェーホフの『桜の園』と『ワーニャ伯父さん』でモスクワのメイエルホリドセンターに招かれ、二〇一二年にはロンドンの世界シェイクスピア演劇祭でシェイクスピアの『コリオレイナス』を上演した。二〇一六年には『ファッツァー』をライプツィヒおよびミュールハイム・アン・デア・ルールにおける演劇祭「ファッツァーターゲ」にて上演した。

127 Rossmann, Andreas: „Die große Untergangsshow", in: *Frankfurter Allgemeine Zeitung*, 12. Juli 2016, S. 9.

128 Bartes: „Die drei Schriften", S. 67.〔バルト「三つのエクリチュール」、『ロラン・バルト著作集7――記号の国』七九頁。〕

129 Brecht: [*Über reimlose Lyrik mit unregelmäßigen Rhythmen*], in: *GBA*, Bd. 19, S. 397.〔ブレヒト「不規則なリズムをもつ無韻詩について」石黒英男訳、『ベルトルト・ブレヒトの仕事』第二巻、二五〇頁。〕

130 これについては、文楽における声についてのロラン・バルトの記述を参照。「一般に声とは、現代性をめぐっての事実上の争点となっているものであり、言語の持つ独特な実質でもあるので、いたるところで声に勝ち誇らせようという試みがなされている。だが、文楽は全く逆に、声についての限定された観念を持っている。声を排除はしないが、かなり明確で本質的に卑俗な機能を声にあたえている。実際に、語り手の声の中に集められているのは、誇張された朗唱や、ふるえ声、甲高い女性の声、とぎれがちな抑揚、泣き声、怒りや嘆きや哀願や驚きの激昂、度を越した悲壮感などである。つまり、身体内部の内臓の領域——喉頭はそれを媒介する筋肉だ——で率直に作りあげられる、感情のありとあらゆる料理なのであった。」（Barthes: „Die drei Schriften“, S. 70.〔バルト「三つのエクリチュール」、『ロラン・バルト著作集7——記号の国』七九—八〇頁。〕）

131 ベンヤミンと「教育劇」を手がけたブレヒトが身振りの構成要素とみなした中断は、美学的な技法という範疇をはるかに超えている。中断の作用は、形態と形態化の人類学に決定的な打撃を与え、その形成と完成に、未完成と発展という徴を刻印した。羞恥とは、剥き出しの欠陥や、「人間の汚点」（フィリップ・ロス）と同時に現れる力強い情動である。このように剥き出しの形態を揺さぶる羞恥が突発的に現れ出ることが中断であるならば、中断されることがないような意味深長な身振り、どんな事情があろうと覆い隠されたままであろうとする身振りは、レオン・ヴルムザーの言葉を借りれば、「羞恥の仮面」である。（これについては以下を参照。Wurmser, Léon: *Die Maske der Scham. Die Psychoanalyse von Schamaffekten und Schamkonflikten*, Berlin 1990.）身振りが身振りたりえるのは、何かを示すことによってであり、何かを指し示すことによってである。このようにして身振りは、自分自身を示すこと、身体を示すことを回避する。指示する身振りの背後に指示する者自身を隠そうとするのは、その身振りの起源が羞恥であることを示している。とはいえ、この場合においても、生じたものをその起源に戻すことはできない。露出した身体や剥き出しの身振りそのもの、つまり、メロドラマ的なポーズや破廉恥さの隠蔽へと転化する危険を孕まない露出した身体や剥き出しの身振りというものは考えられないからである。

132 これについては以下の小説を参照。Roth, Philip: *Der menschliche Makel*, Reinbek 2003.〔フィリップ・ロス『ヒューマン・ステイン』上岡伸雄訳、集英社、二〇〇四年。〕

133 以下を参照。Heeg: „Die Geste der Scham als Grundgeste des Theaters“, in: Streck, Bernhard (Hrsg.): *Die gezeigte und die verborgene Kultur*, Wiesbaden 2007, S. 69–80.

134 以下を参照。Heeg: „Die Berührung der Geste“, in: Darian: *Verhaltene Beredsamkeit?* それに加えて以下も参照。Lehmann, Hans-Thies: „Das Welttheater der Scham. Dreißig Annäherungen an den Entzug der Darstellung“, in: *Merkur* 45, Nr. 9/10 (1991).

135 Benjamin: [*Was ist das epische Theater? (1)*], in: ders.: *Gesammelte Schriften*, Bd. II.2, S. 519–531, hier S. 522.〔ベンヤミン「叙事演劇とは何か〔初稿〕——ブレヒト論のための予備作業」、『ベンヤミン・コレクション』第五巻、三四二頁。〕

136 Brecht: [*Aufstieg und Fall der Stadt Mahagonny*], in: GBA, Bd. 2, S. 363.〔ブレヒト「マハゴニー市の興亡」、『ブレヒト戯曲全集』第二巻、未來社、一九九八年、二九四頁。〕

137 Ebd., S. 364.〔同上、二九五頁。〕

138 Ebd., S. 364 f.〔同上、二九五―二九六頁。〕

139 Adorno, Theodor W.: [*Mahagonny*], in: ders.: *Gesammelte Schriften*, Bd. 17, S. 114–122, hier S. 120.〔テオドール・W・アドルノ「マハゴニイ」、同『楽興の時』一七九頁。〕

140 Ebd., S. 119.〔同上、一七七頁。〕

141 Ebd., S. 114.〔同上、一六九頁。〕

142 ヤーナ・ゼーフーゼンのグラフィックは本来、二〇一三年ライプツィヒ大学と劇場において開催されたシンポジウム「エコーの実践――芸術、演劇、歴史の反響〔Die Praxis des/der Echo. Vom Widerhall in den Künsten, dem Theater und der Geschichte〕」のロゴおよびマークであった。このシンポジウムはヴェロニカ・ダリアン、ミヒャ・ブラウン、ジャンヌ・ビンダーナーゲルによって主催された（主催者によってシンポジウムの成果は著作として出版された。Darian, Veronika/Braun, Micha/ Bindernagel, Jeanne/Kocur, Miroslav (Hrsg.): *Die Praxis der/des Echo. Zum Theater des Widerhalls*, Frankfurt am Main 2015)。ロゴを本書の表紙カバーに掲載することを認めてくださったことに感謝申し上げる。

訳者あとがき ——解説を交えて

本書はドイツの演劇学者ギュンター・ヘーグ（Günther Heeg）の著作 *Das transkulturelle Theater* (Theater der Zeit, 2017）の全訳である。ヘーグはこれまで一八世紀ヨーロッパ演劇の俳優術、グローバル化と現代演劇に関する領域横断研究、文化研究、ベルトルト・ブレヒトやハイナー・ミュラー研究、オペラ史研究、難民と演劇の研究、アマチュア演劇人を支援するプロジェクトなどで先駆的な業績を上げ、日本の演劇人や研究者との親交を深めてきたが、著作の邦訳は本書が初めてである。

本書にはブレヒトやミュラー、オペラ作品、身振り論、歴史論、反復論、グローバル化の弊害や可能性、異文化交流などについて言及されているが、いずれも著者がこれまで他の著作で述べてきた論である。本書は、それらの論を演劇と文化の文脈においてまとめ直したものであり、ヘーグの演劇論の集大成と言えよう。一方、その先鋭性と、ヨーロッパ社会のアクチュアルな問題を踏まえての論が、異なる文化圏とされる日本の読者には理解しづらいところがあるかもしれない。そこで社会と演劇の幅広い観点から、本書の概略を述べたい。また以下に述べるヨーロッパ・ドイツの社会状況は今の日本にも通ずるところがあるだろう。その具体的な解釈は読者諸賢に委ねるが、ヘーグの社会的な演劇文化論は日本語読者にも何らかの示唆をもたらしてくれるはずである。

本書は演劇にまつわる文化的な問題を、観客「自身」ないしは「自文化」に潜むものとして関連づけて、それを批判的に省察することで、異文化やそれを背景とした人々と関わり合いながらも、私たちが地球のどの地域で生きようと自分らしさを失わずにいられる未来の共同体形成の可能性を模索している。しかし残念なことに、現状はその目標からほど遠いところにある。世界中で多くの人々が経済格差やグローバル市場経済競争に多かれ少なかれ巻き込まれて生活の安定した基盤を失うことで、現状と未来に不安を感じながら生きている。ヨーロッパ諸国では極右政党と、その支持者たちがこの不安につけ込むようにして反グローバル市場経済を標榜し、彼らが考える「自分たち」だけを優先し、移民・難民・外国人に排他的な言論を掲げ、一定の市民から支持されている。

この状況を踏まえてヘーグは次のような問題提起を行っている。これまで多くの研究や統計データが論証してきたように、ドイツ社会において移民や難民などが地元住民の職を奪っているわけではない。それどころか移民が多い都市の大半は経済的にも社会的にも活性化しているのに対し、移民が非常に少ない旧東ドイツの地域などで経済と社会が停滞している。この明白な事実にもかかわらず、移民が非常に少ない地域において移民・難民排斥運動と極右政党が人々に支持されがちなのは一体どういうことなのか。排斥運動に参加する人々は、実際には自分たちの生活基盤を脅かすわけでもない移民や外国人が脅威だと思い込み、真っ当な視点から報道するジャーナリストに向かって「嘘つきメディア」と罵倒するのは、どうしてなのだろうか。そしてドイツに住む大半の市民はこのような排斥運動が社会にとって良くないと感じていながら、ドイツ社会はこの誤った方向性を是正できないままでいることに対してどうしたらよいのか。

ヘーグによれば、まさにこの問いに応答できるのが越境文化演劇の理念《イデー》なのだが、この点について、ここでは演劇と越境文化に分けて説明したい。まず演劇であるが、古代ギリシア語で何かを見る場《テアトロン》を意味する演劇《シアター》の観客はとりわけ近代以降、数ある演目から好きなものを選んで見て、それについて自由に解釈できる。しかし、何かを自由に見て考える際の自分らしさはアンビヴァレントなものであり、誤謬や思い込みを助長する危険性を常に内包している。それゆえ観客は、自分が見ているものが本当は反対のことを示唆するかもしれないのに、それに気づかないまま自分らしく見るという危険性を抱えている。

本書では詳細に論じられていないが、ヘーグは著作『自然らしさのファンタスマ』（二〇〇〇年）などで、一八世紀に発達したドラマ演劇の俳優が自然だと思わせる振る舞いを俳優術の作為によってそう見せかけているにもかかわらず、それがまさにオーセンティックかつ自然であると観客に受容されるからくりをラカンの知覚論などから解き明かした。この問題は一八世紀ヨーロッパ演劇の観客だけに限定されない。私たちも眼前の対象をしっかりと見ているつもりでありながら、知らずして幻想にとらわれていたり、何らかの文化的・社会的枠組によって型通りにはめられたものしか見ていないことがある。先述のドイツ・ヨーロッパの移民排斥運動の賛同者たちは、自分が見て信じていることの実態が事実と逆であるにもかかわらず、自分の見たものを頑なに信じ込んでいるのだが、この問題は偏った考えの持ち主だけに限らず、私たちが普段何かを見て考える行為にも伴うリスクなのである。

インターネットやスマートフォンが普及して以来、私たちは以前よりも頻繁に何かを見て考える行為を行うだけでなく、見たもの・読んだものについてSNSなどで容易に自分の意見を表明できるようになった。新聞や雑誌、著作などの「オールドメディア」以外の場で多くの人々が言論の自由を行使することは基本的に歓迎すべきことであり、「上」からの統制などによって安易に規制されるべきではないだろう。しかしヘーグが本書で言及する移民や外国人、大きく異なる（ように見える）文化へのヘイト発言はSNSを通じて広まり、増幅され、それが人々の価値観に影響を及ぼすようになっているのも否定できない事実である。自分は極右にも移民排斥にも共鳴しないと考える「普通の」ドイツ人が、それを街中で声高に叫ぶ人々を見て見ぬふりをしたり、大した問題ではないと軽くあしらってしまうとき、その見方・考え方自体が排斥運動を間接的に支持することになるのではないか。ヘーグによれば、このような物の見方をも問い直すことができる場が、何かを「見る場《テアトロン》」としての演劇である。観客は舞台上の出来事を知らずして型通りの見方で判断するかもしれないが、同時にその見方を「越境」して考え直すことができる。

この越境的な見方こそ本書で紹介される演劇やそれに類する事例に見られるものである。ブレヒトやミュラー、日本の演劇集団マレビトの会や地点の事例では、私たちが「普通」だとか「理解できる」と思えるような人間像や振る舞い、語り方では収まらないもの、すなわち、文化的な自明性や文脈では括り切れない断片的な身振りが示される。これらのよく分からないが、変《フレムト》だと思われる身振りは、どれだけ的確に解釈しても一義的に捉えることはできないだろう。このとき観客にできるのは、自分にとってなじみのない異質《フレムト》なものを単に変《フレムト》だとだけ見なすのではなく、なぜそう思うのかをじっくりと考えることである。

ヘーグが提案する越境文化演劇の核心はここにある。本書で何度か言及されるように、越境文化とは——その言葉の一般的な解釈と異なり——自文化と異文化が明確に分かれていることを前提として、自文化の立場から異文化をしっかり理解するという意味での文化的越境ではない。というのも自文化であれ異文化であれ、それぞれの文化内に自己矛盾や異質《フレムト》なものを含む多様性を前提とするのが文化であるからである。観劇を通じて私たちができるのは、自文化の演劇であれ異文化の演劇であれ、異質と思える対象を見ることをきっかけに、自分（たち）の中にも潜んでいる異質性に気づき、対象と自分（たち）の関係性を普段と異なる見方から捉え直すことである。

本書で何度も言及される自己の中の異質さ（das Fremde im Eigenen）とは、自分（たち）には変なところもあるのだということだが、これを積極的に認めたいと思う人はまずいないだろう。しかし上演空間において示されるものがどれほど異質であっても、それは所詮虚構であり、現実そのものではない。現実であれば受け入れがたいことも、虚構の世界であればひとまず受け止めて、じっくり考えることができる。ヘーグのいう越境文化論は多分に挑発的であるが、虚構を前提とした演劇の経験を通じてであれば実践できるものである。

観劇を通じて自己の中の異質さを認めることは、自己否定でもないし、あるいはドイツ人／日本人などのナショナル・アイデンティティの否定でもない。自分（たち）の異質さを見つめることは、例えば「日本人／外国人」「男性／女性」「若い／若くない」といった集合的な帰属性から自己を切り離して、自己と世界をあらためて見つめ直すきっかけである。舞台上で俳優が、自身とは全く異なるタイプの人間や動物であるかのようにして振る舞うのと同様、観劇において私たちは、自分が自分だと思う普段のイメージやアイデンティティから全くかけ離れたものも自分（たち）かもしれないと想像することができる。本書に示唆されるその究極の事例は、ある街で「普通に」生活する「私」は、ひょっとしたら現在のシリアやパレスチナ――あるいはブレヒトの事例に示唆されるように――一九三〇年代のナチスドイツから捨て身の思いで逃れてきた難民のようでもあるかもしれないというものである。ここでも重要なのは演劇の虚構性である。ある街で暮らしている私が現実において難民であるわけでも、難民となるわけではない。しかし演劇の虚構空間において私は難民であるかもしれないという状況を実感しながら想像をめぐらすとき、私は普段の自分のアイデンティティから自分をより大胆に切り離して自分と世界を見つめている。本書でヘーグが「つながり」や「宥和」よりも「切り離し」が自分や他人の解放に通ずると述べるのは、私たちがどことなく不安を抱えながら生きていると陥りがちな固定観念から我が身を引き離す解放性につながるからである。この大胆な解放性を出発点にして、自分や他者、世界のあり方を見つめ直してみる。そのとき私たちの想像力に、従来と異なる何らかの世界像が開かれてくるかもしれない。この世界像が未来の共同体像の一可能性であり、その可能性を示唆するのが越境文化演劇である。観客は一般的な見方ではその示唆に気づかないかもしれないが、異なる視座から舞台上の身振り・反復・引用・歴史性・メディア性などに注目すると、その示唆が見えてくる。その具体例と理論的考察については本書にあたっていただきたい。

著者のギュンター・ヘーグについては冒頭で簡単に紹介したが、氏の著書を初めて日本に紹介する機会であるため、経歴と主要著作について付言したい。ドイツ・シュトゥットガルト出身のヘーグはナチス時代の内的亡命文学について考察した著作『歴史への転換――内的亡命文学と反ファシストたちの構造的問題』で博士号を取得後、ギムナジウムでドイツ語教師を務めながら演劇活動を行い、一九九八年に著作『自然らしさのファンタスマ――一八世紀演劇の身体、言語、像』（出版は二〇〇〇年）において教授資格を取得した。二〇〇〇年からライプツィヒ大学演劇学研究所の所長と教授を務め、二〇一七年に定年退職し、同研究所に併設されている演劇研究センターの所長を二〇二四年一月まで務めた。経済一辺倒のグローバル化に対して人文学研究がなすべき課題とその意味を論じた共編著『グローバル化される領域――文化の屈曲と精神科学の挑戦』を二〇一一年に上梓し、その後も演劇と歴史、アマチュア演劇、難民と演劇、オペラに関する著作を定期的に発表している。そのほとんどが単著でなく共編著であるが、それは、単著によって自分だけの業績を積み上げるよりも、若手の研究者や演劇人の未来を最優先に考えて行動するヘーグの献身的な姿勢の表れでもある。

二〇一三年、ヘーグが所長を務めていたライプツィヒ大学演劇学研究所が、ザクセン州政府の緊縮財政の一環として大幅な専任スタッフの削減を命じられ、実質的に閉鎖に追い込まれる危機に見舞われた。旧東ドイツの大学では唯一演劇学研究が行える同研究所は学生数が多く、教育と研究が活発に行われていたにもかかわらず、である。大幅な人員削減の理由も明確ではなかったため、数年後に複数の定年退職者が予定される研究所の予算を州政府が削減したかったからだけであろうとの憶測が飛び交った。ヘーグと同僚、そして学生たちは直ちに閉鎖反対の抗議活動を展開したところ、国内外の演劇人や大学人などがオンラインの署名などで同研究所存続を支援した。またドイツ中の演劇学者が同研究所に赴いて応援の講義（閉鎖反対の「抗議」とも言える）を行い、演劇（学）の意義を多角度から唱えた。ヘーグは仲間たちの講義を著作『演劇学の現在――ライプツィヒ大学講義録』にまとめて二〇一四年に出版した。これは危機からの産物であるが、結果としてドイツ語圏の演劇学者たちによる卓越した理論をまとめて紹介する機会につながった。

ヘーグはこの一連の抗議活動の中心を担うと同時に、州文部大臣や大学当局との粘り強い交渉を行ったことで、ライプツィヒ大学演劇学研究所の閉鎖は撤回され、現在も存続している。演劇文化は本来豊かなものをもたらすものだが、人文学軽視の社会的風潮のなか、為政者の都合によって簡単にその灯火が消されかねない。『越境文化演劇』における演劇論や文化論に先鋭的なところがあるとすれば、それはこのような文化的な危機において正当化できる演劇と世界の考え方を提示したかったからだろうと思われる。

一方ヘーグは長年にわたり学術と演劇の国際交流を行っている。イタリア、ブラジル、オーストラリア、日本、韓国、トーゴなどの大学人や演劇人との共同研究を行ってきた。本書にはサン・パウロのブレヒト演劇、日本の演劇集団マレビトの会や地点の上演について言及されているが、これもヘーグが心がけて実行してきた、通り一遍とは対極の、中長期の相互交流によるものである。本書で彼は相互文化論や形式的な異文化交流を批判し、自己の中の異質性を見つめようと提案しているが、それは当然ながら、文化の相互交流を控えて内向きになってよいという話ではない。むしろ世界は何らかの形で相互交流している以上、私たちは安易な意味での経済や物流のグローバル交流に終始するのではなく、自分と他者、世界をラディカルなほどに見つめ直すことを何度も試みながら異文化交流を育むべきだとヘーグは示唆するのであるが、その主張を自ら実践し続けてきたのが著者自身なのである。

本書の翻訳企画も、著者と翻訳者たちの十年以上にわたる交流から生まれたものである。本書で言及されるマレビトの会と地点の上演は、著者と訳者がともに観劇し、劇団の演劇人と語り合ってきた経験に基づいている。翻訳では七名の翻訳者が担当箇所を最初に訳出した。その内訳は次の通りである。

日本語版序文と序章：津﨑正行
第一部　第一章～三章：栗田くり菜、第四章：針貝真理子、第五章：寺尾恵仁
第二部　第一章～三章：石見舟
第三部　第一～三章：三宅舞、第四～六章：北川千香子

訳出後、平田栄一朗と津﨑正行が監訳者として原文と訳文全てに目を通して推敲した。この作業がほぼ完了し

た二〇二三年三月、原書の英語版 Transcultural Theater が Routledge 社より出版された。翻訳の推敲を終えていたこともあり、多くを負うことはなかったが、英語版の一部を参照した。

人文学のドイツ語書籍の翻訳にはつきものであるが、専門的な知識を前提として文章が綴られているため、原文をそのまま訳しても日本語の文として意味が通じず、必要に応じて解釈を交えた意訳を行った。訳語に解説が必要と思われる箇所については本文中に亀甲かっこで補足するか、見開きページの左側の訳註で説明した。翻訳では難文とならないようにできる限り工夫したつもりだが、本書の主張を成す概念や用語の意味合いを大きく損ねてはいけないため、訳の工夫に限界があったのも確かである。このような限界も含め、翻訳に至らぬところがあれば、それは全文を詳細に確認した平田と津﨑に責任がある。ここにご寛恕とご教示を願いたい。

また訳者たちの多くはヘーグの演劇文化研究に触発されつつ、現代社会における演劇の文化的意味を紡ぎ出す探究の成果をまとめて共編著『文化を問い直す――舞台芸術の視座から』（彩流社、二〇二一年）を上梓した。本書の主張に共鳴するようであれば、この共編著もご参照いただければと思う。

末筆となるが、本書が出版されるにあたり、三元社の東大路道恵さんに多岐にわたりお世話になった。東大路さんは三元社刊の著書『ドラマトゥルク――舞台芸術を進化／深化させる者』や『在と不在のパラドックス――日欧の現代演劇論』を手がけた旧知の仲である。今回もこちらの事情に柔軟に対応していただいたことで、安心して出版まで漕ぎ着けた。ここに記して厚く御礼申し上げる。

二〇二四年三月

訳者を代表して
平田栄一朗
津崎正行

ギュンター・ヘーグ（Günther Heeg）
演劇学・音楽劇研究。ナチス時代の内的亡命文学に関する研究で博士号取得後、一九九八年に一八世紀ヨーロッパ演劇研究で教授資格を取得、二〇〇〇年からライプツィヒ大学演劇学研究所教授・所長を二〇一七年まで務め、演劇と歴史、演劇と越境文化研究などのプロジェクトで国際的な研究を推進した。また同大学演劇センター所長、国際ブレヒト学会副会長などを歴任した。
主な著作（いずれもドイツ語）：『亡命文学における歴史への転換――反ファシストの構造問題』(Metzler, 1977)、『自然らしさのファンタスマ――一八世紀演劇の身体、言語、像』(Nexus / Stroemfeld, 2000)、『歴史を再演する――演劇と歴史』（共編著、Theater der Zeit, 2014）、『オペラ――異他の情念』（編著、Theater der Zeit, 2021）

監訳者

平田栄一朗（ひらた・えいいちろう）
演劇学・ドイツ演劇、慶應義塾大学文学部教授

津崎正行（つざき・まさゆき）
演劇学・ドイツ文学、慶應義塾大学他非常勤講師

越境文化演劇《えっきょうぶんかえんげき》

著者　ギュンター・ヘーグ
監訳者　平田栄一朗　津崎正行
翻訳者　石見舟　北川千香子　栗田くり菜
　寺尾恵仁　針貝真理子　三宅舞
発行日　二〇二四年一〇月二五日　初版第一刷発行
発行所　株式会社 三元社
　東京都文京区本郷一―二八―三六 鳳明ビル1階
　電話 03-5803-4155　ファックス 03-5803-4156
印刷＋製本　モリモト印刷 株式会社
コード　ISBN978-4-88303-597-7